新楽園
Nutopia

UNF*CKOLOGY

A FIELD GUIDE TO
LIVING WITH GUTS
AND CONFIDENCE

科學脫魯法

AMYALKON
艾美・奧康
林麗雪 譯

獻給幫助長者人生更美好的

我的妹妹，卡洛琳·貝利（Caroline Belli）

CONTANT

PART ONE

You Have What It Takes; It's Just in Hiding

第一部
你本來就有能力，只是沒有發揮而已

PART TWO
The Building Blocks of the New You

第二部
這些基石奠定嶄新的你

PART THREE

Putting It All Together

第三部

整合起來

致謝

Acknowledgment

致謝

這本書花了我好幾年時間，我都快被它搞死了。

萬分感謝我的編輯，麥可・法蘭米尼（Michael Flamini），他再次信任我，並給予我需要的時間和支持來做出這本書最終呈現的樣子。他聰明、友善，充滿生命力，而且有趣極了，喜歡用聰明的方法挑戰極限。我就是想像著他在讀這本書，所以才能寫得聰明一點、有趣一點。等到他讀完我寫的內容之後，他給的意見又讓這本書變得更好了，而且改變了我寫應用科學的方式。

聖馬丁出版社是家非常棒的出版公司。在那裡碰到的每個人，每次都給我打氣支持。非常感謝丹妮爾・菲歐瑞拉（Danielle Fiorella）及詹姆斯・佩拉里（James Perales）設計出超棒的書封；感謝宣傳經理莉亞・喬韓森（Leah Johanson）把我這本書推得又廣又遠；感謝關・霍克斯（Gwen Hawkes）總是確保每個細節不出錯（而且通常會使它更好），並且總是像陽光那樣和煦。

有些經紀人就只是賣書，但我的經紀人不一樣，卡麥倫・麥克勒（Cameron McClure）和肯恩・舍曼（Ken Sherman）從頭到尾不斷支持我，在我作為一名作家及一個人這兩方面，因為他們的智慧及善意，讓我成長良多。我寫的每一本書都因為他們而變得更好，而且，身為一個作家，感覺自己並不孤單，真的很棒（我很習慣找卡麥倫聊聊，他總是能把我從很想跳樓的窗台邊拉回來，因此現在我根本不會再去開窗戶了）。

在把初稿送去給出版公司的麥可之前，我請艾美・崔絲納（Amy Dresner）編輯那可怕的初稿。我非常感謝她的慎重仔細，而且她寫的註記常常讓我大笑：「我的老天爺。這個句子真是可恨。」

我非常幸運能找到文法專家大衛・楊孜（David Yontz），他負責審閱我寫給「創造者」（Creators）專欄的文稿，也是這本書的文字編輯。我能夠寫得更好是因為從他的訂正中學習，他的專業讓這本書變得更清晰、更出色（嗯，你看到的任何文法特殊用法都是我故意的，因為我參考了作家愛爾默・李納德（Elmore Leonard）的建議：「如果正確適當的用法擋住你的路，那它得離開才行」）。

我對我的男朋友葛雷格・薩特（Gregg Sutter）充滿深情感謝，他為我煮了無數美味的晚餐、讀我寫的內容、逗我發笑，而且在我什麼都不管、只能盡全力寫作的時候，協助我保持冷靜。

我也要感謝生命中的重要人物：克麗絲汀娜・尼希拉（Christina Nihira）（「絲絨鞭」[The Velvet Whip]）、馬修・裴那札博士（Dr. Matthew Pirnazar）、達妮莎・吉普森（Da'Nisha Gibson）、黛比・列文（Debbie Levin）、凱特・柯伊（Kate Coe）、吉姆・薛瑞登（Jim Sheridan）、艾蜜莉及馬克（Emily and Mark）、卡洛琳・貝利、馬麗・桑內達（Mari Sunaida）、凱特・柏金（Kate Bergin）、南西・羅摩曼（Nancy Rommelmann），以及蘿倫・夏露莫（Laurent Chalumeau）。

特別感謝卡雅・裴瑞納（Kaja Perina），當我怒火熊熊時，她給了我友誼、智慧以及鼓勵。同樣也要感謝金絲麗・布朗恩（Kingsley Browne）、凱薩琳・索曼（Catherine Salmon）、亞傑・佛格列多（AJ Figueredo）、南希・希格爾（Nancy Segal）、桑德・葛林蘭（Sander Greenland）、陸賽靜（Sandra Tsing-Loh）、維吉尼亞・波斯卓爾（Virginia Postrel），以及史提夫・魏倫（Stef Willen）。

許多研究者非常慷慨跟我分享他們的時間及想法：詹姆斯・紀斯弘（James Chisholm）和芭芭拉・歐克莉（Barbara Oakley）讀過整本初稿並給我意見。史派克・W・S・李（Spike W.S. Lee）、諾伯・舒瓦茲（Norbert Schwarz）以及麥可・印茲利特（Michael Inzlicht）在SPSP這個社會心理學大會上，給我一大段時間，改變了我對他們研究領域的理解。莎拉・史陶特（Sarah Strout）、李・柯派翠克（Lee Kirkpatrick）、華特・佛迪斯（Walter Foddis）以及麥可・麥卡羅（Michael McCullough）以必要的方式引導我，並且不厭其煩回答我的問題。

還有其他研究者及科學家讀過某些章節並給出相當有用的建議：安迪・阿諾德（Andy Arnold）、皮耶特・溫基曼（Piotr Winkielman）、山姆・麥納尼（Sam McNerney），以及麥可・麥卡羅、依安・瑞德（Ian Reed）、克麗絲汀・拉格利（Cristine Legare）、史提芬・馬哥利斯（Stephan Margolis）、法蘭西絲卡・吉諾（Francesca Gino）、理查・哈潑（Richard Harper）和尼爾・麥克諾頓（Neil

McNaughton）。

我非常感謝部落格讀者給我的留言，包括瑞克「塔努克曼」（Ric「Tanukiman」）以及紫筆（Purple Pen）。也要感謝亞當・法拉薩提（Adam Farasati）在這本書的提案階段給予意見，並且感謝亞傑的朋友艾倫・海澤（Alan Hieger），他讀過最初幾章草稿。

我也非常感謝我的非虛構寫作同儕：湯姆・佐勒納（Tom Zoellner）、溫蒂・派瑞斯（Wendy Paris），以及「匿隱學社西區」（Invisible Institute West）所有成員和大衛・蘭森（David Rensin）。

最後，謝謝「持左輪手槍的狂野混蛋桂冠詩人」、已故的作家愛爾默・李納德，他對我的啟發相當大。我會永遠珍藏他最後留給我的話：「你有一隻沒有規矩的鼻（You have a pert can.）[1]」

1. 譯注：原文故意諧音「你有一支沒規矩的筆」。

第一部

你本來就有能力，只是沒有發揮而已

PART ONE

You Have What It Takes; It's Just in Hiding

1

魯蛇不是命中注定

購物網站 eBay 上，買不到八成新的骨氣。「尋找我的 iPhone」也沒有什麼叫「尋找我的魄力」的表親。而且，沒有人會開著一輛配備大型起重機的拖吊車，到處去把魯蛇拯救出來。

但是，真的有辦法可以脫魯，而且不必去看治療師——那個在心裡暗想，聽你絮絮叨叨幾十年之後，就能夠買下度假勝地阿魯巴島的人。

你也不用對著鏡子，複誦那些激勵自己的肯定句（如果你做過，你就很清楚效果如何了：「我很美。我很幸福。我很有自信。我……我在欺騙自己。我花十分鐘做完這件蠢事之後，一樣是他媽的魯蛇」）。

為了改變，你真正必須做的就是，一舉一動都要像你想成為的那個充滿自信的人。

對，這聽起來好像不太可信，但是讀到下一章你就會明白，我自己就是這樣做的，而且我可以說是超級無可救藥的例子。我並不是用魔法改變自己，並沒有把腦袋沉浸在某種勵志光輝之中；我的辦法就是在情緒上假裝，不斷重複自信者的舉止。

本書會提供你需要的所有步驟，從一隻可憐蟲（或只是稍微缺乏自信），蛻變為完整的人格。到那個時候，你就不會總是覺得侷促不安，隨時擔心該說什麼或該做什麼，以及別人是否會贊同。最棒的是，面對世界時，不必格外聰慧、直覺特強，或配備全套防彈衣外加一副蝙蝠耳朵，你還是能夠盡情揮灑。只要你不願意再像渣滓一樣地活著，或者不願再委屈（而你本來就不必委屈），只要你願意推開恐懼，採取行動。

這並不是說你不會覺得害怕——害怕至少會持續一陣子吧。但我希望你會得出和我一樣的結論：害怕並不是讓你逃避某件事的好理由。

說到這裡，我應該明白指出，這本書並不是「自我成長」（self-help）書籍（噁）。這是一本讓你別再作賤自己，以科學方法幫助自己成長的書。「以科學方法成長」（science-help），這個詞是我的朋友科學記者大衛・迪薩佛（David DiSalvo）所創，表示基於科學研究證據而做的建議。所以，這本書不會建議你去尋求宇宙的力量來得到療癒（宇宙聽不到，也不會鳥你）。

本書也不會有所謂的「祕密」，也就是那本暢銷書的書名，那本書裡說，正向思考的力量就像一個巨大的磁鐵，能夠把任何你想要的東西吸引過來。按照那套說法，如果你想要一輛新車，只要想像那幅景象，充滿感激地想著它（就好像你已經擁有那輛車），然後，宇宙裡某個口袋就會打開，把你夢想中的新車放進你的生活中（沒錯，就是那樣。你之所以沒有賓利敞篷跑車，就因為你沒有去想像它出現在你的車庫裡）。

說到底，如果這本書確實有個「祕密」，那祕密就是，如果你能夠挪一下尊臀開始行動，去做有科學根據的建議事項，你會擁有更好的人生。

不是「改天來做做看」。

現在就開始。

這種做法，我稱為「撞車原則」。大家會跟你說，「一直到那次可怕的車禍之後，我才驚覺真的要把握當下，不要再浪費生命了。」我的觀點是，那還等什麼呢？為什麼不現在就做，難道要等到車子被撞得變形了，人都面目全非了，只能用鼻子把球推到桌子另一邊做復健的時候嗎？

2

討厭自己，我爛透了

怒氣噴發的故事

我小時候是個魯蛇。一頭長得亂七八糟的紅髮，門牙之間有縫，寬到一輛小車都能開過去，而且我還尿床，一直尿到十二歲。當年，為人父母接收到的建議可不像現在，說是放輕鬆，耐心等待，問題過去就好了。我記得，我媽就像《大法師》（*The Exorcist*）那部片裡的妖魔，厲聲尖叫：「你又尿床了?!」

我沒有朋友，鄰居小孩會在我家外面叫囂，叫我「臭猶太仔」，還當面對我說我殺了耶穌（當時我才六歲，連蟲都沒弄死過）。要是能交到朋友，我什麼都願意。二年級時，我以為大概是中了高額頭彩，竟然有兩個女生來找我，答應和我做朋友，條件是要幫她們做數學題。我在一間髒兮兮的空教室，利用下課時間幫她們做功課。但是，我一放下那隻寫禿了的二號鉛筆，她們就一溜煙跑了，不再搭理我，一切又回復原狀。

小學整整七年，每一項活動，最後一個被選到的都是我，除非有特殊情況，例如玩足壘球的時候，唯一沒被選中的小孩是那個腿骨折的。通常沒有人會和我說話，要是有的話，都是在嘲笑我「紅大頭、死翹翹」，或叫我「紅人頭漢堡」。我每一天都過得很悲慘，回家向媽媽哭訴說我沒有朋友時，她也不知道說什麼才好。

三年級時，我試過對老天爺討價還價，默默懇求祂，我願意拿這個或那個來交換，只要祂能讓我長得像另外一個艾美，那個漂亮又有人緣的金髮艾美，我們狄麥歐老師叫她「長睫毛艾美」。當然啦，老天爺就和其他對我不好的小孩一樣，理都不理我。

學校以外的時間，我埋頭猛看書。我從法明頓社區圖書館借出滿滿一堆書。書本裡的故事讓我懷抱希望：有一天，我的人生會更美好；我也從書裡學到很多事，其中一件就是邊騎單車邊看書很危險。

十年級時，我參加了我爸媽教堂裡的少年團體。這是我人生中第一次交到朋友，不過，就像週末灰姑娘一樣，只有星期日少年團體聚會的時候才有朋友。我很害怕少年團體的朋友會發現他們犯了大錯，所以我很努力扮演出他們會接受的樣子。

我很小心，避免表達出自己真實的感受：我竟然交到朋友了，這簡直是上帝令紅海分開之後所做的最偉大的事。特別要小心的是別讓我媽知道，我老早就決定上帝那一套都是胡扯（可不能因為這樣，害我不能彈吉他領唱讚頌上帝的希伯來民謠）。

別人終於喜歡我了。把自我掩蓋起來，似乎只是小小的代價。然而，這代表著我經常不知道自己的想法是什麼。並不是因為我沒有想法。事實上，我讀了很多小說，也很喜歡邏輯，我一直都在想事情，一直都在找出事物的道理。我是有某種觀點的。但是，和別人在一起的時候，我認為他們會希望我怎麼想，我就那樣想。總之，我是個腦袋空空的紅髮大頭。

我的服務超棒，能為你效勞嗎？

二十一歲時，我從密西根州搬到曼哈頓。因為閱卷無數，我認得很難很難的字彙，卻沒學會「不」這個字。這一點，讓我在許多人的公寓中大受歡迎，尤其是當有人要搬進搬出，需要無償勞動的傻子來幫忙打包搬東西的時候。

後來，把閣樓租給我的人想收回房間自己用，我只好搬家。我勉強湊足了租金與押金，才租到一間又小又破的廉價公寓，就位在荷蘭隧道旁邊，我都叫那條隧道「紐澤西的直腸」。

我抱著希望，指望之前的付出會有一丁點回報，打電話給每一個我幫忙搬過家的人。沒有一個人在家。在家的，要不是因為手上長了嚴重的肉刺而臥病在床，就是趕著出門要去漢普敦海邊夏日狂歡。「嘿，還是祝你搬家順利囉！」

付完該給房東的錢之後，我的戶頭裡只剩下四美元，租不起搬家貨車，連計程車都付不起，我只好把裝著家當的箱子和大垃圾袋，搬上一輛有金屬輪子的老舊木製手推車，它大概有一百八十公分長，這是我新家那個街坊裡一個傢俱店老闊好心借給我在週末用的。我只是要從敦安街搬到格林威治街和運河街交叉口，距離是八百多公尺，所以用一台農用手推車來搬家，好像沒有那麼糟糕。

當時那一帶還很荒涼，特別是我搬家的日子還在星期六晚上，所以，我就推著手推車走在格林威治街正中央。這不難嘛，我又驚又喜，直到最後三條街那段鋪石路面。

金屬輪子和鋪石路面，這兩樣東西並不合拍。我的手臂首當其衝感受到那條街的每一寸路面，一路直搗我的腦袋最深處，讓我的胃感覺好像被綁在一台塗料攪拌機上。

這和我上次幫人打包搬家的經驗截然不同。那次，我坐在豪華河景公寓裡，幫一個廣告界認識的人打包一套酒杯。我的動作在她看來顯然不夠恭敬，她突然說：「那些是在第凡內買的喔。」噢，失敬失敬。

我考慮就在這裡停下來，打算徒手把家當一件一件搬去三條街以外的新家。不過，雖然附近街道空蕩蕩的，畢竟還是紐約啊，我不能就這樣把手推車和家當留在大街上。

再仔細盤算一下：不然就先帶走我的電腦，再回來拿其他比較不貴重的東西。但我這個人的體型就像一隻暴龍，腿是很粗壯，手臂嘛就是個笑話。徒手搬運要花好幾個小時，所以我只好咬牙苦撐下去，好不容易終於推著走完一條街。

什麼？我感覺到的是什麼？噢，沒錯，開始下毛毛雨了。我用盡全身力氣推車，希望能趕在雨勢變大之前抵達新家。走到第二條街中間時，手推車一偏，怎麼推都推不動了，幾個箱子和一袋衣服掉到路面。

我蹲下去看手推車下面是怎麼回事。一個輪子掉了。我撞到一個叫做「你死定了」的鋪路石，大概是某個十九世紀的壞心道路工人故意放在街道上的。接著，大雨傾盆而下，正如同我的人生，要不是狗屎事一堆，就是不斷被潑尿。我和我的全副家當徹底濕透。

接著身後傳來汽車不耐煩的「叭——！」一聲接一聲。

我看看後面。是一輛計程車。我比手勢要駕駛繞過我。明明還有空間，只要他小心閃一下就能開過去。

但他繼續叭，我繼續比手勢。我挪近一點讓他看清楚我要他開過去。他在濕答答的鋪路石上加足馬力，急速通過我身邊，碾過一個路面坑洞，把紐約市街骯髒汙水噴得我一頭一臉，嘴巴、鼻子、眼睛，全無倖免。

低頭看看那些濕軟的箱子，被雨淋溼的黑白電視，以及那台跛腳手推車，我放聲大哭。就在這場傾盆大雨中，我明白了：「我連一個真正的朋友都沒有。」

長出骨氣

其實，我的確有一些真正的朋友，例如大衛・瓦歷斯（David Wallis），我來到紐約第二天，在紐約大學的校外宿舍辦公室認識他，過了將近三十年，我們到今天都還是朋友。老實說，如果明天大衛從北極圈打電話說他需要我，我會毫不遲疑打電話預訂，噢，要訂三架飛機、兩架直升機，還有一組雪橇狗。而且，我滿確定大衛也會這樣為我付出。

但是，當時在紐約，我稱為朋友的許多人，其實只是見過幾次面的泛泛之交，或者，很悲慘地說，這些人會在自己有需要時打電話給我，但有機會參加很棒的派對時從來不會找我，或者只會單純問候：「嘿，你好不好呀？」但是，話說回來，這是誰的錯？我得承認：這些人當中，有大多數對每個人來說都不是壞朋友；他們只是對我不好而已。

我以前從來沒有注意過這一點，也許是因為我很習慣自己是魯蛇，打從我有記憶以來就一直是魯蛇，而且可能還更久。我大概已經接受艾美．奧康就像爛瘡一樣沒藥醫了。接著突然我警覺到：會不會是因為我的行為？也許我可以不要再那樣？

我開始注意那些大家都喜歡的人，因此發現有件事很不尋常：他們都很有自覺，不願意取悅別人。而我呢，老是做牛做馬只為了讓別人喜歡我，而他們會拒絕請求，有時候不太隨和，甚至有點自我中心。

事實上，他們對朋友、家人、同事，甚至老闆，似乎都很自在地說不。說法除了「不」之外，還有很多變化版：「不要啦」、「不可能」、「這輩子別想」、「你是他媽的頭殼壞掉嗎？」、「等我死透長蛆再說」。

最令人驚訝的是，他們拒絕別人，卻沒有被開除或斷交，或者被小聲地請走。

通常他們得到的回答是「噢，好吧」，或是稍微爭論一下。他們就算不能如願，似乎也會因為說出自己的立場而得到別人的尊重。但我對人們則表現出，只要能滿足你，我折腰折到多彎都沒關係，結果卻是羞辱般的對待，相比之下簡直有如天壤之別。

這一點，再加上二十出頭的年輕人常常冒著身體危險搞一些蠢事，在我身上產生了詭異的兩極化。雖然我沒骨氣，卻敢穿上溜冰鞋，在曼哈頓交通尖峰時間，沿著第五大道逆向滑行五十條街去上班。這種不要命的反常行為，只是因為不想擠在惡臭的老舊地鐵中；而一想到要測試社交界線，我卻變成一根鹽柱[2]，動彈不得。

插在我人生中的大招牌「歡迎踢一腳！」，要是能把它給拆了該有多好。想到這一點，我真的很心動。所以，我就一點一點做，尤其是如果身邊的人剛好是我視為社交食物鏈的下層，我就開始慢慢擠出這些抗議字眼：「我想還是不要好了」、「我真的沒辦法」、「這次先不用，謝謝」。令我驚訝的是，這些人竟然沒有罵我，或要我滾開。他們接受了，甚至還試著體恤我。

2. 鹽柱典故出自於聖經故事，上帝要毀滅罪惡之城時，事先要羅德帶著妻女先逃難，並交代不可回頭。然而羅德之妻忍不住回頭一看，結果變成一根鹽柱。

人們對我的態度改變，好像只是僥倖，每一次都是。我覺得自己還是原來的魯蛇。我心想，人們沒有把我當魯蛇一樣對待，大概是還沒發現魯蛇身上的惡臭吧。我會盯著他們看，心想他們要多久才會開始聞到空氣中的那股氣味是來自我的身上。好吧，應該不能說是我在放屁。正確來說，我就是屁。

最後，我不得不承認，當我不再像隻搖尾乞憐的狗，人們真的對我比較好。近來只要有人寫信給我尋求建議，我就會這樣告訴他們，而這也是我自己身體力行的原則：行為舉止要裝得好像我擁有尊嚴，或者說，行為舉止要像某個有尊嚴的人會表現的那樣。

我自己親身這樣做的時候，模仿的對象主要是電視廣告製作人凱西，我當時為她工作，她會以輕柔而堅定的聲音對一個搖滾巨星的經理說，不行，他不能擁有價值一萬美元現金的行李箱。偶爾我會扮演大牌製作人艾德，他會酷酷地坐在他的辦公桌邊，對盛氣凌人的女士明確指出：「要好、便宜、還要快，你任意挑兩樣。」

我愈是為自己挺身而出（即使是模仿別人的樣子），愈是明白確實就該這麼做。我竟然是透過假扮來變成真正的自己，這真是美妙得毫無道理。

我只是鼻屎．，聽我怒吼吧

我不會唬弄你的。通向自重（self-respect）的道路，鋪滿了羞辱與挫敗。我的這條路，大部分與被愛的渴望有關。每個人都希望得到愛，但是我的動機更隱晦。其實，什麼共同的目標、激起共鳴的價值、與另一半共創人生等等，這些高調廢話我都不在乎。我一心渴望的只是被需要。我把愛視為拯救，是讓我得以掙脫社交隔離的最後一班巴士。

但是，多虧進行了「直接說不！」這個實驗，我才開始了解渴望被喜歡的代價。我對被愛的渴求太深，以至於沒有看見這種渴求已經延伸到我的工作與朋友中。所以，只要看到吸引我的男人，我會不動聲色地接近對方，就像餓得要命的土狼，不著痕跡地突襲一隻羚羊那樣。

不過，最後我還是必須承認，這個策略也沒有效。對我來說，這個策略似乎是另一記高招，只不過，這是我在加州和一個傢伙交往一年半之後才想到的，那個人會在言語上淩虐我，還用我的信用卡過日子（他一直說等房子賣了就會還錢給我）。我們一起住的房子後來確實是賣了，但那時我才知道，房子其實是他的家族所有，而他們覺得付清欠我的信用卡帳單是年輕人的承諾，他們完全沒有責任。

我和這個男人交往時，有過好幾次低潮，其中有一次特別嚴重。那天晚上，他點火燒掉我買的書《看重自己》（*Honoring the Self*）[3]。如果我是小說裡的人物，那些著火的書頁就會是讓我「看清楚」的光，好讓我馬上逃離那一切。不幸的是，那是現實人生，所以發生那件事情後，我還和他在一起好幾個月。

最後讓我修正與男人交往方式的原因，並不是因為我的自知之明，而是情欲。除了寂寞難耐之外，我的性欲比流浪狗更強。雖然我看不清自己的行為，但我對人類的天性還是有一些了解。我知道女人最後通常能得到性，她只要等待，並且給男人暗示就好。

令人沮喪的是，連這一點對我都沒效。當然啦，那時候我的體型有點偏胖。

3. 《看重自己》作者為美國心理學家納森鈕・布蘭登（Nathaniel Branden），他寫了二十多本書，主題包括自尊及愛情方面的心理學，被稱為自尊心理學領域開創者。

我不是眼睜睜看著寂寞在我體內流竄，我還試著要吞掉它，因此用成堆的糖來吞掉寂寞。我狂吃餅乾、布朗尼、巧克力飲料等等，只要包裝上沒有印著大大的骷顱頭，也沒有印上有毒物質管制中心的電話號碼，任何甜食我都吃。我大嚼淋滿糖霜的零食，事後再來餓肚子或狂運動，此外其他時間都在自憐自艾。殘酷的是，自憐自艾很花力氣，但燃燒掉的卡路里幾乎是零。

身材肥胖而悲慘的我毫無吸引力，但我卻相信，有些男人會喜歡大隻女。我想不通為什麼似乎我偏偏是個例外，特別是我這麼勤奮地追求男人啊。事實上，多虧我在練習說「不！」，我才發現自己原來有一股勇氣。我把勇氣用在男人身上，追男人、打電話給男人、邀他們出去玩，全新而充滿勇氣的我，並不害怕做這件事，也非常享受這一點。然而，愈是把自己丟向男人，他們就愈極力閃避我。我還是沒有人抱、沒有人親、沒有人和我上床。

失敗的戀愛是敲醒我的一根棍子，這根棍子迅速變成像樹幹那麼粗，我必須再度承認，一定是哪裡出錯了，我得好好想想。

我想到一個點子，靈感來自旅館在房客離開時會給一張「您的住宿體驗如何？」紙卡。我起草了一頁文件：「我倆的約會：顧客滿意度調查」。

這份問卷大部分只需回答是或否，只有在最下方有評語欄位。我最喜歡的問題是這一題，就像在詢問滿不滿意旅館房間：「你的約會對象是否乾淨而且沒有異味？」不過，最重要的問題是「你會和這個對象再約會一次嗎？是或否的原因為何？」

拿到我這張單子的男人大部分都嚇壞了，而且拒絕填答（或者有好幾個都不再和我說話了）。我去紐約蘇活區一間很大的咖啡館寫作，因為那裡有很多插座，也有很多帥哥。以前約會過的某個對象，只要看到我走進咖啡館，就會手忙腳亂地收拾東西離開。

有一個年輕可愛的科學教授，雖然不再和我約會，而且結束時送到我的公寓門口之後，只和我握握手就飛奔到運河街上，但他倒是可憐我，不只填寫了這份問卷，還在咖啡館裡坐到我的桌邊把問卷拿給我。

照他的看法，我的問題出在用盡全力在某個對象身上，並且一人包辦所有工作。這種行為就好像我有什麼毛病似的。他還覺得我這樣做，讓他有點累。他解

我倆的約會
顧客滿意度調查

約會對象，你好：

感謝你選擇了艾美・奧康為你的約會對象！

我很明白，住在紐約大都會，你可以選擇的約會對象很多，因此我非常感謝你決定和我約會。

在此邀請你花幾分鐘時間填寫這份問卷，這能幫助我未來更能滿足你的需求。

請打電話給我，要快一點喔！

艾美・奧康

請你仔細評估以下各題，非常感謝。（請將評語寫在另一張紙上）

	圈選其中一項	
你的約會對象友善而親切嗎？	是	否
約會時，你有感受到任何問題或不適嗎？	是	否
如果有，是否獲得到解決到你滿意的程度？	是	否
你的約會對象穿著富有吸引力嗎？	是	否
你的約會對象是否乾淨而且沒有異味？	是	否
肢體接觸是否令你愉悅？	是	否
交談是否投入且有趣？	是	否
你的約會對象是否聆聽你所說的話？	是	否
在規劃階段是否遇到任何問題？	是	否
你會和這個對象再約會一次嗎？是或否的原因為何？	是／否／請留評語	
這次約會的整體評估如何？	請留評語	
你約會的對象，該怎麼做會更符合你的需求？	請留評語	

請評估你的約會對象，整體來說你會給幾分？（從 1 到 10，最高為 10）

1　2　3　4　5　6　7　8　9　10

釋說，他，以及一般男人，其實喜歡在約會過程中擔任某種角色，而不是只在旁邊等著說「是」。而我，則一手包辦了這個角色，以我的……呃，以我的熱情。基本上，他所說的，和我從其他那些我並不打算裸裎以對的人學到的一樣：急切渴望是行不通的。

討厭自己，我還是很爛

認清這些過火的求愛行為之後，我的第一要務就是脫離魯蛇身分。我又買了一本納森鈕．布蘭登（Nathaniel Branden）的《看重自己》，這次我沒有眼睜睜看著書被燒掉，而是確實打開來讀。我也對自己許下小小的諾言——往後在我人生中的每個面向，我會盡全力讓我的舉止像個真正有骨氣的人，而不是像一根煮過頭的超長義大利麵。

了解自己需要做什麼，只是個開始。過去我一直都是好好小姐，一不小心就發現自己又開始點頭了。再說，沒有人會喜歡馬屁精，就連馬屁精自己也不喜歡，所以要馬屁精變得不再對別人拍馬屁，又更難了。

每一次應該說「不」但我卻說「好」，或者我雖然說了「不」卻帶著太多遲疑，我就恨我自己。這個時候，又讀到布蘭登在那本書第四頁對自重所下的定義：「感覺到個人價值」，我就討厭這個討厭自己的自我。

我可能還持續在這種狀態中好幾年。幸好，我這個人對弱勢者向來心腸很軟，在這個情況下，弱勢者剛好就是我自己。在不斷自我鞭笞的空檔（大概是停下來懺悔的空檔），我開始覺得自己很悲哀。

看看我，不惜一切要爬出魯蛇深淵，卻只是不斷把自己推回去。為什麼？就因為我做錯一、兩件事嗎？可是，難道不是每個人都會犯錯嗎？

「放輕鬆啦，你這個死腦筋，」我罵我自己：「你只是個凡人。明知道該說『去你的！』的時候，你當然會說『好吧』。哎呀，明天又是新的一天。如果明天你又說好，那麼，後天儘量說出『去你的！』。」

重漆浴室的時候，我學到一個寶貴的教訓。我第一次刷油漆，一刷上去，馬上就脫落成長條的乳膠傷疤。因此我才明白，不能只是一味地將自重敷上去，而沒有先塗一層底漆，這層底漆就是自我接納。接納自己，必須能體認到你是個凡人，凡人都會犯錯。

例如，開一場重要會議時，妳從洗手間回到會議室，裙子卻不小心被塞進紫色丁字內褲上緣。等到妳發現時，除了說：「有人對我的大屁股有意見嗎？還是我們要直接進行預算討論？」還能說什麼呢。

我花了好幾年才接受自己每一個部分，好的、壞的、聰明的、笨拙的、荒謬的。甚至連我在緊張時，在體內翻攪衝撞的能量會藉由摳指甲抒發出來，這一點我也接受。不只緊張時摳指甲，我沮喪時也摳，高興也摳，興奮也摳，老實說，除了昏倒或死掉，我都在摳指甲。不過，漸漸地，我能夠充滿憐愛地看著自己那些被刑求多年的指緣，就好像看著一隻髒小狗。我接受摳指甲就是我這個人的一部分，這份接納，可以顯示出我已經進步到什麼程度。

我不是說現在我全好了，是自我成長的超級英雄。有時候，我發現自己退步到起點。我參加每月一次的寫作者聚會，參加的都是一些很有趣的人，有政治作家、小說家、傳記作家、編劇，有一位檢察官，還有一位不時進入戰爭前線的特派員。有一天晚上，我們這些人正在熱烈討論，突然間，現場變得一片寂靜。這份寂靜壓著我，讓我恐慌起來。「我沒有什麼話要說！我應該離開！」這個想法打擊了我。

但是我不能離開。這樣每個人都會知道，我要回家是因為我腦袋空空，這就更加印證他們對我的看法了，他們可能會想我對政治一竅不通，我一點都不好玩，我這個人很無趣。只要我一站起來，他們一定就會這樣說我。

我瞧瞧四周這些人，他們很快就會同情我的極度無趣了，但是，我注意到一個重點：他們的嘴巴也都沒有在動呢。沒錯，就在這個剎那，他們就和我一樣，沒有什麼話好說。我忍不住要笑出來，但是就在笑出來之前，坐我旁邊的那個人轉頭問我一件事。你猜怎麼著，他可不是說「像你這種會尿床的魯蛇，來這裡幹嘛？」

停車場，最後的前線

許多人視為理所當然的人生里程碑，我都置身事外。我沒去參加大學畢業典禮。我深愛男友，但不認為有結婚的必要。我覺得小孩很吵、黏人，而且又貴。我也不過生日（我的觀點是，如果你已經超過十二歲，而且沒有罹患癌症，真的有必要辦個派對、收禮物，慶祝你又多活一年嗎？）

但是，多年下來，我用盡心力拿熱臉貼人家冷屁股的人生路上，確實有一個可以慶祝的里程碑。那一天，我自認獲得了一張非官方文憑（可能是我此生最大的成就），那是我從取悅別人的行為中畢業的證明：一張禁制令。

我得到這一紙命令，是因為某家公司搬到我在加州威尼斯的住家附近。這家公司的業務是電影及廣告音效製作，他們搬進我住的公寓大樓尾端的一棟建築中。我們這一帶停車位本來就很少，而那家公司擁有一塊圍上柵欄的停車場，裡面大約有二十幾個停車位，很多位子整天都沒人停，好像那家公司是經營空曠柏油路面的庇護園區似的。他們的員工把車子停到我們住戶的街上，我們的停車位就更少了。真是氣死人。

我帶著自認為是「潑婦罵街」的能耐（我對那家音效公司自稱是「鄰里協會主任」），快步走去向他們解釋，住戶的停車位已經不足，可不可以請員工把車停在公司停車場。那家公司的經理是個年紀和我差不多的嬌小金髮女人，她說好。

噢。搞定了！酷！只不過她的員工根本沒有做到。

一週之後，那家公司某位工程師把車停進我們街區最後一個空車位，就在人行道正對面，就在我鄰居帶著嬰兒從好市多採購大包小包回來的時候。我叫住那個男人。「抱歉！可不可以請你把車停在你們的停車場？」他低下頭竄入幾乎全空的停車場，溜進音效公司裡。

混蛋。

我抱著我的約克夏小狗，踩著重重的腳步走過去按門鈴。那位嬌小金髮經理打開金屬大門。我抱怨說他們有個員工剛剛停走最後一個住戶停車位。她瞇起眼睛，「那是公用道路。」她輕蔑地說。

我說：「是沒錯，但這裡是住戶區域，而你們有一大片停車場。」（我後來才知道，他們把停車場空下來，是為了哪一天某個大明星，例如湯姆・阿諾（Tom Arnold）會帶著「一群隨扈」突然駕臨。）

她冷笑：「妳不高興的話，去申請停車許可啊！」這等於表示「誰鳥你啊」，因為這一帶大家都知道，海岸委員會（Coastal Commission）不會允許我們申請這種許可證。

雖然我沒有權力要他們不能占用停車位，但我也不會就這樣走開，讓這個嬌小金髮女仗勢欺人而免受處罰。我心裡冒出一個字，這個字對差不多我這個年紀的女人來說，是絕對的致命傷。但我說出來了，小小聲地說，因為這樣比較有威力：「妳知道嗎，妳真的是……爛婊子。」

她瞪大眼睛，下巴都掉了。音效公司老闆已經來到她身邊，女經理轉頭對著她老闆，想說些什麼，但是發出來的聲音就像是被細小雞骨嗆到一樣。

「噢，拜託，」我說：「我說的話讓妳的頭掉下來滾到地板上了嗎？不會吧。」

說完我就大步離開。雖然停車之戰我輸了，但是我沒有讓她騎到我頭上。過了一星期，就收到這張暫時禁制令。我當時把這張禁令叫做「暫時復仇令」。

幾個月之後，這個嬌小金髮復仇女在聖塔莫尼卡法院對法官抱怨說，我「有敵意而且無法預測」。

我不禁承認：「這兩點我確實是如此，但我不用暴力。」

這道禁制令當然被撤銷了。

是的，這透露出一個訊息。不，不是說你應該像饒舌天王德瑞醫生（Dr. Dre）那樣到處罵髒話，而是要你活出更好的自己。

這就是我，苟活在地球上一隻最大的馬屁精魯蛇。如果我能重新塑造自己，不只擁有真正的朋友和一個愛我的男友，而且還具備足夠堅強的自我，能為了社群福祉而不屈服於某些事；那麼，任何人都能做到。

第二部

這些基石奠定嶄新的你

PART TWO

The Building Blocks of the New You

3

心靈比頭腦更廣大

你最棒的新朋友：「體現認知」

我知道你想趕快讀到怎麼做才能脫魯。但是，為了讓你相信，相信到有足夠動機去實行，很重要的是，你要了解為什麼這個方法有用。

我後來發現，我不管自己是個天生的肉腳，刻意模仿我老闆冷靜又自信的行為舉止，這個做法竟然非常符合科學。

但我當時並不知道。我不是心理學的知名學者，也沒有一顆水晶球並且訂閱所有行為科學期刊。老實說，我寫在這本書裡的一大堆科學知識，當時我都一無所知。但是，雨中站在紐約鋪石街道上，因為沒有朋友而啜泣，使我願意嘗試任何事情，好爬出這種社交老鼠般的處境。所以，我一把鼻涕、一把眼淚，急切地在黑暗中摸索。喲嗬，奇蹟出現！原來我這樣做是正確的。

為什麼正確呢？一九四〇年，小說家費茲傑羅（F. Scott Fitzgerald）寫下

「行動即角色」（action is character），意思是說，一個人做了什麼，就定義了這個人是誰。晚近這幾年，有一個漸漸成長的科學領域叫做「體現認知」（embodied cognition），該領域研究發現，行動也會成為角色（action *becomes* character）。

什麼是體現認知？請再多讀幾次這一章的標題：

心靈比頭腦更廣大

體現認知的研究指出，你是什麼樣的人，不只是大腦的產品，也是你的呼吸、膽量、站立的方式、說話的方式，以及說話時是否有眼神接觸，還是眼神飄忽猶如準備竄入車底的貓。

原來，短視而只關注大腦的心理學，對於人類行為的動機，觀點太過狹隘。打造全新的自己，就必須要認清身體經常是認知的一部分，也就是思考的一部分。研究者安德魯・威爾森（Andrew Wilson）解釋了體現認知的威力：「舉例來說，我們可能用身體的動作，來解決單靠大腦無法解決的問題。」

其實不只如此。持續改變行為（小至你如何移動、呼吸，以及一切言行舉止），就能轉換你對自我的感受、別人看你或對待你的方式，以及你是什麼樣的人。這是非常重大的人生轉變。

持續改變行為對於思維的改變也會有幫助。例如，了解「自尊」（self-esteem）並不是我們大部分的人以為的那樣（第八章會提到，近期的科學研究發現，其實自尊的來源是別人怎麼看待我們，是看重或看輕）。不過，思想上以及其他方面的改正，最後還是會回到行為舉止，這才是改變自己的關鍵要素。要成為全新的你，絕大部分是靠著做出你想要成為的人的行為。

基本上，藉由一次又一次改變你的行為，新的行為跟伴隨而來的情緒就會植入你的大腦中，這表示舊的行為和情緒會被擠到後面，不會再自動出現了。這意味著最後你會和我一樣，不會再去想什麼見鬼的自尊。你，就是自尊的體現。

聽起來好像不太可信，自我的重大轉變，怎麼會是靠這樣簡單的行為步驟就能做到。但是，你可以把它想成早年我在紐約看過的男士生髮俱樂部電視廣告，廣告結尾永遠都是那家公司老闆操著紐約腔說：「我不只是公司總裁，我本人就是顧客！」同樣地，你可以把我當成直挺挺、活生生的見證（之前跟本是趴在地上半死不活的人）。改變行為，你就不會再去巴結討好別人，活得像一根煮過頭的義大利麵。

跟著這個穿紅黑方格褲的男人踏入林中

就讓我們從美國第一位心理學教授以及一隻熊開始說起。熊的部分我們稍候再說，首先介紹這位心理學教授。

威廉・詹姆斯（William James）這位聰慧而憂鬱的怪人，出身上流社會家庭，在一八七〇年代初畢業於哈佛大學醫學院。他是小說家亨利・詹姆斯（Henry James）的哥哥，學過藝術，思想上創意十足。

當時的男士服裝式樣，最適合用「每天都是葬禮」來形容，然而，詹姆斯經常一身紅黑方格褲、高禮帽、圓點領結和長禮服外套，這也反映出他的想法：一

哲學家及心理學家威廉·詹姆斯二十三歲時攝於巴西，一八六五年。詹姆斯超前他的時代甚多，這可不只是因為他外表看起來像是時髦網路咖啡館的老闆。來源：哈佛大學霍頓圖書館（Houghton Library）。

個人的服裝應該代表他的內在，而非只是蓋上一塊布，免得嚇到小姐或少男們。

詹姆斯最後發現醫學有點無聊，不過他已經花了幾年時間涉獵剛剛開始流行的心理學。一八七五年，他開始在哈佛大學教授心理學。法國哲學家笛卡兒（René Descartes）以及之前的思想家認為，心靈與身體（心與物）是分開的兩個不同實體，各由不同物質組成，這個觀念一直到一八七〇年代仍然盛行。

笛卡兒認為，你的思想就是真實的你，即使身體沒有了，你無所依附的心靈仍然存在。你的身體「只是機器」，雖然是一台很不錯的機器，但終究只是一個有血有肉的機械裝置，依附於「會思考的東西」，而那個東西才是你。所以，在笛卡兒的觀點中，你是誰並不是由身體來決定的，身體只是暫時承載著真正的你，也就是你那不朽的心靈，直到你死掉，身體腐壞，就像忘了吃的食物會腐壞一樣。

詹姆斯並不相信身心二元論。事實上，他認為身與心是連結的，而且一起作用。他讀過查爾斯・達爾文（Charles Darwin）的觀察評論，指出人類及動物的情緒會伴隨特定的身體表現（例如，快樂的情緒會牽動臉部肌肉形成微笑，而不是冷笑）。令人驚奇的是，我模仿我的製作人老闆自信行為的成果，早在我這樣做的一百年前，達爾文就已經想出這件事了，他寫道：「即使是模擬一種情緒，也會在我們的心靈中激盪出那種情緒。」（如果我小時候多讀達爾文，少讀神探南茜（Nancy Drew）[4]就好了。）

達爾文也注意到，伴隨著某個特定情緒的身體表現（例如微笑或冷笑），可以作為情緒的強弱調控鈕。增加身體表現，情緒會放大；減小身體表現，情緒張力會降低。這就是為何當你想要停止憤怒，把怒氣「發洩」出來，反而無法達到目的的理由（你應該從來沒有聽過綜合格鬥手碎碎念「把那個傢伙打爆，我覺得好平靜，感覺與萬物合一」吧）。就像達爾文說的，「做出暴力動作的人，火氣會更大」。

達爾文認為，身與心是一起合作的，這個觀念讓詹姆斯以全新方式來看待情緒。詹姆斯和達爾文一樣，主張情緒不只是心靈層面，而且還具有「生理基礎」，例如碰到某個可惡的混蛋，我們會臉色轉紅、鼻孔張大、咬牙切齒。

不過詹姆斯的想法又更進一步。他開始重新思考，我們體驗與辨識情緒的順序。他的結論十分激進，聽起來很瘋狂。他認為，當我們面臨引發情緒的狀況，

4.「神探南茜」是以少女南茜為主角的系列偵探小說，首度出版於一九三〇年代，隨著時代變遷而陸續出版不同故事，並曾改編為電影、電視及電玩遊戲。

第一個做出反應的是身體，臉色漲紅、咬牙切齒，之後心靈才出現作用，把這些身體反應貼上一個標籤：「哈囉，我的名字是憤怒！」

是的，這有點難以理解。為了幫助你了解詹姆斯的想法，我們要請熊出場了。

想像你在某個樹林邊把車子停下來，伸伸腿，感覺有點頭暈目眩，可能是因為日光照射在蝴蝶小小翅膀上發出閃光之類的理由。這時候，老天爺啊，凱蒂貓坐在火箭動力雪橇上！[5] 竟然出現一隻該死的熊。

你以破世界紀錄的速度飛奔到車子邊，立刻竄入車中。

至於這些事情及情緒發生的順序，一般認為是這樣：

1. 你看到這隻熊。
2. 你覺得害怕。
3. 害怕使你逃跑。

但是，詹姆斯認為順序是反過來的：

5. 作者注：此處小心借用了美國憲法第一修正案專家馬克・J・藍達薩（Marc J. Randazza）的話，他真的把這些文字放在一份案件摘要上。

1. 你看到這隻熊。

2. 你逃跑。

3. 你感到害怕，因為你正在逃跑。

沒錯；在詹姆斯的版本中，你看到那隻熊，你逃跑，而且感到害怕，因為你正在逃跑。換句話說，根據詹姆斯的看法，你會產生那個情緒，是你注意到自己的身體在做什麼之後。

不，不只是你。連我都覺得這個說法太古怪。

但是，探究細節應該有幫助。詹姆斯認為，我們看到熊就逃跑，不是因為我們有意識地害怕；而是我們看到熊就出於本能跑掉——在我們的意識心智搞清楚怎麼一回事之前。

至於這是怎麼運作的，詹姆斯認為，看到這隻熊，在瞬間就傳送一個訊息到大腦的感覺處理系統，啟動了自動身體反應（例如心臟怦怦跳，腎上腺素湧出）。幾毫秒之後我們才意識到幾呎外有一隻熊。根據詹姆斯的說法，我們的意識心智遲到了一些些，直到意識注意到心跳加速、腎上腺素湧入這些身體的「騷亂」，我們才知道自己在害怕。

也許還是有一點點難懂，那麼我們來導覽一下大腦裡的辦公室好了。假設我們才剛剛碰到這隻熊，這個訊息才剛剛抵達我們的意識部門。遇到熊的最初幾毫秒為前意識（preconscious），這個時候，熊的模樣映入眼簾，訊息迅速傳輸到大腦中的視丘。你可以想成兩條走道最前端有一張警衛桌，視丘就是那個警衛。

視丘的職責是同步把這幅景象送進兩條走道。一條走道比較短而直接，這樣才能在遭遇危險時做出迅速的決定。另一條走道比較長而迂迴，在這裡會處理比較多細節，確認到底現在是什麼情況，有助於做出更正確的決定。

神經科學家喬瑟夫．勒杜（Joseph LeDoux）說，短走道是「快而不誠實」（quick and dirty）的路徑，從視丘直接通往杏仁核。杏仁核是處理環境刺激的中心，是大腦威脅偵測系統的一部分。杏仁核的大小像兩個一組的皇帝豆，是神經叢集之處，迅速決定我們四周的情況接下來可能會怎樣，是否要發出警訊。

杏仁核的作用發生在我們的下意識，把目前的環境訊息（熊！）以及之前的情況快速做比較（包括與我們個人及演化而來的過往經驗相比較），再決定這是哪一種程度的威脅。與此同時，在勒杜稱為「正直之道」（the high road）的那條長路徑，感覺皮質（sensory cortex，相當於感覺資訊處理部門），負責處理接下來的事，將環境訊息做更細緻的分析，最後可能會決定，杏仁核把你嚇得衝進車子裡是有點過於魯莽了。

事實上，杏仁核常常是錯的。它經常誤判情勢，認為眼前有危險而要你逃離威脅。但是，演化心理學家瑪蒂・黑索頓（Martie Haselton）指出，容易誤判並不是一件壞事。你是被逼犯下代價最低的錯誤，例如，也許你嚇到脫了一層皮，後來才發現那是你的混蛋朋友穿著道具服假扮熊來嚇唬你，但這總比遇到真正的危險而不逃跑來得好，因為那樣你就會變成熊熊一家的特製午餐了。

有時候你的意識是無意識的

我知道，即使為你剖析大腦內部，你還是很難相信詹姆斯所說的，我們是因為跑掉才害怕。詹姆斯本人也要負一點責任，他最後也發現，用看到熊而逃跑這個例子，會讓人覺得莫名其妙，並沒有講清楚。

詹姆斯後來解釋他真正的意思，逃跑這個例子是指「見鬼了！」時整個身體過程的濃縮，是指杏仁核偵測到熊存在之後的整個身體過程，包括心跳加速、血流加快到極限。

很討厭的是，因為詹姆斯某些說法不夠清楚，他想出他的理論一百多年之後，有些科學家還在爭論他有沒有把順序搞對。不過，愈來愈清楚的是，詹姆斯的確抓到重點了。現代神經科學研究發現，我們會在沒有覺察的情況下就出現情緒，因為，體驗到情緒未必要從意識思維開始，而且可能根本與意識思維無關。

神經科學家勒杜舉例說明，他把一些具威脅性事物的圖片拿給受試者看，但是，是以一種「讓他們沒有意識到的狀態」來呈現這些刺激物，例如快速閃過圖片，讓意識來不及理解。這些受試者並沒有產生任何害怕的意識想法。然而，這些刺激物啟動了他們的杏仁核，杏仁核發出警戒，於是受試者流汗、心跳加速、瞳孔放大。勒杜解釋，這些徵象表示，威脅的偵測及反應「能夠獨立於意識覺察」。換句話說，有時候意識不只比情緒體驗更慢出現，甚至可能整個過程都沒有反應。

話雖如此，身體迅速做出動作反應時，意識心智當然不只是坐在場邊觀戰。意識是大腦的驗證部門，意識的工作職責是觀察環繞在情緒周遭的狀況。

詹姆斯主張，我們可以只由身體感覺來辨識出不同的情緒，但是，一九六二年，心理學家史坦利・夏克特（Stanley Schachter）及傑若米・辛格（Jerome Singer）指出，某些情緒的身體反應非常接近。例如，你覺得喘不過氣來，可能是因為某個美女正向你走過來，或因為你很快就能知道，那隻追著你的熊最近是不是用過牙線了。

夏克特和辛格解釋，釐清喘不過氣來的細微差異，靠的就是你的意識心智，方法是偵測周遭的情境，例如注意你是否在樹林裡迷路了，還是在某人的眼神裡迷失了。然後你的意識心智會把身體表現（喘不過氣）放在正確的情緒分類箱，是恐怖（「媽呀……有熊！」），還是情欲（「快把我的衣服撕開！」）。最有幫助的是，按照情境來分類能讓你避免和熊做愛，或者是看到某個帥哥美女走向你，你的反應卻是報告公園巡邏警察，要他們帶著麻醉槍及大網子速速趕來。

換句話說，雖然詹姆斯的解釋有點太過頭，貶低了意識在情緒上的作用，他還是帶領我們進入一個重要的觀念：經由現代研究證實，心靈和身體一起合作，創造出我們的情緒反應。

這個觀念實在令人興奮，因為這表示，你可以刻意使用身體動作，來改變你的感覺。持續改變你的行為，例如，坐到你有權利坐的位子上，而不是自動爬到桌子下面，就能改變別人看待你的方式。所以，沒錯，你真的可以揮去魯蛇的惡臭，一勞永逸。你的身體不只是大腦的運輸工具，你可以用身體做到更多。

4

認識你的情緒（那些小彆扭）

這比你以為的更有用

我們都有各種情緒，但對情緒卻沒有多想——情緒是從哪裡來的，為什麼我們會有情緒，還有，情緒是不是也會被學校當掉，或是八歲時在遊戲場上被霸凌強拉內褲。

當我們認真想到情緒時，似乎也令人招架不住。如果你是常常覺得難過的人，就更是如此了。想要迴避自己的感受是很自然的本能，但這樣做的效果，大概就和你把所有該付的帳單塞到抽屜裡一樣。

迴避你的感受並不會讓它消失不見，你愈是迴避，就愈難清楚認出你到底感覺到什麼。這是一個問題。模糊地感受「爛透了」，無法為你指出任何解決方案。不過，稍微清楚一點的「我覺得丟臉」，則能夠帶你問出正確的問題，例如「好，丟臉什麼？為什麼丟臉會造成傷害？我怎樣能把丟臉踢出我的人生？」（這些問題的答案都在第九章）。

還有，神經科學家馬修・李伯曼（Matthew Lieberman）和共同研究者的腦成像研究顯示，把負面的感受化為文字，也就是把吞噬你的討厭感覺貼上標籤，似乎可以消滅一些造成你難受的負面威力。

模糊的負面感受，與其盡力迴避它，不如挖掘它，直到你能夠給它一個名字，這樣做會讓你覺得不那麼負面。這似乎是違反直覺的事。不過，使用語言文字，會觸發大腦中比較高階的區域。李伯曼團隊的研究顯示，將你的感受命名，能夠激發大腦中的動力轉移——啟動比較高階的區域[6]，並降低大腦威脅偵測迴路（特別是杏仁核）的活動。杏仁核的反應比較不活躍，你就不會被你正在煩心的事弄得那麼緊張。

不過，將你正在經歷的特定情緒命名，是很勞神費心的事，因為情緒似乎非常多樣，而且全都摻攪在一起，很像初中時每週最後一個上課日，午餐阿姨會用所有剩菜煮成的一鍋神祕燉菜，以及沒有人願意拿去失物招領處的教科書。

還好，一九六四年，心理學家西凡・湯姆金斯（Silvan Tomkins）幫忙把事

6. 作者注：為一種感受命名，可以將你大腦內的活動轉移到前額葉皮質局部，也就是右腹外側前額葉皮質（right ventrolateral prefrontal cortex），那個部分和自我控制有關。李伯曼在其著作《社交天性》（*Social*）中，將這個區域稱為「大腦剎車系統的控制樞紐」。

情簡化了。他提出人類有八種核心情緒[7]（不用過分關注他的說法，因為近年來還有其他人提出別的情緒組合）。

興趣（Interest）
享受（Enjoyment）
驚訝（Surprise）
痛苦（Distress）
害怕（Fear）
羞恥（Shame）
鄙視（Contempt）
憤怒（Anger）

湯姆金斯最後把「鄙視」換掉了（這我贊成！），換成「嫌惡」（dissmell），他創造這個英文字來形容我們想要避開發臭噁心的東西，例如死掉的動物、發酸

7. 作者注：其實湯姆金斯為這些情緒取的名字較長，不太容易理解：興趣興奮（interest-excitement）、享受喜悅（enjoyment-joy）、驚訝震驚（surprise-startle）、痛苦苦惱（distress-anguish）、害怕驚恐（fear-terror）、羞恥屈辱（shame-humiliation）、鄙視厭惡（contempt-disgust）、憤怒盛怒（anger-rage）。

的牛奶以及大便。

一九七〇年代，湯姆金斯的學生、心理學家保羅・艾克曼（Paul Ekman）研究世界各地人們的臉部表情，他的結論是基本情緒有六種：

快樂（Happiness）
驚訝（Surprise）
害怕（Fear）
憤怒（Anger）
厭惡（Disgust）
悲傷（Sadness）

艾克曼的論點建立在湯姆金斯打下的基礎上，他說這些是基本情緒，因為這些情緒的臉部表情相當明顯，而且全球都認得出來（不像其他情緒，例如：愛）。他對情緒的思考有其道理，這表示，情緒不只是感覺上的想法，也有生理上的基礎。

其他研究者發展出來的情緒種類，各有一些差異，不過沒有人能夠提出完全令人信服的證據證明，為什麼他們提出的情緒種類比較有解釋效力（艾克曼自己也搖擺不定，到底「鄙視」該不該當作第七種基本情緒。）。話雖如此，為了達到情緒轉化的目的，下面這一組情緒非常有幫助，這六種情緒是由社會心理學家菲利浦・薛佛（Phillip Shaver）所提出：

愛（Love）
喜悅（Joy）
驚訝（Surprise）
憤怒（Anger）
悲傷（Sadness）
害怕（Fear）

薛佛提出的六種情緒，並不是每一項都能連結到特定的臉部表情，但它很有用的地方在於，每種情緒底下都分出次項目，因此所有不同情緒可以各自歸類，比方說可以放在「愛」這個抽屜，或是「悲傷」這個抽屜（如何分類請見下表，順便也看看那一頁之後有一張精神科病房使用的臉孔圖示，看哪張臉最能代表你的感受。圖畫雖然滑稽，但是很實用！）。

艾克曼提出的情緒種類，都可以在薛佛的分類中找到。例如，艾克曼模型中的厭惡也在其中，只是被重新歸類在「憤怒」的次級情緒。薛佛的「悲傷」分類中，最有用的是失望，覺得被忽略，以及羞恥（這向來是我應用最多的一項）。

歸納你的情緒

為了協助自己清楚辨識哪一種感覺正壓在你的胸口上奚落你，你可能會想把「薛佛情緒表」這一頁折起來做記號，還有精神科病房使用的臉孔圖示那一頁。

薛佛情緒表

基本情緒	次級情緒	第三級情緒
愛	喜愛	熱愛，愛好，愛慕，深情，喜歡，吸引，疼惜，柔情，同情，善感
	性欲	性興奮，欲望，性欲，熱情，迷戀
	渴求	渴求
喜悅	歡樂	開心，幸福，歡娛，快活，興高采烈，歡暢，愉快，愉悅，欣喜，享受，高興，快樂，歡喜，歡欣，滿意，快意，狂喜
	熱情	熱切，熱忱，熱情，興奮，激動，振奮
	滿足	滿足，樂趣
	自豪	自豪，勝利
	樂觀	進取，希望，樂觀
	著迷	著迷，癡迷
	欣慰	欣慰
驚訝	驚訝	驚異，驚訝，震驚
憤怒	氣惱	惱怒，氣惱，不安，厭煩，慍怒，不順心
	激憤	激憤，挫折
	盛怒	憤怒，盛怒，暴怒，憤慨，震怒，敵意，殘暴，愁苦，憎恨，嫌惡，輕蔑，怨恨，報復，討厭，憤懣
	厭惡	厭惡，反感，鄙視
	妒羨	妒羨，嫉妒
	苦惱	苦惱
悲傷	煎熬	痛苦，煎熬，受傷，悲痛
	悲傷	沮喪，絕望，無望，憂鬱，愁悶，悲傷，不快樂，悲痛，傷心，淒苦，傷感
	失望	氣餒，失望，不滿
	羞恥	罪惡感，羞恥，悔恨，自責
	忽視	疏離，孤立，忽視，寂寞，拒絕，思鄉，挫敗，灰心，不安全感，尷尬，屈辱，侮辱
	同情	憐憫，同情
害怕	恐懼	警戒，震撼，害怕，驚嚇，恐懼，恐怖，慌亂，歇斯底里，羞愧
	緊張	焦慮，緊張，緊繃，不安，掛心，擔憂，憂慮，畏懼

本表由大衛・史崔克（David Straker）提供，changingminds.org

精神科病房使用的臉孔圖示

艾美・崔絲納（Amy Dresner，後面幾章會提到她），在基督復臨安息日會葛林戴爾醫院（Glendale Adventist）精神病房「拜訪」一段時間之後，帶回一張影印的示意圖如下，已經被她用得破破爛爛了。我覺得這張圖示很好笑，但也很實用。

既然你正在讀這本書，我猜你可能和我以前一樣，不會去感受自己到底是什麼情緒，那麼，把某個情緒配上一個名字，可能會對你有幫助。

看這張圖示的時候，請在心裡想著有沒有誰像圖中描述的字眼。就像站在一群陌生人當中，你會突然明白原來每個人都有一張名牌：「噢，那就是悲傷！哇，她這麼消瘦！嗯，這就是「不贊許」！你閃一邊去好嗎？」

既然你知道只需要面對幾種基本情緒，然後每一種後面有一串次要情緒，現在就可以來進一步認識這些令人頭痛的壞蛋了。接下來，我們要稍微了解一下它們的組成，以及為何有些情緒會如此糾結，讓我們自覺像個廢物。

今天覺得如何？

這些臉孔圖示是由平面設計師艾莉．彼特斯（Ellie Peters，ElliePeters.com）設計，承蒙她首肯讓我放在這本書裡。我們承認，感覺「獨特」其實並不是情緒，感覺「傻傻的」也不是，不過其他的應該可以幫助你找出與你的情緒相配的臉孔和名稱。像薛佛情緒表上的各種情緒，在網路上也可以找到更詳盡的臉孔圖示清單，請搜尋Google圖片，鍵入「feeling faces」。

感覺是狄倫・麥德蒙（Dylan McDermott），情緒是德莫・麥隆尼（Dermot Mulroney）

大家有時候會搞不清楚德蒙還是德莫。

如果麥德蒙與麥隆尼站在一起，看得出來其實他們兩個長得並不像。不過，他們都是深色頭髮的白人，都瀟灑帥氣到有點危險的程度，兩人都有德蒙之類的這種愛爾蘭名字，這些都讓大家搞不清楚。

感覺（feeling）和情緒（emotion）也有類似的問題。神經科學家安東尼奧・達瑪西奧（Antonio Damasio）及喬瑟夫・勒杜兩人都指出，「情緒」和「感覺」這兩個詞彙，大家（包括研究人員）長期以來都隨便混用。

「情緒」和「感覺」其實是形容兩種不同的處理形式，也就是威廉・詹姆斯特別強調的——情緒是由身體驅動，感覺是由想法驅動。

情緒

情緒是我們因應生理經驗產生的潛意識反應（subconscious reaction）。生理經驗，指的是透過感官（視覺、味覺、觸覺等）從環境接收到的資訊。

換句話說，你身處的情境會立即啟動你的身體變化，而情緒就是大腦對這個情境的反應，其速度有如電光火石，而且在你的覺察之外！達瑪西奧解釋，其中某些身體變化是其他人看得出來的，例如皮膚顏

今天覺得如何？

左：麥德蒙，瑞貝卡・楚（Rebecca Dru）攝，CC 2.0。
右：麥隆尼，感謝亞馬遜攝影棚（Amazon Studios）「叢林裡的莫札特」（Mozart in the Jungle）。

色（變紅）、身體姿勢以及臉部表情。其餘的身體改變，例如心臟怦怦跳，則是「只有發生這個改變的身體主人才知道」。

因此，舉例來說，如果你在室內停車場裡，而暗處有些微動靜，非常輕微，你在意識層次還沒有注意到，但你的感官接收到了。在你的意識隱約察覺到可能有什麼令人害怕的事物之前，感官就先把環境訊息傳送到你大腦比較低階且更早演化的部分，例如威脅偵測迴路（也就是杏仁核及它的保安夥伴）。接著，這個迴路啟動神經化學反應，讓你的身體緊張起來，進入警戒狀態，以做好準備要逃跑，或是對付某些混蛋。

一直到這個時候，也就是你的身體開始反應之後，感覺才終於加進來。

感覺

感覺是你的意識反應（conscious reaction），你會覺察到這個反應，並且以思想表達（還可以大聲說出來）。

換言之，影響到你身體的環境訊息，你的心智會對它進行有意識的詮釋，這就是感覺。或者，以達瑪西奧的說法，感覺是「身體狀態的心智經驗」。所以，如果今天特別冷，你可能會用詞彙表達感覺：「要是再冷下去，我可能會凍掉一隻耳朵。」

但是，感覺不只是對環境訊息的反應。記憶、信念及其他相關事物，都會對感覺產生作用，對你正在經驗的事賦予意義（例如，與你的過去、未來，以及你的價值觀的關聯）。

在情緒與感覺的順序中，賦予意義是最後才發生的。以室內停車場的陰森暗影情境來說，你可能全身起雞皮疙瘩又心臟怦怦跳，這些身體騷亂促發了恐懼情緒，接著在你的意識心智運作下，一個感覺跳出來化為語言：「媽呀，我超害怕的！」接著，同樣也是在你的意識心智運作之下，可能會跳出來另外一個感覺，是關於這個情況對你來說代表什麼意義，例如，「老天爺，可能是連環殺手，他會拿撬胎棒狠打我一頓，我會到死都還是處女！」

我們來複習一下吧，神經科學家達瑪西奧說：「情緒以身體為舞台而展現出來。感覺以心智為舞台而展現出來。」

不過，我要道歉的是，在這本書裡，從你正在讀的這一段之後，我將會交互混用「情緒」和「感覺」這兩個詞彙。除了很重要必須區分意識和潛意識反應（例如在第十七章）之外，我會順著文字脈絡來使用比較適合的詞彙。通常這表示使用「情緒」來形容情緒以及感覺。在科學上，我真的有點抱歉。不過，我寫這本書並不是要把你變成一絲不苟的神經科學家，而是要用最好的說法來協助你，幫你從長久以來所處的不利位置掙脫出來。

情緒能引起動機

情緒可能是經由演化，來幫我們解決生存與交配問題（如果有人痛擊你的自尊，你可不要覺得難過，畢竟，就演化而言，把你惹毛很好玩）。

我們認為情緒是心智的狀態，是心智對於我們正在體驗的傷心、興奮、不平或充滿性欲等等經驗的理解，但其實情緒不只是心智反應，還是引發動機的工具。

情緒促使我們採取行動，例如：親她！去找律師！躲到冷凍庫裡！

情緒能夠引起動機，這就代表即使你感覺很糟，最終也是一件好事。演化心理學家及精神科醫師倫道夫・尼斯（Randolph Nesse）說：「情緒苦惱和身體不適一樣都很有用。」他的意思是，生理上的疼痛最有助於：喲呵！笨蛋，採取行動吧！例如，當你試圖在派對中擺出最誘人的姿勢，結果卻不小心把手放在炙熱的爐子上時。

尼斯解釋，情緒痛楚就像生理上的疼痛，會引領我們對機會或威脅「視情況而做出反應」，包括對生存及社交的威脅。例如，在社交上被人踐踏，感覺很差。這可能會驅使你行動，讓踐踏你的人覺得有罪惡感，藉此讓他們對你好一點。或者，你可能只會躺下來，以免提醒他們，你是本週出氣包冠軍的適合人選。重點是，你的情緒會驅使你採取行動。

因情緒而來的動機，有兩種主要形式，往前，或倒退。驅使我們去追求某種事物，或是驅使我們避開某些事。

所謂「往前」，可能就是「嗯，來塊巧克力蛋糕，沒關係啦！」背後的驅力，或者是看到某個帥哥美女，「我想現在就推倒你，可以嗎？」另一方面，「倒退」的動機則像是「哎呦，好噁心！」，或者「哇，正走過來那個男人長得好像新聞報導的停車場殺手！」

往前和倒退這兩種動機，在心理學上稱為「驅」（approach）及「避」（avoidance）動機，這兩種衝動主宰了所有活著的生物體的行為。事實上，這兩種動機是幾百萬年前就一路流傳下來，起始於微生物體，這些生物體連手都沒有，更別提心智了。

演化怎麼會像我的傑克爺爺呢？

我們從這些原始小東西演化而來，他們沒有心智，也就不會有情緒。然而，他們卻具有可稱為前情緒（pre-emotions）的生理感知，讓他們做出趨避行為，也就是趨近能夠強化生存的東西，或避開致命的東西。這些感知的作用，和我們的情緒作用一樣，促使這些微小生物體採取有助於生存及繁衍的行動（至少促使他們進行激烈火熱的無性生殖）。

這和我們有關，因為演化不是生於比佛利山莊，不像那些有錢人，即使手上還有運作完善的舊物，還是喜歡逛高檔百貨公司血拚全新物品。演化就像我那節儉的傑克爺爺，他是「回收再造」（upcycling）的高手。只不過在目前大部分人的理解中，這個用詞指的是，把慈善二手商店買來的喀什米爾毛衣改成難看的拼花怪東西，放在手工藝品網路商店 Etsy 上還可以賣到三百美元。

更廣泛來說，回收再造會使用舊物或舊零件，再創造是要讓這個物品比原來的更有價值或更有用。傑克爺爺從某個波蘭周邊小地方移民到美國時，口袋裡只有綻開的線頭，對他來說，重複使用就是信仰。如果他需要什麼新機器，他會把舊機器當作基礎，然後撿拾、收集零件，七拼八湊在一起打造成新東西。基本上，舊機器就好比居家料理的高湯底料。

演化上的舊物再創造，則是把微小生物體的趨避系統當成人類情緒系統的基礎，改造原始趨避系統的用途。以學術研究的詞彙來說，這種改造叫做「神經的重複使用」（neural reuse）。心理學家和神經科學家麥可・L・安德森（Michael

L. Anderson）解釋，為了要做比較新的工作任務，舊的大腦機制會重新部署，「通常不會拋棄原來的功能」。用白話來解釋：你升級了吸塵器的性能，把它變成掃地機器人，但還是能用來清理你家貓大爺在廚房打翻的飼料。

有一位史派克・W・S・李（Spike W.S. Lee，我是指一位華裔社會心理學家，不是非裔電影導演史派克・李〔Spike Lee〕），他用另一種方式解釋演化的節儉性質，他舉例說，在很窮困的社區裡，人們付不起在不同房間裝設水管，所以就只用一個水槽來洗所有東西（「抱歉，可不可以請你把芹菜拿走，我才能洗腳？」）。

我們的心智和身體也共用一個水槽，就是我們的大腦。為了了解這個「共用水槽」對我們的作用是什麼，想想安德森的解釋：大腦某個部分本來是做某個任務的，這個部分被重新部署來做另一個工作，但是基本上：「通常不會拋棄原來的功能」。

好了，我們知道可以用思想去驅動行動。例如，你可以決定「我要對我的金魚比黑幫暗號！」然後就真的這麼做了。但是，「神經的重複使用」創造了大腦裡的某些共用水管，因此思考／行動這個順序也可以倒反過來運作了：我們的行動也可以影響我們的思考和情緒。

例如，心理學家詹姆斯・賴爾德（James Laird）做了一個研究，用行動來操控受試者的情緒，這個研究本來是要測量受試者臉部肌肉的電脈衝。賴爾德在受試者臉上貼假的電極，要求受試者把眉毛擠成下垂且揪在一起的樣子，而且還要咬牙切齒。受試者並不知道其實是被要求要皺起眉頭，但是他們說做了這些動作之後，感覺顯然比較生氣。另一些受試者則被要求嘴角上揚，事後他們說明顯覺得比較快樂，但他們並不知道自己被要求要微笑。

我們的行為會影響想法，另一個研究案例我稱為「舉指致敬」。這個研究的主題和手指有關，精確來說是中指。要是有人惹毛我們，美國人通常都是用中指來向對方致意。社會心理學家傑斯・錢德勒（Jesse Chandler）及諾伯・舒瓦茲（Norbert Schwarz）好奇的是反過來是否也成立，也就是說，不自覺地伸出中指，是否能引發生氣的感覺。

研究者大概是想盡量讓人覺得這個研究很無聊，他們告訴受試者，他們想探索手勢對閱讀理解的影響。受試者必須閱讀一篇故事，主角唐納的行為看起來專斷又好鬥。一部分受試者在閱讀故事的時候要把中指伸出縮回；另一部分受試者則被要求動一動食指。

結果是，伸出中指的受試者給唐納的評價是敵意較高，雖然受試者並沒有意識到自己等於已經說了好幾十次「去你的！」。沒錯，真令人驚訝，我們的身體動作似乎會驅動我們的情緒，即使我們的意識暫時沒有在運作，可能是在吸菸，或是掛在 eBay 網站上競標一件芬蘭的復古滑雪大衣。

至於身體和心智如何一起運作，信不信由你，竟然是從譬喻的作用顯現出來的。

譬喻，不是大一英文的專利！

譬喻是心智的意義小幫手。

以英文老師的用語來說，譬喻是用來形容某件事物的字或詞，但在字面上並

愛麗絲．卓格（Alice Dreger）
@AliceDreger
Follow
我現在才知道，動物園比醫院還要井然有序。
這個說法應該改為「這個地方像醫院一樣」。

我的朋友愛麗絲．卓格是醫療史學家，她覺得我們把動物園想得太糟了。

不適合用於那件事物。例如，「他是男人中的一隻跳蚤」，這個句子中有一個「跳蚤」譬喻，意思是說，你可以把這個男人看成藏在狗毛裡的小跳蚤，精力充沛。

用譬喻來解釋某些抽象概念時，通常是借用肢體動作或實際物品，也就是真正存在的東西，這樣能讓抽象概念比較容易理解。舉另一個例子來說明吧，這個譬喻是「動物園」：「超市今天像個動物園似的」，意思並不是你得要擠開一隻長頸鹿或兩隻犀牛才能拿到有機芝麻菜。

但是動物園這個地方我們一想到就出現畫面——到處是爬來爬去又吱吱叫的野生動物，用這個地方來形容超市，我們更能理解你今天上超市碰到的狀況，比起用抽象語言「超市今天真的『亂哄哄』」好多了。

一九八〇年左右，譬喻開始逃出英文課堂去外面抽菸，和認知科學系混在一起。起初是語言學家喬治・雷可夫（George Lakoff）想到，譬喻不只是好玩的語言遊戲。他認為，我們人類的概念系統（conceptual system），也就是對周遭的實體及社交世界賦予意義的系統，其實「從根本上來說就是譬喻性的」。

雷可夫與哲學教授馬克・詹森（Mark Johnson）一起寫書[8]，他繼續解釋說，譬喻與意義「是從身體本質形成的」。有個小知識可以幫助你了解這句話的意思。譬喻的英文「metaphor」是從希臘字 metaphora 來的，意思是「轉化」。

譬喻把一個抽象概念（例如愛或時間）轉化成我們的第一語言，也就是我們從微小生物體繼承而來的「趨」「避」動機這種身體語言，因此讓抽象概念變得比較容易理解。基本上，譬喻將一個概念，從模糊、難以理解的抽象觀念世界轉移到實體世界，而這個實體世界就是我們的情緒及理性的原鄉。

為了更進一步解釋，我們來看一句描述時間但沒有譬喻的句子：「時間是有價值的。」「價值」是看不到、摸不著的東西。如果你戴上滑雪面罩去賣酒店家說：「把你店裡的價值都給我！」他們會不知道該怎麼做。

8. 雷可夫和詹森一九八〇年出版的《我們賴以生存的譬喻》（*Metaphors We Live By*），是語言學及認知科學交會的經典著作。

但是，把「時間是有價值的」與「時間就是金錢」這個譬喻句子做比較，說時間是金錢時，時間這個抽象概念就有了根據——用我們理解這個世界的實際經驗作為解釋時間的方式。把時間轉化為物質（例如一把鈔票），我們立刻就能想像，不用思考也能明白。

再舉另一個例子，這次主題是愛情。「愛情是複雜的」，這個說法模糊難界定；而「情場如戰場」，就用上譬喻了。或者，如果你的戀愛關係實在很糟，那……也可以說「情場如牛舍」。這兩種說法都能讓你立刻想像那種一片狼藉的畫面。這也表示你有更深刻、更身體導向的了解。

好吧，也許你會開始想：「像我這種窮光蛋男人[9]想找個女朋友，譬喻到底和這有什麼關係？」

答案是，關係可大了。

9. 作者注：如果你是女生，情況就更糟了，會更加屈辱。要知道，男生對於性，尤其是二十多歲的男生，通常是按照「形狀與動作」法則：「如果它會動，而且開口形狀符合，那就跟它做吧。」

5 手肘也有心智

為何譬喻很重要

如果你曾經去找過治療師，並且注意到牆上掛了一張由佛洛伊德工廠（The Freud Factory）頒發、非常顯眼的裱框學位證書，你可能會認為他們的治療技術是基於研究得來的證據。如果這個治療師使用的方法是認知行為療法，也許是這樣沒錯。可惜的是，很多治療師給建議所根據的證據，其實和很多巫醫給的建議差不了多少。

一個可疑的治療技術例子是「積極聆聽」（active listening），治療師告訴吵架的伴侶說，重複對方說的話就能改善伴侶關係：「所以我聽到你說你想用烤吐司機把我砸死，然後把我埋在淺淺的墓穴裡……」

伴侶關係研究者柯特・豪威（Kurt Hahlweg）及約翰・高德曼（John Gottman）各自測試了積極聆聽，得到的研究結果很類似。高德曼解釋，重複對方說的話需要專注，伴侶因此沒有餘力去連結彼此或同理對方。這表示，積極聆聽最有用的地方在於，讓使用這個方法的人覺得自己是個大笨蛋。

這個適得其反的技巧只是治療冰山中的一角。不意外的是，很多心理學家過去一百多年來都忽略了身體，他們建議我們解決社交及心理問題的方式，只用到「脫離軀體」（disembodied）的大腦，實在是太狹隘了。更糟的是，在這樣做的時候，心理學家太過重視意識層面的理性思考，可惜我們大部分的時間並不是靠理性驅動。

是的，我的說法和一般看法正好相反。通常，我們自認我們的行為是經過仔細思考、做出選擇而得到的結果。我們按照方法來評估選項，而不是隨便亂猜一通（二號門之後不是山羊而是汽車）。

不過，神經科學家麥可・葛詹尼加（Michael Gazzaniga）說，百分之九十八的人類大腦活動是無意識的。竟然有百分

可惜保險不會給付巫醫對著你搖晃雞爪項鍊的費用。《人類祕密博物館》（*The Secret Museum of Mankind*）第二卷，一九三五年。

之九十八！其中很大一部分是做決定。持平來說，這並不表示我們不用理性思考，只是，我們不一定是用理性思考那一部分做決定。

事實上，人如何處理譬喻，告訴我們一件重要的事——身體不只是一大塊覆蓋著毛髮的肉。在形塑我們是誰時，身體是理性思考很重要的參與者與夥伴。這就回到第三章的開頭，我的說法是「心靈比頭腦更廣大」。

為何室溫冰冷的餐廳不適合火熱的約會

雷可夫和詹森解釋，我們的概念系統和理性思考，是從「大腦、身體和身體經驗的本質而來」。但是他們強調，這不只表示我們需要身體來做理性思考。他們的主張是，實際上的理性思考結構是來自身體的天性。

在他們的研究中，其實是把譬喻稱為「概念譬喻」（conceptual metaphor），因為譬喻反應出我們如何構想（conceive）這個世界。然而，不是所有譬喻都符合這個說法。他們指的不是形而上的譬喻，例如「上帝是個開罐器」，這種譬喻需要借助迷幻藥才能理解。另外還有一些是特定文化上的譬喻，必須是該國人士（例如烏克蘭人）才能理解。

雷可夫和詹森解釋，使我們改變行為的譬喻似乎是最簡單的那一種，也就是來自我們對外在世界的身體經驗，這些經驗放諸四海皆準，例如覺得暖和、寒冷、潮濕，或感覺很癢，或是大聲、輕柔、高亢、遙遠等等這些對事物的感受。

例如，世界各地的人都會以「溫暖」來譬喻一種情感。

「溫暖」作為情感的譬喻，並不是隨意產生的。（舉例來說，因為「撞球桿」、「布丁」和「樹蛙」就被排除掉了。）溫度是我們的身體不斷在監測的基本事物，這樣我們才不會有過冷或過熱的危險。

而「溫暖」也讓人覺得舒服，因此我們在生理上自然會偏好溫暖，像是溫熱的麵包、溫熱的湯、在毯子底下覺得溫暖舒適。溫暖這種美好的感覺，很早以前就有了。雷可夫和詹森指出，我們最初的溫暖經驗，是來自嬰兒時期母親緊抱著我們身體的溫暖。

這樣說吧，和溫暖的情感這種跨文化譬喻一致的是，身體暖和了，也會導致情緒加溫。反過來也一樣。

神經科學家崔絲坦・K・稻垣（Tristen K. Inagaki）及娜歐蜜・艾森伯格（Naomi Eisenberger）做過實驗，受試者被送入磁振造影儀（MRI scanner），並且閱讀密友或家人寫的文字，一篇充滿感情，一篇情緒中立。

充滿感情的文字，例如「當我徹底迷失時，你就是我求助的對象」，以及「在這世界上，我最愛的就是你」（噢～）。不帶感情的文字是像「你有一頭捲髮」，以及「我已經認識你十年了」。受試者還要握著一個暖和的東西（暖手包），或者是室溫的物品（一顆球）。

受試者指出，和不帶感情的文字比起來，讀過正面文字之後覺得身體比較暖。反過來，握著暖手包，他們會覺得和親朋好友更接近了。

你可以說「對啊，是啦。但也許是因為他們知道研究者要他們怎麼說。」

這個嘛，看看大腦顯影的結果吧，它顯示「生理性和社會性的溫暖有一塊重疊區域」。這表示研究者可以看到，社會性和生理性的溫暖兩者都活化了大腦同樣的區域——腦島（insula，與調節體溫有關），以及腹側紋狀體（ventral striatum，大腦獎勵迴路的一部分）。

有趣的是，研究者給受試者的一項任務叫做「愉悅的身體接觸」，是用軟筆刷輕撫前臂，但大腦中並沒有出現重疊的神經活動。這一點很重要，因為它支持了研究者的結論，「在這個研究中，社會性及生理性的溫暖，兩者共同的神經活動」不只是愉悅感造成的。

稻垣和艾森伯格總結研究發現：「這些結果顯示，生理性和社會性的溫暖，具有一個共通的神經機制。」

真令人興奮，是吧？

其他研究也有類似結果，這裡只舉其中一例。社會心理學家鍾辰博（Chen-Bo Zhong，音譯）及傑佛瑞・李納德里（Geoffrey Leonardelli）進行一個實驗，請受試者回憶他們在社交方面被接納與被排斥的某段時光，並估計當時所處的室內溫度，結果發現，這些受試者回憶被接受時所估計的室內溫度，比回憶被排斥時所估計的室內溫度，平均高出五度。

簡言之，溫暖的身體似乎比較能導致對其他人產生更溫暖的感覺，反過來也是一樣。這種雙向譬喻作用，不只是反應在身體。稻垣及艾森伯格的社會性及生理性溫暖的神經重疊研究，呼應了雷可夫和詹森指出的論點：概念譬喻的作用出現在大腦裡。

沒錯，我們又再度看到那個「共用水槽」，我們的身體和情緒使用了同樣的認知管線。雷可夫和認知科學家拉斐爾・努內茲（Rafael Núñez）解釋，譬喻的處理過程，最驚人的是「同時活化」兩個或兩個以上「我們大腦的特定區域，每個區域對應的是我們某些特定經驗，例如生理上的溫暖經驗，以及情緒上的情感經驗。」

雷可夫和努內茲繼續解釋，大腦不同區域的「共同活化，產生一種複雜的經驗」：情感／溫暖，困難／沉重，或者另一個例子是懷疑／魚腥（suspiciousness/fishiness）。

懷疑／魚腥指的是「社交上的懷疑」，也就是感覺某人可能背著你偷偷做了什麼，用「聞到魚腥味」（smells fishy）[10]這種譬喻說法。社會心理學家史派克・W・S・李和諾伯・舒瓦茲發現，有十二種以上的語言用「聞到魚腥」這個譬喻

10. fishy 亦指「可疑的」，故 smell fishy 在英文中也表示「感覺事有蹊蹺」之意。

來表示懷疑，研究者因此相信，這組配對不是語言上的古怪說法而已，而是內建於我們知識結構中的一種聯想。

上述兩位學者做了一個測試行為效果的實驗，例如，在環境中聞到魚腥味，是否會讓人產生懷疑，不願相信另一個人會公平行事。

其中一個實驗是透過兩個人玩的投資遊戲，會牽涉到財務報酬。研究者的預設是，受試者如果信任遊戲夥伴會有所回報，就可能投資更多錢（能賺到更多錢）；但如果受試者懷疑夥伴可能會詐騙，就會投資少一點。

此時把魚腥味加入研究。在受試者進入遊戲區之前，這個地方就被加入下列三種液體的其中一種：魚腥味（打開魚油膠囊）、屁味（一種新奇的噴霧產品「液體屁股」〔Liquid Ass〕），還有「察覺不出的味道」（自來水）。

結果呢？處在魚腥味區域的受試者，比起處於中性味道及屁味的人投資更少，少了整整二十五%（屁味當然聞起來很噁心，但是缺乏「跟懷疑相關的譬喻意義」）。

不只如此。研究者還把實驗倒過來做，測試「社交上引發的懷疑」是否會加強人們正確指認魚腥味的能力。事實上，有位研究助理刻意在言語及行為上表現可疑，以「事先提供訊息」給某位受試者，該受試者正確指認魚油味道的機率多出七十二．五%。

心智是雙向通連的

社會性溫暖／生理性溫暖的研究，以及懷疑／魚腥味研究，都顯示了一項重大發現，也就是所謂的「雙向性」（bidirectionality）。

是的，這個詞聽起來很像你在高速公路逆向行駛時，發生了雙重性向的性行為。不過，雙向性其實是形容雙向的譬喻效果，例如，「魚腥味，噁心！」引發懷疑感；反之，感到懷疑時，比較能認出環境中的魚腥味（要是有溜掉的鱒魚藏在你家院子小屋裡，這就很重要了）。

簡言之，身體上的經驗會導致情緒，而情緒也會導致身體上的經驗。

用一個字來說：哇。

身體經驗和情緒之間的雙向道路，已延伸得比雷可夫和詹森的想法更遠了。他們堅決主張譬喻是「單向的」。為了解釋這一點，雷可夫舉的例子是「愛情是一段旅程」。你可以把愛情視為一段旅程，而戀愛的人是旅行者，愛侶之間的關係則是他們的交通工具，有時候會把愛侶帶到旅途的十字路口（沒錯，這一句是我臨時加上去的台詞）。

但問題是，把愛情視為旅程，並不會讓你覺得更有愛意，而踏上旅程也不會有愛情產生（事實上，當旅程區域特別靠近時，兩隻愛情鳥會開始變得像兩隻非常討人厭的公雞，激烈互啄，讓圍觀者下賭注，看誰還能活下來到隔天繼續啄）。

哪個譬喻具有雙向性，也就是正反方向都成立，而哪個譬喻是單行道，我仔細研究這個問題時，發現一件重要的事。

雖然我常常無法理解神經科學「為什麼會這樣？」，但有一件事我很確定，那就是促使我們改變的根源，那種譬喻似乎非常基本，是以身體為基礎，例如，身體站得挺直，內在就覺得自己高一點（也就是更有自信一點）。

就在這個時候，我碰到一個問題，我把它叫做「諾伯覺察問題」。閱讀諾伯．

舒瓦茲和共同研究者的研究時，我發現，哎呀，當受試者察覺到研究人員用來影響他們感受的手法時，研究效果就打折扣了。

為了理解這一點，讓我們回到前述的一個例子，也就是身體上和情緒上的溫暖重疊。

假設你是受試者，你沒有受到暗示，也不知道身體上的溫暖會導致情緒加溫，讓你對某個人的評價會比較溫暖（也就是比較寬厚）。

然而，一旦你知道你對人的評價，是被研究人員要你握在手中的一杯咖啡所影響，那麼，神奇的譬喻效果，再見了！

噢喔。

當然，如果你必須像行屍走肉才能讓這個方法奏效，我就不能告訴你去做這些行為來改變自己。

但是，我又想了想。我模仿我想成為的人的行為舉止，這對我有效啊，而且並不是因為我認為會有效（事實上，當我這麼做的時候，我認為這是個蠢主意，但是我實在走投無路了，不得不試）。

所以，雖然我只是出於自己的直覺感受，沒有研究支持我的做法，但我覺得一定有一些我不知道的細微差異。

我睡不安枕地過了一個月，最後終於搞懂了，真的有一項特點是關鍵，單純只是因為感知（perception），例如感受手中咖啡杯的溫度，而不是動作（action）。

讓我們來看看兩個使用臉部表情的實驗。第一個實驗中，關於實驗目的，受試者一無所知，這是我先前提過的心理學家詹姆斯・賴爾德的實驗，用假電擊來刺激受試者的臉部，告訴受試者說這是為了測量臉部肌肉反應。賴爾德指示受試者以不同方式扭曲臉部肌肉，而不讓他們知道其實他是要他們做出微笑或皺眉頭的表情，實驗結果顯示，受試者感覺到的情緒，與臉部肌肉表現一致。

接下來，讓我們看看臨床心理學家查爾斯・紐霍夫（Charles Neuhoff）及查爾斯・薛佛（Charles Schaefer）在二〇〇二年所做的研究。受試者拿到一張紙，解釋他們要做的任務：大大微笑六十秒之前與之後，評估自己的心情，以及被迫大笑六十秒之後的心情。結果呢？受試者微笑和大笑之後，心情都更好了，即使他們已被暗示這個研究的目的。

要理解為什麼會這樣，一個重點是，你必須承認，笑聲不只是聲音而已。大笑和微笑都是動作（肌肉的動作）。微笑牽涉到臉部的肌肉，笑聲牽涉到臉部肌肉、呼吸道和肚子。笑聲也顯示對心血管、免疫、內分泌系統及中央神經系統（大腦及脊髓）有正面效果。再舉一例，英國人類學家羅賓・鄧巴（Robin Dunbar）及共同研究者發現，發出笑聲時的肌肉收縮，會引發身體釋放自身製造的鎮靜物質腦內啡（endorphins），能提升笑聲對疼痛的抵抗力。

我們的肌肉如何影響情緒，再來看看好萊塢明星愛用的肉毒桿菌。注射小劑量肉毒桿菌之後，會使臉部肌肉癱瘓，輾平那些像大峽谷般的皺紋。但不只如此。原來皺眉頭的能力被拿掉之後，伴隨皺眉而來的不愉快感也被拿掉了。

生化學家兼皮膚科醫師艾瑞克・芬西（Eric Finzi）及精神科醫師諾曼・E・羅森塔爾（Norman E. Rosenthal）做過一個研究，將肉毒桿菌注射到罹患中重度憂鬱症患者的眉頭之間。結果，接受注射肉毒桿菌的受試者有五十二％感覺憂鬱症減輕了，而那些被注射安慰劑的倒霉受試者，只有十五％覺得減輕。

但是，要改變我們的感覺，可使用的不只是臉部表情的肌肉，行為舉止也很重要。符合恰當譬喻的動作，例如「站挺一點」，會覺得自己比較有能力，或者甚至是「坐挺一點」也行。

心理生理學家維耶塔・威爾森（Vietta Wilson）和埃里克・佩珀（Erik Peper）做了一個研究，將挺直坐姿與彎腰駝背的情緒效果做比較。他們發現，坐姿挺直似乎能驅散受試者的陰鬱念頭，許多人比較不會想到「無望、無助、無力或負面回憶」，而且他們比較容易回想起有能力及正面的回憶。

這兩位及其他許多研究者的發現，正好符合了「向上」（up）的譬喻。快樂是向上的，充滿希望是向上的，更多或更好是向上的。進步是向上，成功是向上，還有，最重要的是，自信也是向上的。研究發現，你愈是「向上」，愈能養成習慣在站或坐時向上挺直，就愈能成為「更高」的新自我。

行為是情緒的遙控器

沒錯，看來你可以把身體當成遙控器來改變你的情緒。再說一次，這和你以前聽過的心理治療方式「全心全意想著全新的你」不同，但是，耶魯大學臨床心理學家及兒童行為研究者艾倫・E・凱茲丁（Alan E. Kazdin）在我的科學播客（podcast）裡解釋：「知道，並不能掌控行為。」事實上，「知道和行為，根本沒有多大關聯。」

體現認知學界認為凱茲丁的說法是對的。我會這麼說：

行為的關鍵就是行為。

再說一次，站著、說話、手勢以及一般舉止，都要做出像自信的人會做的動作，重複這些行動，你就能改變大腦，重塑你本來的行為。就像我經驗過的，到了某個時間點，你不再需要模仿全新的你；你就是全新的你（讚美主呀，這真是他媽的太棒了！）

至於你第一件要做的行動就是，把舊的你埋到後院去吧。

6

吃屎與去死

儀式的威力

你會讀這本書，可能是因為在某種程度上，你已經吃屎吃了一陣子了。如果是這樣，那麼你早該聽聽吃屎那句話的下半部，「去死吧」。

別擔心，我沒喝摻了氰化物的葡萄汽水[11]。對於集體自殺，和對集體擁抱一樣，我完全不感興趣。我在這裡引用的死亡只是象徵性的。你必須殺掉你的吃屎自我才能重新開始，建立全新的自信的你。只要碰到有人塞過來一個狗屎滿福堡，這個全新的你，絕對不會花一秒鐘考慮要不要吃它，只因為不想和人多嘴起衝突。

更棒的是，這個全新的你，將很少有機會拿到狗屎滿福堡，因為從你的言行舉止，人們會感覺到，要是丟給你什麼爛東西的話，自己的下場會很慘。

11．作者注：一九七八年瓊斯鎮大屠殺（Jonestown massacre），可怕的教主吉姆・瓊斯（Jim Jones）指示教徒結束生命時，使用的毒物其實是加上氰化物及鎮靜劑的果汁汽水。來源：珍妮佛・羅森伯格（Jennifer Rosenberg），ThoughtCo.。

你的神經元可以協助你不再當魯蛇

不幸的是，你的吃屎自我黏著力超強。這是因為你重複在做的任何行為，最後都會變得「黏答答」，愈來愈根深柢固，成為你下意識會做出來的行為。

這種黏著性來自大腦細胞（神經元）的特定結合，每一次你做出某個特定動作時，就會激發這些神經元。不同行為激發不同的大腦細胞組合。神經科學家卡拉・夏茲（Carla Shatz）說：「一起激發的細胞就會一起連結」這句話言簡意賅，完全說明行為心理學家唐納・賀伯（Donald Hebb）於一九四九年發表有關行為如何與神經元連結的理論。

賀伯的理論是，當兩個神經細胞持續在同一時間被激發，就會產生化學變化，強化這兩個細胞的連結。現在的神經科學研究支持了賀伯的理論，基本上也認為，行為會被「呈現」在你的神經網路中，就像是一條持續有人走的登山小徑，你愈常走這條小徑，就愈覺得它舒適好走，於是就繼續走這條路了，久而久之就變成自動反應。

換另一種方式來解釋。例如，你做了某個動作（像是拉開櫥子的門閂），這個動作需要喚醒與激發一些個別的神經元。第一次這麼做時，鮑伯神經元醒來活動，你可以想像成這個神經元開車去上班；接著，隔壁幾戶那個佛瑞神經元也被喚醒活化，它也開車去同一間辦公室上班。你再做一次那個動作，多做幾次，鮑伯和佛瑞就想出點子了：「喔，那我們乾脆就共乘吧。」

至於「一起激發、一起連結」為何和改變自己有關，想想看，你已經花了好幾年時間讓你的神經網路習慣以某些方式反應，你必須重新訓練它們，必須改變行為而且要重複好幾次，用這種方式來教它們，本來的設定才會被改變。這是可以做到的，記得嗎？我就做到了。但是，自我重塑需要你抵抗幾年下來根深柢固的行為，以及行為在大腦中的路徑，因此把它分開放置會比較好——放在一條儀式用的寬廣通道，一邊是「以前的我」，另一邊是「從現在開始的我」。

換句話說，你必須為自己辦一場喪禮——一場送行儀式，送走卑順的自己，把它拋在腦後。

嬉皮靈性治療者還真有道理

不，這場葬禮不只是個騙人的伎倆而已，而是具有心理及行為效果的騙人伎倆，因為大腦似乎搞不清楚真實及象徵。

這一章結尾會告訴你安排葬禮「怎麼做」，下一章則是舒緩情緒的每日儀式怎麼做。不過，首先要說明「為何要做」——科學研究顯示，儀式[12]能夠協助你降低焦慮，對自己的感覺更好，並且更能自我控制。

這種情緒穩定感非常重要，因為當你開始做出自信者的新行為時，這項改造自我的工程，很大一部分就是讓自己冷靜下來，並對自己有些控制。

那麼，假設你有這種恐懼：「沒有人會想聽我說什麼」，而且這讓你在會議中不敢發聲。也許你心裡很清楚自己很聰明，想法也很棒。

但是，「沒有人想聽」這個想法一直出現，每次你打算說點什麼，它就像不倒翁那樣一直彈起來。

想像一下，你可以把這份恐懼揉成一團，像口香糖包裝紙那樣丟進垃圾桶

12. 作者注：「儀式」這個詞會讓人想到強迫症患者某些擾亂生活步調的行為，例如離開家門之前確認二十六次爐子關掉了沒。不過，我在這裡提到的儀式是你要努力去做到的，而不是像強迫症患者，可能為了稍微減輕焦慮而無法抑制地不得不去做。強迫症的原因還不清楚，但有些研究證據顯示可能跟基因及神經系統有關。

裡。根據社會心理學家帕布羅・布里諾（Pablo Brinol）的研究，你真的可以這樣做——用一個簡單的小儀式，把負面想法當成一個有實體的物質，一個可以被人丟掉的東西，以降低它的威力。

布里諾要受試者寫下他們對自己身體形象的負面想法，然後請一些受試者撕掉那一頁，並把那些負面文字丟掉。這個動作能降低這些負面想法的強度，削弱它對受試者看待自我的影響力。反之，當其他受試者把這些紙頁收藏在「一個安全的地方」，例如放進口袋，而不是丟到垃圾桶，這些想法會懸在他們心中比較久，就像老菸槍離開匿名者互助團體聚會一樣。

除了布里諾的實驗之外，還有許多別的方式，反映出我們可以如何利用「共用水槽」（身體和情緒共同使用的認知通道），把儀式變為有價值的工具，以利改造自我。

用儀式當作改變的工具，有一些重要元素。我們通常認為儀式是某件重複去做的事，例如某人每天都有個咖啡儀式，但是，精確來說，這只是日常習慣而已。用來改造自我的儀式，必須同時具備象徵性的元素，以及伴隨的目標。

哈佛商學院（Harvard Business School）教授麥可・I・諾頓（Michael I. Norton）及法蘭西絲卡・吉諾（Francesca Gino），將儀式定義為一種「象徵性活動」，你執行儀式是希望能使某件事發生。有個例子是去除「負面能量」的儀式，是上述兩位學者的某個受試者使用的（先別管你相不相信它有用），他告訴研究者：

> 我在緊張的時候，總是覺得需要把自己釘在土地上才行。我用力踏在地上幾次，再做幾次深呼吸，然後「甩一甩」身體，以去除任何負面能量。我通常是上班之前做，開會之前做，還有一天結束時站在家門口的時候做。

有沒有注意到其中的譬喻？人的儀式通常會包含譬喻元素。在這個人的儀式中，譬喻的部分是他把自己「釘」在地上，甩一甩，把負面能量當作「排毒」排掉，而他會在上班之前、開會之前或進家門之前做。就像他可能會把襯衫上的麵包屑拍掉，或是鞋子沾到土就在門墊上抹一抹一樣。

在我讀過體現認知的研究之前，我可能會取笑這種想法：也就是嬉皮的那套說法，說「負面能量」黏在你身上就像貓毛黏在毛衣上，是可以甩掉的。不過，這個人在做甩掉、踏掉等等「排毒」行為時，他的身體鬆開了，同時情緒上也放鬆了。同樣地，研究者發現，給情緒緊繃的焦慮患者吃鎮定劑，也會鬆開他們的肌肉緊張感（肌肉放鬆藥物也會讓人的情緒放鬆）。

當然啦，做一些放鬆動作對大家都是有幫助的，所以小時候在幼兒園，大人都教我們這麼做。但是，吉諾和諾頓描述的這位受試者，他的行為不只是肩頸緊繃或胃痙攣而引發的身體反射動作；這是一個儀式，他是為了得到一個特定結果而刻意這樣做。

正因為如此，他將甩掉和踏步這些動作賦予威力及正面情緒效果。至於他可能經驗到的好處，吉諾和諾頓發現，進行儀式使受試者「增加控制感」。這滿重要的，因為更有掌控感，讓你更能控制實際的行為。

回到這個問題：「你真的相信這套鬼話嗎？」令人意外的是，儀式本身是否真的能達到設定的效果（例如，在辦公室跳祈雨舞是不是真的能驅散「負面能量」），這個問題其實並不重要，重要的是，儀式是否能夠改變人的感受。吉諾和諾頓發現，對於進行儀式但本身不相信、認為勉強去做的儀式非常愚蠢而且沒有意義的人，情況更是如此。是的，即使他們事後覺得比較有掌控感，他們還是認為如此。就像這個女人所做的一樣。

點錯愛情蠟燭

我在自己的部落格貼出文章，徵求讀者把他們的儀式告訴我。有個女人寫電子郵件給我說：「我想追一個男人，我的方式有點可怕：點蠟燭。但是有效喔。」她寫道：

我和這個男人是遠距交往，我真的很喜歡他，也看得出來他是真的喜歡我。不過，他以前有過幾次很不好的戀愛經驗，所以他很怕承諾，而且情緒上有點封閉。

他會保持距離，譬如好幾天都不回訊息。那時我就會擔心害怕，於是打電話給他。我心情很沮喪，表現得很可憐，而且很依賴。我很討厭這種感覺，也不喜歡自己這樣做，但我就是沒辦法照我朋友建議的「冷靜交往」，而且我並沒有打算要分手，因為我知道我們兩人之間真的有些特別的情愫。

出於絕望，我決定嘗試新的策略。順便一提，我覺得這方法超蠢的。

我去了一家巫術商店，買了一盞愛情蠟燭。它甚至不太「對」（顯然應該要是紅色的）。那家店的老闆是個很酷的澳洲女生（頭髮染成紅黑條紋狀），她說紅色蠟燭賣光了，於是給我一個粉紅色的，「不管了，就用這一個吧。」

她對我說，不必複誦蠟燭一側所刻的「愛情祈禱文」，那很蠢。「就說妳想說的就好。」

我事先上網查過，愛情蠟燭不能吹熄，得讓它燒七天七夜之類的。

「噢，我的天啊，」她說：「如果妳要出門，一定要把它吹熄啊。妳可不希望把房子燒了吧。這個東西的威力是在於妳的意圖。」

我點了蠟燭，心裡還是覺得實在太荒謬了。不過我心情很糟又很無力，一定要做點什麼才行。所以，每次他不打電話或沒有馬上回訊息給我時，我就會點燃這盞蠟燭，想像這把「愛之火」（噁！）燒掉我們之間的屏障。

一個月之後，我回到巫術商店和那個女人說：「嘿，他現在和我住在一起囉。」

不，我可不是蠢蛋。我並不相信人們相愛相聚是因為其中一人點燃了埋在蠟裡面的一條線。

當我遇到那種束手無策的狀況時，我在想辦法要做點什麼，這種感覺讓我冷靜下來，於是，當他沒有在我設想的時間內回電或回訊息，我就不會覺得要去責怪他。因為我不再緊迫盯人又小題大作，我猜他也覺得比較沒有壓力，比較能夠放鬆，於是就會到我身邊來了。他真的是這樣。

急救法治不了的窒息感，由儀式幫忙解決

我恨這個詞：「表現焦慮」（performance anxiety）。幾十年來，只要我真

的需要拿出最佳表現的時候，我就受盡折磨；而這個詞根本不足以形容那種情緒上的煎熬：令人窒息的巨大重量壓在我身上，把一個平時聰明伶俐又能言善道的成人，擠壓成一個口齒不清、呼吸急促的幼兒。

哈佛商學院艾麗森・伍德・布魯克斯（Alison Wood Brooks）所領導的一項研究，發現儀式對於降低這種表現焦慮特別有用。

對於很多人來說，焦慮是表現的一大殺手，會導致短期記憶流失，打擊自信心，手會抖、聲音會破掉、冷汗直流（嗯嗯，好性感！）。壓抑焦慮很困難，因為是身體在表現焦慮。你總不能像對待調皮小孩那樣，叫飆高的腎上腺素坐下吧。而且，討厭的是，心理學家丹尼爾・魏格納（Daniel Wegner）及其他人的研究發現，試圖壓制引起焦慮的想法，會導致不良後果，比試圖停止焦慮之前更加覺得焦慮。

當你焦慮時，就去做些什麼事。與其不做什麼事，採取一些具有象徵意義的正面行動，似乎最有效果。所以，我承認，演講前躲進廁所隔間裡，用桃紅色幸運符不斷在肩膀上搖晃，這種法術不會讓聽眾愛上你。但是，儀式幫助你冷靜一點之後，你看起來比較不會像長著一張臉的一團巨屎，你的演講也可能就會比較活潑生動，表現得比較有氣勢了。

上帝，你在嗎？

伴隨著表現焦慮而來的身體感受很可怕，除此之外，艾麗森・伍德・布魯克斯注意到，這些心理症狀還牽涉到不確定帶來的不適感，也就是對最後結果無能為力的感覺。因此，既然研究發現儀式能增加控制感，當人類學家觀察到儀式經常出現在高度不確定性的情況下，也就不令人意外了。

人類學家布朗尼斯洛・馬林諾斯基（Bronislaw Malinowski）在《巫術、科學、宗教與其他論文》（*Magic, Science and Religion and other Essays*）中說，特羅布里恩群島（Trobriand Islands）的島民在冒險進入「危險而不確定」的深海捕魚區時，會進行「大量的」儀式。但是，對於他們鄰近的潟湖區域，他們在那裡則「以輕鬆自在而且完全信任的方式捕魚」，動作熟悉到就像我們走到街角魚店那樣，這時他們不會費事去做任何儀式。

特羅布里恩島民在準備進行戰鬥時，儀式也是很重要的元素。馬林諾斯基解釋，島民們非常清楚，戰爭時「重要的是力氣、勇氣及敏捷度」，關乎勝負的是這些技巧；但是，他們仍然會在事前進行儀式來處理不確定性，「以掌握機率和幸運這些元素」。

回到我們的世界，在專業運動領域中也是一樣，混雜了技巧和不確定性的駕馭。可能因為這樣，有些運動員會在賽前做一些儀式。以波士頓紅襪隊前三壘手瓦德．伯格斯（Wade Boggs）的例子來說好了，克里斯．紀柏林（Chris Giblin）在《男性健身誌》（*Men's Fitness*）寫道：

伯格斯在出賽前有一套極為嚴格的作息，據說他會在內野練習接剛剛好一百五十個滾地球，並且準時在下午五點十七分開始打擊練習（如果是晚上出賽），然後準時在七點十七分進行短距離衝刺訓練。接著，當然，每一次比賽前他一定要吃雞肉，因此他有個綽號「雞肉男」。

網球冠軍納達爾（Rafael Nadal）也會進行賽前儀式。紀柏林報導：

納達爾每次出賽前四十五分鐘會沖個冷水澡。每得一分，他就會用毛巾擦一擦身體（就連發球直接得分，以及對手雙發失誤使自己得分，也是如此）。他會把水壺標籤的那一面朝向他所在球場的底端，而且他從來不會比對手先從椅子上站起來。

沖冷水澡對身體的效果很顯著，像是使血管收縮、釋放激勵心情的荷爾蒙。納達爾和伯格斯其他一些行為也有同樣道理，除了身體方面的效果，做這些儀式能夠舒緩情緒，並降低不確定性。

要他們少吃點蛋糕

最令人振奮的研究發現是，儀式除了讓你覺得自己比較有控制力之外，可能也會增進真正的自我控制力。研究消費者行為的學者田鼎（Ding Allen Tian）及共同研究者招募了想要減重的女性健身房會員，要求她們在五天期間把淨卡路里攝取量降低大約十%，方法是吃少一點、多運動一點[13]。

這些研究者為了科學好像變成虐待狂，他們還要求其中一些受試者，吃東西的時候必須做到下列三步驟「儀式」，以幫助他們降低卡路里：

1. 把食物切成小塊
2. 把食物對稱放在盤子左右兩側
3. 用叉子叉入食物頂端三次

做到這三步驟儀式的人，真的降低了卡路里攝取量，她們的淨卡路里攝取量是一千一百五十四，而沒有做儀式的則是一千四百一十三。

這項研究有個附帶警語，那就是試圖壓制一項你不想要的行為非常困難，有時候甚至會有反效果。這點和研究發現相當吻合。田鼎解釋說，儀式「並不是在

13. 作者注：這項研究在本書英文版付印時尚未發表。

任何情況下，都能增加所有形式的自我控制力」。儀式比較可能增加的是伴隨著正面行動的自我控制力，像是以儀式來支持健康飲食，而不是以儀式來不做某件事，例如忍住不吃巧克力糖霜方塊蛋糕，結果卻血糖飆高昏迷四小時之後才醒來，身上滿是羞恥和巧克力糖霜的痕跡。

半迷信的怪招為何有效

為什麼儀式有效，研究者還沒有定論（抱歉，我也希望答案能比較確定一點啊）。

重點是，儀式似乎真的有效，它能幫助你覺得比較不負面、比較不焦慮，並且比較有掌控感，而且也真的更具有自我控制力。我猜想原因可能與「期望」有關。神經科學家蘿倫・艾特拉斯（Lauren Atlas）和托爾・韋傑（Tor Wager）將期望定義為「相信某件事會發生」。你去做一些行為，期望有什麼事會發生，這就讓你覺得這件事確實發生了。

安慰劑造成的效果就是其中一例。病患吃了其實是糖粒的藥，回報說感覺比較好了，有時候病還真的就好起來了。不過，安慰劑效應不局限於醫療界。喜歡附庸風雅的品酒人士相信，他正在喝的這支昂貴的酒，比起那些紙箱包裝的酒，更具有所謂的「獨特香氣」。

話題回到儀式，僅僅是期待有效果，就真的能出現效果，聽起來似乎不太可信。但是請記得，進行儀式時，你是有目的地採取行動，你是在設法做某件事。其實，就如同這一章開頭提過的，即使你覺得某個儀式很愚蠢而且不會有用，也沒有關係。「相信某件事會發生」這種期待效應對你有用，是因為我們的心智認為一定是有個原因才會採取行動。

你的意識心智及無意識心智甚至可能會小吵一番：

意識心智：「這超蠢的。」

無意識心智：「嗯，她正在想辦法。一定有什麼原因。你坐下，閉嘴啦。」

是的，即使心智像個壞心眼女生一直損你，但最後它也不會認為你是個大笨蛋。如果你拿幸運符做法術，當然一定會期望這樣做有某種效果。而且真的會有效果，因為你正在做某個有意義的行動，這種感覺會幫助你放鬆，也會讓你覺得比較不焦慮。

今天就是你的死期第一天！

看看全球的社會，人類學家阿諾・馮季內普（Arnold van Gennep）發現，任何重大的人生轉變都有三個階段：分離（separation，與本來的你分離），過渡（transition，調適成新角色以及相應的行為），以及融合（incorporation，新的身分與你結合）。

但是，在你做出新的行為之前，你必須拋掉對你沒有幫助的行為。你可以辨一個過渡儀式（rite of passage），代表一個人在社會中的地位改變，全世界各地從古到今都有這種典禮。

重漆一輛車子之前，要把舊油漆刮掉，這個典禮的形式就是如此——把過去的你刮掉，這樣你就會有個煥然一新的基礎，展開你的新身分。如果我們活在部落社會，這個典禮可能會是剃頭、拔牙，或是把女性私密處割掉一些。別擔心，我堅決反對部落牙醫術以及女性割禮。但是我真的覺得，對你可能有幫助的是進行一場死亡儀式——為即將成為過去的你，舉行一場葬禮。

這場葬禮至少要有一個朋友或家人在場。是的，你真的需要一個觀眾，葬禮可不是一個人的事（我八歲時，我的倉鼠吱吱死掉了，我在後院舉辦神聖的葬禮，甚至還找了一小群人參加——好啦，是我妹妹加上我的芭比娃娃）。

現在的人愈來愈在意名譽，在意別人怎麼看待我們，因此，請親朋好友來見證這個典禮，是個效力大的強化做法，幫助你堅持目標，蛻變成全新的你。我們感覺到其他人會監視我們的行為，這會讓我們更有動機去做得更好。所以，減重團體及戒癮支持團體，例如，戒菸戒毒等等，都會舉辦公開的宣示活動。

埋葬魯蛇人生的葬禮計畫

你的葬禮應該辦得簡單又有品味，而且只需要幾個步驟：

1. 找出某些代表你的東西——也許是把你的照片貼在一張紙上，上面寫的都是你不想再做的行為。另外做一張相對應的內容，列出你希望全新的你所具備的行為。把這張全新的你摺起來，好好收藏。

2. 邀請弔唁的人。至少要找一個人，一個支持你的人。你和其他出席者在穿著上最好能配合這個場合（如果你是女性，最理想的裝扮是電影裡的義大利寡婦：黑洋裝、黑手套、黑面紗）。最起碼要穿黑色。

3. 念出你親手寫的悼詞：「XXX（你的名字）這麼多年以來活得像個爛……」

4. 把過去的你結束掉，方法是把那張代表你的紙放在碗裡燒掉，然後把紙灰灑在大自然裡。或者，你也可以揉掉這張紙，埋在後院和過世的貓咪作伴（如果你住在公寓，你可以把紙撕掉丟進馬桶裡沖掉，就像處理死掉的金魚那樣）。

5. 向過去的你最後一次揮手道別。然後走過一扇門，象徵你進入新的人生。同時，說些激勵的話，例如「永別了，鞋底口香糖的人生！」、「過去的我，你死了！死了！死了！喲呼！」

現在你可以慶祝你的第一件成功大事了。你把魯蛇拯救出來，而且根本不用假裝要把它弄得像個意外。

當然啦，你不能每次需要在會議上勇敢發言時，就走出會議室去抓一隻山羊殺掉。

增進自信心的儀式必須符合日常生活，儘量做法簡單，而且不驚動旁人，例如在你的口袋裡揉捏某些象徵性物品。你可以發揮創意，想出自己的儀式。用一個怪異的祖傳寶物。畫一顆石頭。磨碎動作片超級英雄玩偶，然後在上班前把碎片灑在你的衣服上。

在某些社交場合，你還可以加入一些元素，以增加力量、降低恐慌和不適感。特別是某些無法預期結果的場合，也許是要求升遷，或者在公車上請某個混蛋不要再踢你的座位。

重複是你的結伴好友

重複多做幾次，對你的儀式好像也有點幫助，就像訓練小腹一樣需要重複做動作。

心理學家克麗絲汀・拉格利（Cristine Legare）及安德烈・蘇薩（Andre Souza）研究某種稱為「同情」（simpatias）的巴西儀式。他們發現做這種儀式時，如果執行的步驟比較多而且重複幾次，人們會覺得儀式比較有效，例如用刀插入香蕉樹不只一次，而是連續插入四次。

拉格利對我解釋，重複動作會讓我們更覺得我們的努力有效。她舉例為什麼我們會按好幾次電梯按鈕，就是怕第一次按下去但電梯沒有得到訊息。

而且，重複很可能也會讓人覺得愉快，因為規律的模式令我們安心。人類會尋找規律、注意規律，我們大腦裡不斷被使用（幾乎成為自動化）的路徑，就是規律行為造成的。這些大腦細胞「一起作用」，而且最後會「焊接在一起」。

這是個儀式，不是什麼可愛動作

有趣的是，把幾個手勢稱為「儀式」好像就能產生效果，做儀式的人會降低焦慮，而且在令人膽怯的任務中會表現得比較好。

哈佛商學院的艾麗森．伍德．布魯克斯及共同研究者發現了這一點。他們要兩組受試者做同樣的數學題目，做題目之前要做同樣一套古怪動作。研究者對其中一組受試者說這套動作是一種「儀式」，而對另一組受試者說，他們要完成的這套動作是「隨意的行為」：

請大聲地慢慢從零數到十，然後再從十倒數到零。你應該要大聲說出每個數字，說的時候，同時在面前那張紙寫下每個數字。你可以使用整張紙。把鹽撒在你的紙上。把紙揉成一團，丟到垃圾桶裡。

被告知這是一套「儀式」的受試者，解數學題的表現較好，而且他們說比較不覺得焦慮。研究者解釋，這個實驗結果可能表示，儀式裡有哪些特定步驟並不那麼重要，重要的是「做儀式的人相信這些步驟就是儀式」。

換句話說，你做儀式的時候，為了達到最棒的效果，你自己一定要認為這是儀式，而不是「在艾美・奧康的書裡看來的一些瘋狂做法」。

譬喻的力量

如果你把儀式定位成一種譬喻，那就更具心理力量了。稍微複習一下第三章，譬喻是利用具體存在的事物或身體行為，使抽象概念變得比較好懂。舉例來說，在譬喻的世界中，羞恥感是躲躲藏藏，自豪感是站得挺挺的。體現認知研究顯示，我們的行為形塑了情緒，那麼，把你的儀式定位為譬喻，等於是選擇一個理想的身體行為及元素，而且與你想達到的情緒效果一致。

舉例來說，記得決定我們情緒的「趨」和「避」動機嗎？（見第四章）行為科學研究者張妍（Yan Zhang，音譯）及珍・瑞森（Jane Risen）發現，儀式中結合「逃避行為」（例如從身上丟出一把鹽或一顆球），似乎能達成「避免受傷害的心智刺激」。令人稱奇的是，經歷過這種避免受傷害的動作之後，似乎能安撫個人的情緒，就好像真的避開了傷害。

沒錯，在適當譬喻的協助之下，你很可能降伏自己的焦慮感，毫不費力，就像變魔術給幼兒看，讓他以為零錢是從耳朵裡跑出來的那麼簡單。所以，下次進會議室開會之前，你可以在紙上寫這個句子「害怕我能力不足」寫三次，然後劃掉每一行，再把紙揉成團丟進垃圾桶裡。（去你的害怕！）

每次當你後悔做了什麼事，心裡不斷鞭笞自己的時候，你可以利用「潔淨」的觀念這個簡單譬喻，把那些令你後悔的行為都洗掉（順便洗掉任何刑事檢體證據，以免在雷克斯島〔Rikers〕監獄度過餘生）。這個辦法來自這幾位社會心理學家的研究：史派克・W・S・李，馬克白夫人[14]，以及諾伯・舒瓦茲。李解釋說，人們如果因為做了某個決定而心情很糟，就會去洗手，「這樣可以去除做錯決定的不調和感。」

另一個可以應用譬喻的儀式是，從一個不好的環境跑出來，進入一個比較好

14. 作者注：看看你有沒有打瞌睡！

的地方。例如，若在工作上搞砸了，而且你一直過意不去，你可以用一扇門來進行迅速簡便的儀式——看你在哪個地方搞砸，就從那個地方的門穿過去，進入另一個房間或是走廊。

沒錯，這樣做好像真的有正面效果。心理學家蓋博・雷凡斯基（Gabriel Radvansky）研究發現，穿過一扇門，能讓我們從某個「事件場域」轉移到另一個場域，削弱我們在前一個「事件場域」中的記憶。

只是跨過一個門檻，似乎就能消除我們的記憶能力，原因是什麼呢？雷凡斯基推測，可能是因為從一個房間轉移到另一個房間，創造出某種「事件邊界」，當我們離開那個地方，就觸發我們的心智把它劃分開來，把在那裡發生的事拋在腦後。

混搭你自己的譬喻

這一章簡直就像吃到飽餐廳，任你挑選各種譬喻，加入你創造的儀式裡（抱歉，沒有美乃滋或培根粒喔）。下面這些譬喻是我從語言學家喬治・雷可夫的《譬喻清單》（*Master Metaphor List*）挑選出來的，這些譬喻和更有自信以及周邊問題有關。

使用這些譬喻之前，首先你要找出你的問題是什麼——面對什麼可怕的狀況你會想要做得更好，或是你想達成什麼目標。比方說，你在工作上被賦予一個艱鉅的任務，你很害怕自己沒有能力做好。換句話說，你有困難。什麼是困難？翻譯成譬喻的用詞（亦即用實體事物或動作來表達），困難就是沉重的腳步。困難就是屁股很痛。困難就是負擔。

首先，使用譬喻「困難是沉重的負擔」（出自雷可夫和馬克・詹森的《棲於身的體現哲學》〔*Philosophy in the Flesh*〕），想想看，什麼東西能夠扛得動負擔。有個辦法是把負擔分成許多個小部分。

再來，想想看有什麼方法可以代表你的任務，例如一塊食物。好，那麼也許你就把它切一切、吃下去，當作是你的儀式！

我知道，這聽起來超級蠢。但是，你已經知道這是有心理學根據的。而且很重要的是，這個儀式和你的日常生活可以無縫接軌。沒有人會知道，你把帕馬森起司雞肉切成一塊塊，是因為你害怕被解僱；他們只會覺得你不是森林裡的一群野狗養大的。

雷可夫的譬喻清單裡還有一個例子：「進展是向前的動作」。我在寫每週建議專欄時，注意到我把同一行寫了三十六遍，卻一點都沒有進展，那麼我就會去做我的「別傻了」儀式：穿上象徵超級英雄的防護罩（噢，也就是我的超大包覆型太陽眼鏡，這種眼鏡是觀察日蝕的人、青光眼患者、快走運動的亞洲老人會戴的），然後我就快步走到銀行，從提款機提領二十美元。領多少不重要，只要能讓我有個理由去銀行就可以了。

這個儀式總是讓我覺得好過些，一方面是因為心跳、四肢和血液都在活動，另一方面是因為我正在設法做些什麼，而不是杵在那兒開著電腦乾瞪眼，覺得自己很笨又沒能力。另外，由於雙向性，也就是行動和情緒之間的雙向來回，身體動作往前走，也會帶動我的情緒往前走。寫作中間休息一下，也能夠讓我的頭腦對一直糾結的事情做一點背景處理。所以，當我回來寫作時，通常就能看到解決問題的方法。所以說，寫得好的祕訣，其實並不是快走到銀行這件事。

譬喻吧台

（請不要把鼻子貼在玻璃罩上）

用譬喻創造你的儀式，取自雷可夫《譬喻清單》

成功是向上的。

重大是大的。

重大是重的。

光，是知識或有益。

價值是尺寸大小。

進展是向前的動作。

傷害是身體受傷（所以保護好不要受傷，就是盾牌）。

多就是更高，更重，或更大。

競爭是賽跑，身體侵略，或戰爭。
機會是物件（可以拿取的東西）。
因果推論是順著一條路徑（被帶領到某個結論）。
想法是物件（你能在書裡找到一個想法，或者和某人交換想法）。
信念是衣服（你可以拋棄某個信念，或某個信念不合身）。
信念是寵物或植物（領受信念，就像領養一隻狗；培養信念，就像栽培植物）。
渴望是飢餓。
害怕是冷。
狂喜的狀態是向上的（為了某件事而心情高昂）。
品行是一條直直的小徑（正直不屈）。
品行是潔淨的（沒有任何汙點）。
道德是向上的（位置在上面而且往上）
沒道德是向下的（為了某個檯面下的事情而屈身）。

好是向上的。

壞是向下的。

問題是目標。

你可能已經注意到，我的範例做法並沒有幾個步驟或重複動作。你也不必一定要這樣。只要是對你有效，同時看起來最可信、最有幫助，而且最好還很有趣，這樣就行了。

咒語總部

有一種靜坐具有儀式性……。

嘿！就是你，不要跳過這一段！

我這樣說是因為要是我，就會跳過了。以前還沒有讀到這些研究，不知道有一種靜坐形式不需要你閉上眼睛，不需要你穿著印度禪修服盤腿坐個好幾小時。

我喜歡這種靜坐形式，因為它能結合你的日常作息，例如，你在等老闆講完電話的那三十五秒鐘，或者在超商排隊等著某個買啤酒的傢伙拿出一把銅板數著付錢的時候。

就是這種時候，某個行動的空檔，即使只有二十或三十秒也好，你只需要連續幾次重複一個字，或是一個短句。而且不必出聲，只在心裡講。

對了，你選擇的那個字，必須把象徵元素帶入儀式中，否則儀式只能說是某種「練習」罷了，就像在健身房拉背機重複做二十次一樣。基本上，你重複說的這個字就是「咒語」（mantra），而這種靜坐就是「持咒靜心」。別看到這裡就嚇跑了。梵文的「咒語」這個字，翻譯過來的意思就是「心靈的工具」。所以，你可以把咒語想成專門給你心靈用的一把槌子，或者更棒的想法是，咒語是價值三千美元的按摩椅。

在靜心活動中，有目的的重複似乎能夠安撫殘破不堪的心靈，以及伴隨著心靈的身體。哈佛醫學院的心臟學教授赫伯・班森（Herbert Benson）研究靜心發現，集中注意力重複一個字、詞句、聲音或甚至一個動作連續好幾次，能夠「打斷每日思緒的鎖鏈」（例如不斷跳出來的擔憂），因此似乎能降低血壓及心跳速率，並減少壓力。班森稱之為「放鬆反應」。

那麼，這種反應在大腦裡是怎麼運作的？神經科學家丹尼爾・羅文斯坦（Daniel Lowenstein）表示，腦成像研究發現，集中注意力在重複一個短詞句，能夠活化額葉（frontal lobe）及頂葉（parietal lobe）。這些區域是用來進行選擇性注意，也就是面臨令人分心的刺激時，能夠維持某個關注焦點的能力。

護理學教授吉兒・波曼（Jill Bormann）研究發現，對於罹患創傷後壓力症候群的退伍軍人，這種重複動作在症狀及壓力管理兩方面都有幫助。她解釋說，這個做法是很有用的工具，可以「在任何時間或地方，打斷自動出現或負面想法的模式」。

波曼和哈佛心臟病專家班森一樣，認為重複念字或詞句，能夠產生一個經過調控的自動放鬆反應。

她說，當你處於壓力狀態時，每一次重複念就好像「存錢到銀行裡」，接著你就能夠「提領你存的款項『兌現』」——在許多念頭之中重複靜心字詞，召喚出安撫效果。

這個過程，波曼稱為「心靈的溫水按摩浴缸」。

經常拆卸土製炸彈的士兵，心靈飽受蹂躪，而重複靜心字詞似乎能夠幫助他們平靜下來。那麼，我想這個做法應該也能幫助你，讓焦慮不安的你冷靜下來，讓你可以開口邀請穿著晚禮服及靴子的漂亮女孩出去喝杯咖啡。

內在平靜——給沒耐性的人

如何靜心

靜心很容易，而且你不需要擅長集中注意力。很令人驚訝吧！

哈佛的心臟病專家班森研究歷史上的靜心做法後發現，靜心只需要兩個步驟：

第一步：重複。重複一個字、詞句、聲音或動作。

第二步：收攝念頭[15]。在你重複默唸時，有個念頭跑出來擾亂你正在做的事，不要理它，回到你的重複默唸。

關於第一步，你就只要在心裡默唸那個字詞即可。如果你的目標不是順道一遊精神科病房的話，就不要走來走去大聲唸。

第二步尤其重要，如果你像我一樣認為自己無法靜心，患有「注意力缺失症」，集中注意力就不是你的拿手專長。其實，心思散漫是一定會的。你的思緒會到處跳，不是因為你無法靜心，而是因為你還沒死。

挑選你要重複默念的字詞，有無宗教涵義都可以

別擔心，每個人都可以靜心，即使你和我一樣是個不敬神的妓女也可以。

護理學家波曼的研究靈感來自靜心導師艾克納．伊斯瓦倫（Eknath Easwaran）的做法，她比較喜歡用「神聖」的字詞來重複默唸，例如「南無菩薩呀」（Namo Butsaya，意思是「頂禮菩薩」），或者用某個具有神聖涵義的字，例如

15. 作者注：這是我的說法。

喇嘛、耶穌、阿拉，或平安（shalom）。

我是個無神論的現代猶太人，使用神的字眼讓我有點不自在。好消息是，不信神的同伴們，你也可以使用沒有宗教涵義的字，例如「一」（我就是用這個字）。

哈佛心臟病專家班森表示，他和共同研究者找了哈佛醫學院的學生當受試者，用「一」這個字當作靜心咒語，得到的益處「和出神入化的靜坐沒有差別」。

班森表示，有宗教信仰的人認為使用「一」這個字很棒，他們認為這個字代表「合一的神，合一的宇宙」。班森澄清說：「呃，老實說，那是因為哈佛醫學院學生沒辦法數到十。」

多常做重複默唸？

波曼建議，一日之中「儘量多做」，只要有一分鐘就可以做，還有睡覺前也可以做。

我個人覺得有時間就做這樣很煩。不過，如果你真的是經常焦慮，連向服務生要個鹽罐也會緊張到僵成石頭的話，那至少這一陣子你還是多做一點比較好。

每次做多久？

也許更好的問題是：「你有多少時間？」你可以等電梯的時候做，或者在辦公室等影印機的時候做。或者是，「例如在路上等紅綠燈時，你可以重複默唸一輪，大概花一到三分鐘或更久些。」波曼寫給我的電子郵件如此表示。

我自己默唸「一」，有時候只花三十秒或一分鐘左右就能讓我入睡。

呼吸呢？

波曼跟我說，你不需要「刻意想著呼吸」，或是強迫自己要怎樣呼吸。她說，只要重複默唸靜心字詞，你的呼吸就會開始比較慢一點。不過，我個人的做法是刻意使用深而慢的腹式呼吸法，因為這種呼吸能活化我們的副交感神經系統，它是身體裡的放鬆部門，能令我們平靜下來。

嘿，我的改變在哪裡？

波曼也在電子郵件中告訴我：「不要期待會有立即的改變，但是，經過一段時間（長短因人而異），你會注意到，對於某些通常會『讓你跳起來』的事件，你的『反應』會有些改變。」

和所有儀式一樣，靜心也有試用包

你要把靜心當作試試看，而不是從現在開始一定要做到的承諾。同樣道理也適用於你創造的儀式，以及你試著要引進的新習慣。

人生的重大改變，通常會讓人覺得是個很大的承諾，因為太大了，你可能根本就不敢開始。這個道理，沒有人比減重醫生更了解，例如，我的朋友瑪麗丹．伊德斯醫師（Dr. Mary Dan Eades）。她是倡導低醣飲食的先鋒，並且是《紐約時報》暢銷書《高蛋白質飲食完全手冊》（*Protein Power*）的共同作者。為了讓患者做出行為改變，必須先處理心理障礙，她請患者承諾，只要三週吃低醣飲食

（或其他的健康新行為）就好。

她說「只要三週就好」，這種要求真的很聰明。這樣的時間並不是非常大的承諾，而實行了幾週新做法之後，我想就足以讓人們看到好處了——胖女人看起來有點像貓女了呢！這會讓她們更有動力繼續下去。

所以，也許就試試看這些重複默唸的做法，只要一段時間就好，例如三週。在日曆上做個記號，看看你是否注意到什麼改變。結果可能是，不管是靜心或其他儀式，經常做這些重複行為，你會開始看到自己不再常常感到焦慮緊張了。

8

自尊不是你本來想的那樣

你是否喜歡自己，和自尊沒有關聯

就像我在第二章寫過的，我的童年非常悲慘。我是公認的病入膏肓、無可救藥的沒人愛理的小孩。我極為寂寞，別的小孩通常不理我，要是他們覺得這樣很無聊，就會來欺負我，這讓我覺得更慘。我經常在想，怎麼做才能脫離牢牢糾纏著我的魯蛇身分。

有時候我會把苦惱說出來，大人就會用那首討厭的歌曲建議我：「棍棒和石頭可能打斷我的骨頭，綽號卻傷害不了我！」

現在我真希望回到小時候，對每個跟我說這句話的人給他一拳。

其實，別人怎麼看待我們，對我們相當重要。而且，別人怎麼看待我們，就是我們的「自尊」來源，這和一般說法完全相反。

為什麼「棍棒和石頭」那句話是垃圾

被棍子打了、被石頭砸了，顯然你一定會面目全非。但是「綽號卻傷害不了我」，這是真的嗎？

錯得離譜。

最近的研究發現，被人叫綽號，並不是無傷大雅的事。事實上，這些綽號會打斷你的牙齒，把你的頭壓進馬桶裡，讓你覺得天旋地轉。

研究者把它叫做「社交疼痛」（social pain），被欺負和被拒絕時感受到的情緒傷害，在大腦觸發的區域和身體疼痛一樣。若你想知道的話，這些部位是背側前扣帶迴皮質（dorsal anterior cingulate cortex），以及前腦島（anterior insula）。

是的，這又是我們大腦裡情緒和身體之間的「共用水槽」，而且，這個部分的運作也顯示在譬喻中。加州大學洛杉磯分校（UCLA）神經科學家娜歐蜜·艾森伯格解釋：「人們覺得被拒絕或被排擠時，通常會用身體疼痛的字眼來形容自己的感覺，他們會抱怨『受傷』、『心碎』、『覺得被擊垮了』。」

這個發現，不只是有趣的科學小知識，還帶來非常棒的消息。

想想你是如何減輕身體上的疼痛，如果腳踝嚴重扭傷，你可能會吃一些止痛藥來降低痛感，這樣晚上才睡得著，跛腳走到浴室時才不會尖叫到把你鄰居吵醒。

社會心理學家納森・狄瓦（C. Nathan DeWall）為首的研究小組，發現一件令人驚訝的事：止痛藥也會減輕情緒上的痛苦。研究人員要受試者吃下五百毫克的止痛藥成分乙醯胺酚（acetaminophen），每天吃兩次，連續吃三週。受試者回報說，在社交排擠方面的痛苦感降低了，研究進行到後期更是顯著。腦成像也顯示某種效應：和吃安慰劑那一組受試者做比較，疼痛時被活化的區域降低活動了。

然而，似乎不是吃三週止痛藥才能緩解被拒絕的疼痛。另一個研究中，心理學家丹尼爾・藍道斯（Daniel Randles）及共同研究者發現，一次就吃一千毫克乙醯胺酚，這種「急性藥量」也會降低苦惱。他們要受試者寫下牙齒痛的感覺，或者是死後身體會怎麼樣（「歡迎參加百萬隻蛆行軍！」）受試者吃了止痛藥後，會減輕寫完後不舒服的感受。

基於這項研究發現，我要演講前，曾選擇服用止痛藥泰諾（Tylenol）。最近我對一群人演講時，總是會注意到至少有五個人眼睛盯著他們的無線裝置。我想，止痛藥能夠麻痺我的焦慮：「哎呀！他們覺得聽我演講很無聊！」也會讓我比較不在乎，前排那個男人是不是用 iPhone 拍下我的裙底風光，然後傳到推特上。

但是，在你把止痛藥當作口香錠每天都吃一顆之前，注意警語：俄亥俄州立大學博士生吉奧佛瑞・德索（Geoffrey Durso）的研究發現，乙醯胺酚不只能夠讓受試者的負面情緒感覺比較不明顯，它也會降低「極端正面」的情緒，降低幅度達二十%。事實上，不管是正面或負面，強度愈高的情緒，乙醯胺酚降低情緒的效果就愈顯著。

如果你還想好好保有身體器官的話，每天吃止痛藥還需要注意另一項用藥警語：經常服用乙醯胺酚會導致肝臟損傷。要是服用止痛藥時喝酒，可能會導致腎臟受損或甚至腎臟癌（下班後喝一杯的歡樂時段，如果會讓你每週洗腎一次的話，就沒那麼歡樂了吧）。

不過，神經科學家娜歐蜜・艾森伯格告訴我，她懷疑阿斯匹靈的效果可能和止痛藥泰諾類似，因為這兩種藥都能降低發炎。發炎是免疫系統對於身體生病或受傷所做的反應，但是艾森伯格和共同研究者也觀察到，情緒受傷時，免疫系統也會起反應。

而且，這些研究發現也支持大腦的「共用水槽」概念，研究者認為「社交上被排拒或許會引發發炎反應，以因應可能的傷害」。你可以想成，你那個不會煮飯的女友，為了實現她對你的威脅而動手做一頓晚餐給你吃，因此你家門口有一組消防員正盡職待命著。

我還在等著看有沒有人做阿斯匹靈的研究，但必備藥品還是先備著，藥局就買得到的止痛藥，可以減緩腳踝扭傷的疼痛，而且似乎對扭傷的自我也有同樣效果。

再度說明，我不會每天都吃一顆止痛藥，除非想要列名在器官移植的貴賓名單上。但是，如果你偶爾得做一場報告而且非常緊張，止痛藥也許能暫時掩蓋你的社交焦慮，差別就在於，同事會說你的想法是「一股清新的空氣」，或是大喊：

「慢慢深呼吸！救護車已經在路上了！」

情緒／身體疼痛的重疊，不只是大腦的酷炫把戲

理解情緒／身體疼痛的重疊，以及如何利用這一點，讓我們從進化開始談起。

進化是一個「選擇」的過程——選擇最能幫助生物「適應」環境的特質，然後傳給下一代，這也表示是在處理環境帶來的問題與機會。

想想膚色這個特質。有些人的膚色非常深，有些人（像我）的膚色就像剛擠出來的修正液。如果所在環境是非洲，那你還是趕快過來探望我吧，因為我就快要死於黑色素瘤了。如果所在環境是經常烏雲密布的東歐，深皮膚的人最好去測試有沒有維他命D不足的問題，免得被送到醫院治療佝僂病。

非洲和歐洲的偏遠地帶，天然環境當然不同，但是社會環境也有差異。不管是天然環境還是社會環境不同，最適合該環境特質的生命體，比別人更有生存優勢，也更有機會繁殖，讓他們的特質得以傳到未來的世代。

這是演化的運作，至少在所謂的該死的全面現代化之前。

現代人類社會中，過去幾百年來的創新發明，尤其是醫學方面的進展，協助人們克服以往致命的疾病，以及危及生命的愚蠢行為，還有數不清的缺點，這些問題在舊石器時代都會讓人很快就死翹翹。

而且，在人類歷史的大部分時間，女人不能決定要不要有小孩，她們傳遞自己的基因以及具有環境優勢的特質，只是因為有了性行為。然而到了現在，現代生育控制方法可以讓我這樣的女人，在雞尾酒會上碰到有人問：「你有小孩嗎？」我可以回答：「沒有，除非有哪個小孩闖進我家躲在閣樓裡。」

你可能會以為，我們人類的心理運作系統，會看一下蘋果手錶注意到現在是二十一世紀，然後就把人類的心理同步升級了。但是，演化沒有那麼快。人類學家唐諾・席蒙斯（Donald Symons）解釋：「經過幾百或幾千代天擇，才能展現出任何複雜的認知適應能力[16]。」

因此，可能只需要幾十年時間，我們每個人都能擁有自動駕駛或甚至自己會飛的車子，但是身體和心理的運作系統還是非常古董級，所以非常不符合目前的

16. 作者注：一代是指二十到三十年，現在的世代通常是估計三十年為一代。

環境。

實際情形到底如何呢？舉例來說，由腎上腺素驅動的「戰或逃」反應，能夠幫助你逃離一群野豬；相較之下，開車去超市買一包收縮膜包裝好的里肌肉，這種經驗當然很普通。結果現在僅僅是語言攻擊（在現代社會可能比較多了一點），就會引發同樣的「戰或逃」反應。可是，聽到難聽字眼，生理上卻無法像面對一群到處劫掠的野豬那樣快閃逃命。這表示，當我們害怕或生氣時會釋放的「戰或逃」壓力荷爾蒙並沒有被用掉，只好累積起來毒害我們自己。

演化心理學家黎達・科斯米德斯（Leda Cosmides）及約翰・托比（John Tooby）總結現代人的問題：「我們的現代軀殼裡，住著石器時代的心智」，而且具有「石器時代的優先順位」（priority）。

仍然驅動我們的「石器時代優先順位」，有些是來自人類演化成社會性物種的過程，也就是說，我們和別人合作共居，形成固定往來的小團體。

尤其是遠古時代，我們的生活完全取決於團體中的其他人怎麼看待我們——他們是否認為我們能為團體帶來福祉，還是消耗資源的累贅，或者更慘，是不要臉白吃白喝的傢伙。在廉價汽車旅館、沙發衝浪，或甚至在沙發發明之前，被社會拒絕，也就是被趕出團體之外獨自生活，就代表你很可能會死掉。即使沒有被趕出去，生存還是需要代價的。若是被排在古代版本的D咖演藝人員名單上，那你就是最後一個拿到食物、賞錢以及好處的人。

唉，我們的古董級腦殘心理，仍以為自己住在古代採集狩獵環境裡，當時的人一輩子能見過面的對象有一百個就很不錯了。根據人類學家羅伯特・L・凱利（Robert L. Kelly）及埃爾文・狄佛（Irven DeVore）分別的研究評估，以當時的環境，一個人一輩子再多也不過接觸到相同的二十五個人而已。

換句話說，社交上的痛楚會激發大腦中身體疼痛時的同樣區域，這是有道理的。神經科學家娜歐蜜・艾森伯格把情緒和身體痛苦的重疊現象，形容成「一個共通的神經警示系統」，它警告我們要「預防社會隔離帶來的潛在傷害」。用白話解釋，情緒上的痛楚告訴我們：「嘿，笨蛋！我們快要被丟包在賽倫蓋提[17]了啦，你倒是想想辦法呀！」（不過現在倒是不必太費勁，我們住在大量且高速流動的摩登世界，如果圈子裡哪個重要人物看我們不順眼，我們很容易就能搬到另

17. 賽倫蓋提（Serengeti）位在非洲坦桑尼亞北部至肯亞西南部之間，是地表上最大的哺乳動物遷徙區域。

一個城市，找另一份工作，或者換一家酒吧閒混就好。）

沒錯，最後才挑中你的就是達爾文

行為科學及神經科學的研究，顯示我們如何行動。而演化心理學，也就是研究我們某些特定行為在古代的環境可能是什麼作用，這方面的研究則是解釋我們為什麼會這樣行動。

不，演化並不是在研究「嘿，我們對牆上隨意丟一些行為，看看哪個會黏在牆壁上」。同樣的，你的情緒也不是因為無聊，或是有性虐待狂，或是沒別的事可幹，所以才演化來讓你覺得很糟。（「哎呦，莎拉，現在是十二點三十五分，從你開始擔心你會孤獨死、你的貓會吃掉你的臉，至少已經過了兩小時了。」）

記得嗎？情緒是動機的工具。情緒演化是為了要讓我們能夠生存並交配，才能把基因傳下去。因此，當我們試著了解某些行為，不管是你的行為或其他人的行為，透過這兩個主要演化目標去看會很有幫助：

生存：有個人腰間圍著一塊布，耳垂上穿過一個甜點盤，手上舉著血淋淋的長矛，看到這樣的人向你走來，你要快點逃。

交配：邀請某人來，呃，來看你的洞穴壁畫。

不是所有行為都有這麼明顯的生存與交配目的，但是我們的行為全都是為了達到這些目標。就拿慷慨大方來說吧，在你的狩獵採集圈子裡，讓其他人看到你表現得慷慨大方，這才更重要。如果你是個男人，這樣會讓你追到女生，因為演化讓女人傾向於找願意分享資源的男人，才能養活她們以及她們生的尼安德塔小傢伙。

但是，要是被認為太過慷慨，是個很容易被影響的人，就會對你有反效果。女人會認為你是個懦弱的爛人，沒有能力保護她們。雖然到了現代，一隻四腳弱雞只要伸出一支冒汗的手指頭，扣下手槍板機，就能擊垮一隻有著打殘變形「花椰菜耳」的綜合格鬥大猩猩，然而女人還是不會看上這種男人，原因仍然是我們的古董級心理演化。

從這些例子看來，最關鍵的是，我們慷慨大方或性格軟弱都是由別人的眼睛來界定的。在我們所有的互動中，我們敏銳察覺到自己的表現都是為了觀眾。這很有道理，因為對生存和交配真正要緊的，不是我們怎麼看待自己，而是其他人怎麼看待我們。

就是在這個地方，心理學家犯了錯：「自尊」實在是取錯了名字。

要你喜歡你自己，根本沒有演化上的好理由

關於自尊，把過去所有你知道的都丟掉。

長久以來，心理學家把自尊定義為你對自我價值的整體評估。基本上就是說，你覺得自己多好或多壞。

這個定義造就了自尊產業，產業又造就了書籍、研討會、分數膨脹、有參加就有獎，以及個人主題曲，例如「我很特別」（歌詞配著「兩隻老虎」的曲調來唱）。然而，無數人跌跌撞撞撲上這條自尊心裝配線，還是覺得自己和以前一樣

爛。

所有人都被告知要努力做到「我喜歡我自己」，大家都說，這是我們得到幸福的第一要務。但是，其實它沒有什麼功能上的意義。

大多數心理學研究人員以及治療師，都沒有去問演化心理學拋出的問題「為什麼？」你喜歡你自己，為什麼有演化上的優勢？就因為你光坐在那裡說：「我很棒！來親親我尊貴的手！」嗎？

真正幫助我們的遠祖生存下來並交配繁衍的原因，是因為其他人喜歡他們——意思是尊敬他們，也許想和他們性交，而且想把一塊多餘的肉分享給他們。

當然，有一個說法是感覺有自信心，有助於讓別人相信你是有價值的，不管你的目的是什麼。而且，確實有些沒自信的人會裝得很有自信，還有一些人，嗯，該怎麼說呢，這些人看待自己有點太寬宏大量。可能因為這樣，他們從別人的眼光中又多獲得一點信心，至少在其他人發現真相之前。

但是，自信和自尊不一樣。真正的自信並非只是一種感覺，而且是由行為驅動的。自信，是你根據過往表現預測在某些情況下你會怎麼做、你會感覺怎樣，並且據此行動。換句話說，「我可以」這種自信的感覺，沒有辦法假裝。另一方面，鼓吹自尊的人一直說，我們需要的就是「我喜歡我自己！」這種念頭無根無據，和自信非常不一樣。

然而更瘋狂的是，自尊產業的教條說，如果你在乎別人怎麼看你，就表示你在心理上是個壞掉的玩具。

再說一次，我們人類本來就會非常在乎別人怎麼看我們，這是演化而來的，我們是因為這樣才能生存下來。

自尊真的應該改名為「人家怎麼看我」

壞心眼女生之海牙國際法庭，也就是所謂的初中，即使你畢業了還是沒有結束。

人類就和雞一樣，啄來啄去，而且是有順序的，也就是有社會階級，我們不間斷的排序再排序，排列某個特定團體中每一個人和其他人的關係。而且，遠古祖先的生活環境沒有汽車旅館和便利商店，他們需要生活在一個團體裡才能持續得到保護，所以對他們來說，怎樣融入團體很重要，這可以讓他們對自己的社會地位做出任何必要的修復或調整。

人類學家傑若姆・巴考（Jerome Barkow）著眼於這一點，他觀察到我們人類似乎有一套內部監控系統來告訴我們，和同伴在一起時該站在哪裡才對。巴考的結論是，這個監控系統是透過我們支配與威望的程度，來追蹤我們的社會位階。

支配，是讓人產生恐懼感的事（「我可以踢你的屁股喔」），是保持在上位的殘忍方式。文化人類學家喬瑟夫・韓瑞屈（Joseph Henrich）形容支配是要別人強迫服從，在非人類社會中比較能發現這種因子，但也會出現在人類社會裡，例如遊戲場霸凌、監獄、市街幫派，以及酒吧打架。不過，人類的社會位階和威望比較有關，也就是說，你必須贏得別人的服從——服從某人不是經由強迫，而是出於敬佩讚賞其聰明才智、樂善好施，甚至外表好看等等。

無論是經由支配或威望，人類通常傾向於在社會位置的階梯往上爬。但是，巴考表示，往上爬這種驅力並不是「單一的人類動機」，而且也不是對我們所有人都有相同的影響力，甚至在個人的一生中，其影響力也不會一直持續。

我們所有人一生當中一直都需要的感受，其實是歸屬感。巴考認為，人類會不時監測社會階層中的支配與威望程度，社會心理學家馬克・利瑞（Mark Leary）則擴展這個概念，他認為，我們有一套內在追蹤系統，讓我們密切觀察「其他人接受及排拒我們的程度」。

為了命名這套接納／排斥的追蹤系統，利瑞使用了前綴詞「社會的」（socio-，這個詞表示「和社會有關」），字尾則接上「測量計」（meter），發明出「社會測量計」（sociometer）一詞。不過，這個詞聽起來比較像社會科學家專用的直腸溫度計，不太像用來定出你未來幸福程度的東西，所以我們還是把這個社會監測玩意兒還原稱為：接納—排拒測量計（accepto-rejecto-meter）。

這個接納—排拒測量計，基本上是一個指標工具，能夠測量出其他人覺得我們是被管的還是管人的，方法是監看社會環境中跟我們立足地位有關的暗示。這個測量計對負面暗示特別敏感，例如冷漠、厭惡、拒絕，這些都能指出其他人對我們的接受度可能變弱了。

不過，監測別人怎麼看待我們，只是整個過程的第一個部分。接納—排拒測量計接收到的資訊會引起我們的情緒——我們對自己的感覺是正面或負面，亦即人們長久以來所謂的「自尊」。當然，如果你認為周遭的人喜歡你、欣賞你，你會感覺良好；若你感覺到他們把你放逐到「遜咖村」，你會覺得很糟。

你的這些感覺不是用來裝飾而已，你的感覺具有很重要的目的：促使你採取行動，對你的社會地位做一些修補；如果你表現很好，那就會鼓勵你繼續保持下去。

再說一次，這些長久以來被稱為「自尊」的感覺，是社會監測過程的結果，它只是整個過程的一部分而已。說到底，自尊是一個由情緒驅動的行為導航系統，很可能是避免我們被踢出社交小島而演化來的。

簡單來說，自尊是我們感知到別人怎麼看待我們，而這一點會引發我們對自己的感受，因而讓我們產生動機，去試著修補或維持我們的社會地位。

把上述這些解釋列成步驟，你就可以看到自尊包含三個部分：

1.有一個暗示告訴我們，我們在社交方面表現如何。
2.我們的情緒因為這個資訊而湧現。
3.我們採取了由情緒驅使的行動，以求融入得更好，或是繼續保持在本來的地位。

暗示—情緒—行動，整套過程可能是這樣展現的：

暗示：我注意到你對我的態度輕蔑。
情緒：你對我輕蔑，我感覺很糟。
行為：我聞聞腋下，確認除臭劑沒有提早退休。

自尊基本上是自我的家戶保全系統

既然你了解自尊實際上是怎麼運作的，那麼某些文章建議你改變看待自己的方式，例如「提升自尊的十個方法！」，你就知道這種文章有多麼白癡了。因為，問題不在於你覺得自己怎麼樣；這只是你對你的社交成績單的反應，就在監測及修正社會地位三部曲系統的中途點而已。

基於這一點，再加上演化上的理由，演化心理學家李．柯派翠克（Lee Kirkpatrick）及布魯斯．艾里斯（Bruce Ellis）指出，低自尊其實不是一件「壞事」，而高自尊也不是什麼「好事」。你的自尊高低程度是「有適應性的」，意思是說它是一種反應，就像有竊賊打破窗戶時，家戶保安警示系統會啟動，促使你做出一些行為，以免被綁在椅子上拷打逼問保險箱的密碼。

換句話說，按照柯派翠克和艾里斯的解釋，只幫助人自我感覺良好，只是「治標不治本」。沒錯，過去幾十年來，治療師所給的無數建議，其高超之處在於「勸告駕駛人在汽車過熱時要感覺良好，而不是建議他們停下來給散熱器加點水」。

自尊是個監測系統，這就表示你不會永遠是爛咖

自尊應該改名為「人家怎麼看待我」，這表示每個人都有希望爬出社交上的垃圾堆。

和無數治療師給的建議相反，這不需要花好幾年的時間做心靈柔軟操。想要停止社交排拒的傷痛，需要的是改變其他人看待你的方式，要讓他們不再把你視為魯蛇。你只要做出不同的行為，也就是說，行為舉止就像那些被別人尊崇的人一樣。

最棒的是，你的新行為會讓別人喜歡你，甚至尊敬你，這會從他們如何對待你反映出來。於是你會觀察到別人對自己變得比較好，然後你就會對自我感覺比較好，這又會加強你繼續採取這些新的行為。

在其中發揮作用的，還包含「一起被激發的神經元會連結在一起」，你重複進行的行為會變得更自動化。因此，你在一段時間內重複多次的新行為，將會變得更像你自己的行為。到了某個時候，你不必再刻意想起，你做出來的行為就是

那些新行為，因為那已經變成你了。

所以，當然啦，用約翰·羅頓（Johnny Rotten）[18]的話來說，現在「你有麻煩了，麻煩就是你。」不過，你也有解決方法，解方也是你。

18. 約翰·羅頓（John Rotten）是著名的英國龐克樂團性手槍（Sex Pistols）成員。

9

來自嘲笑的壓力

羞恥究竟是什麼，如何打敗羞恥

我男朋友葛雷格來自底特律，是個男人中的男人。他曾替已故犯罪作家愛爾默・李納德（Elmore Leonard）做文獻研究，這位作家被倫敦某雜誌稱為「桂冠詩人，專寫一群持左輪手槍的狂野混蛋」。

葛雷格具有黑色敏感度及黑色幽默感，原因我滿確定的，他認為我們每個人最終注定都會被毀滅。他的體格像隻熊，曾經形容自己是「亂糟糟的上班族」。

葛雷格的工作不是神經脆弱敏感的人做得來的。我們認識時，他正要和底特律警方去幾個犯罪現場。一件是多重謀殺，地板上躺著三具被肢解的焦黑屍體，就像巨型烤羊肉串那樣，只是缺了串肉的竹籤。

不久之後又來到另一個「現場」，他和調查兇殺案的警探站在屍體旁，在那裡做什麼呢？拿一包死者的小支巧克力棒讓大家分一分吃了。葛雷格說：「我們很實際啊。當時是聖誕節，還滿有節慶感覺的。就像我們是去拜訪那個傢伙，只是他死掉了。」

葛雷格也有他的弱點，這些弱點還有名字，例如史基普、史考特，還有寂寞的鬥牛犬露西。沒錯，葛雷格是個狗奴。

他對我的狗艾妲特別情意綿綿。艾妲是一隻二．七公斤重的中國冠毛犬，這個品種的狗該怎麼形容好呢……你知道，大家公認狗的祖先是狼；至於艾妲，看起來就像是《彩虹小馬》（*My Little Pony*）的後代。

有天傍晚，我去拜訪鄰居後回到家，看到我這個男朋友，底特律火爆脾氣的大塊頭男人，在沙發邊蹲得像狗鼻子那麼低，而且竟然還用小女孩式軟語咕噥著：「你好可愛噢，小狗狗，不乖乖喔！真的，這樣不乖乖喔！」

他抬頭一看，看到我沒有出聲音但是笑得直不起腰，不禁慌張起來。

「不行，」他說：「你不可以貼到推特上。」

沒錯，雖然葛雷格柔情十足，但他寧願讓外界認為這些情緒都被埋藏起來了。

他解釋：「私底下和小狗互動的習慣，你不希望讓大家知道吧。他們想知道你和黃金獵犬玩的是丟跟撿的活動，而不是像個奴才服侍漂亮的小藝妓。」

葛雷格想要保有他的男人形象，在演化上是有道理的。心理學家喬伊斯・班南森（Joyce Benenson）研究性別差異，他解釋說，男人在人類這種物種是演化來當戰士的，展現出來的就是男人要用適當的方式來表現自己。男人必須表現得冷靜無感，原因其實關乎生死存亡。我引用了班南森的研究，寫在我的專欄裡：

若你是個戰士，顯露你的感情，例如在戰場上大哭，會讓你處在不利位置。這樣等於是穿了一件畫著大大箭頭的T恤站出去，「長矛射到這裡來！」

我問葛雷格：「那麼，你為什麼願意讓我把這段故事寫在書裡？」（我用這種狡詐的問法來「取得許可」。）

他說：「畢竟，和女性交往，成本效益分析是必要的。什麼是成本？某個住在澳洲的書呆子會讀到這本書，心想『這傢伙喜歡小狗喔。真是個笨蛋。』那麼效益呢？你做了一件好事，至少不用付出更大的成本：『為什麼不讓我寫進去？』

或者更糟：眼淚。這樣夠清楚了沒？」

歡迎未來的魯蛇

要是哪個明星沒有出席活動，好萊塢公關人員會用這種說法來敷衍：「噢，她工作累過頭，進了醫院。」這是有淵源的。

我們經過演化而成為能夠互相合作的物種，在遠古社會，為了要維持在一個小團體裡生存，個人名聲良好很重要，所以我們的情緒是經過設計的，會把任何對自己公眾形象的威脅，視為對我們生存的威脅。

因此，我們非常在意別人如何看待我們也相當合理。當別人看到或聽說我們有什麼損及名譽的行為時，我們會覺得難受。

不過，考慮到這一點，再加上自尊其實是「別人怎麼看待我」，因此我想到一個問題：要是我們身邊除了貓之外沒有半個人，為什麼還會覺得自己很糟？

這似乎是因為深深影響我們的，只是別人評價眼光的可能性。例如，我們覺

頭髮很髒的時候，通常戴頂帽子就夠了，真的。葛雷格．薩特（Gregg Sutter）攝。

得他們好像會看到我吃掉整盒餅乾，會看到我們淋浴間裡面的噁心霉斑，或是知道從手機長得像有按鍵的潛艇堡那個年代，我們就沒有洗過床單了。

回想前一章說過的，有個內在監測系統在追蹤我們的社會地位，那麼，既然是系統，就需要一個軟體來指引它，而這個監測系統的軟體，看來就是我們的內化標準（internalized standards），決定什麼是可被接受的、什麼是不被接受的行為。

有個例子是我們維持個人及居住環境的整潔標準。演化心理學家約書亞・泰伯（Joshua Tybur）及共同研究者指出，經過演化，我們對不乾淨的人、地、物會覺得噁心。這種感覺會讓我們對令人作嘔的人與物保持距離，這樣就保護我們免於疾病。

當然了，懷疑某人身上有病，顯然就能影響這個人在一夥人當中是否受歡迎。換句話說，我們對衛生很差的感覺不好，其實是一種預防方法，如果有人因為這樣而對我們指指點點，那麼這個內部警鈴會響起，幫助我們抵禦隨之而來的社交排拒。

用另一種方式解釋，我們的接納—排拒測量計，也就是社會測量計，似乎有一種預先糾察功能，有點像是犯罪預防部門，讓我們對即將危及社會地位的威脅做出反應。

很棒對吧？

如果別人知道、看到或聽說我們做了某件丟臉的事，他們將會怎麼看待我們？光是想到這一點，就足以讓我們覺得那樣做很不好。

這就會讓我們覺得羞恥。

羞恥，就像饒舌歌手肯伊・威斯特（Kanye West）、工業化農業和澱粉類碳水化合物，在媒體上的形象都很差。事實上，無數治療師、書籍、雜誌文章及通俗科學網站，基本上都在教我們「覺得羞恥」本身就很丟臉。

這是因為羞恥感被當作是心理不健康的魯蛇情緒，是適應不良，一點用處也沒有。

問題是，從一九七〇年代開始，幾十年來我們接收到的「羞恥」定義就是錯誤的。

廣為人知的羞恥概念在很大程度上未曾受到質疑（而且是錯的！），這個錯誤觀念源自於耶魯臨床心理學家海倫・布洛克・路易絲（Helen Block Lewis）。一九七一年，她主張說，羞恥感涉及自我的負面評價，而罪惡感則來自一個人做了某個行動而產生的負面評價。

路易絲的羞恥感與罪惡感定義，你可能聽過縮短的版本——羞恥感是「我很壞」，罪惡感是「我做了某件壞事」，對比之下，後者似乎「比較健康」。是沒錯，持續的羞恥感，與許多身心健康負面影響的確有關，包括憂鬱症。而且當然啦，羞恥的感覺就像幾根腳趾斷掉，或是按下咖啡機開關時被電到那樣有趣。

不過，我們難道是演化來相信「我很壞」，相信自己是爛咖嗎？這在演化上根本沒有道理。

我們用演化上的「為什麼」這個問題，來檢查一下路易絲對羞恥的定義。在遠古時代，「我很壞」這種念頭有什麼功能嗎？

覺得自己很爛，可能不值得在地球上占個位置，為什麼會幫助我們生存、交配，還能拿到野牛身上比較上等的肉？

嗯……嗯……

喔噢。是不是？

用羞恥刷來塗柏油

其實，羞恥感沒有什麼好或壞。就像自尊，羞恥感似乎是一種名譽管理工具。演化心理學家丹尼爾・司尼瑟（Daniel Sznycer）與共同研究者一起寫了一篇論文指出，羞恥感是一種「情緒程式」，是一個演化來的「防衛系統」，保護我們不被社交圈的人「看扁」，因為在遠古環境中，這對我們的福祉是嚴重的傷害，甚至可能會致命。

司尼瑟和他的研究團隊解釋，羞恥感是由訊息驅動，因為我們察覺到其他人可能會發現我們的行為不乾淨、不正當或不公正，因而蔑視我們。所以，另一種看待羞恥感的方式，是把它當作內部危機的公關專員，要我們別把自己的醜事外揚以致名譽掃地，萬一真的發生這種事，羞恥感會要我們採取行動，把損害降到最低。

羞恥感有兩種口味，一種是放諸四海皆準的，一種是在地的。雖然世界各地人類普遍都演化成不喜歡帶有病菌的東西（例如鼻屎或腐爛的屍體），但是因文化不同，有些特定行為在不同文化會被認為丟臉。舉個餐桌禮儀的例子，在美國，用左手傳遞裝馬鈴薯的盤子，連小事都算不上；但是在印度，傳統上，左手是用來處理方便之後該做的事[19]，所以你這樣做，或許會讓大家覺得噁心透頂。

司尼瑟團隊了解這種文化上的細微差異，他們研究出二十九種引起羞恥感的普遍狀況，包括偷竊、不貞、小氣等等行為。他們將這些情況用在美國、以色列及印度這三個國家的受試者身上，把每個國家的受試者分成兩組，一組受試者回答他們是否做過這些丟臉的事，另一組則回答他們是否看過這種丟臉的事。

研究發現，每個文化都符合這個基本模式：人們做了某些行為而感到丟臉的程度，和別人看扁那個行為的程度是一致的。這表示，我們對某個特定行為感受到的羞恥程度，並不是只有自己這樣覺得，也不是誰可以專斷決定的，而且這項

19. 作者注：司尼瑟與共同研究者表示，雖然引起羞恥感的特定事物在各文化有所不同，但是主題應該都一樣，例如避免病菌、對父母表示忠誠、在團體中做個值得信任的成員。所以，雖然在美國並不是把左手當作擦大便的手，但是我們跟印度人一樣，想到糞便靠近食物也會覺得噁心。

研究發現支持了這個觀念：經過演化，我們發展出一套已經內化的標準，讓我們不要做出某些踢倒社交圖騰柱的行為。

司尼瑟解釋給我聽，這是「防衛系統的基本設計重點」，功能是「針對他們要防衛的事物，按照威脅的程度而啟動」。每個領域的防衛系統都是這樣運作的，例如軍事領域、檢警執法以及除蟲消毒。至於按照程度來反應的例子，可以想想看你請除蟲公司來解決屋子的白蟻問題，除蟲專家總不會在卡車上綁一顆核彈頭吧。

司尼瑟說，視威脅程度而精密調校防衛程度，可以「同時避免射擊過度或是射擊不足。羞恥感具有這項設計特色，可說是打造精良。」

他們的研究發現真正驚人之處，在於羞恥和蔑視具有普遍性。某個特定行為在美國是丟臉的，在印度和以色列也會被看輕，反之亦然。司尼瑟解釋說：「這表示，會讓周遭的人蔑視而且自己也覺得丟臉的事，在不同文化是非常相近的。」

再回頭來談談羞恥感的同事，罪惡感。罪惡感也是以內化的標準為動力，不過它和羞恥感不一樣。司尼瑟團隊解釋說，羞恥感是你避免被別人看扁，而罪惡感則是來自你欺騙了某個你重視的人，因此產生動機去試圖挽回。

司尼瑟對我解釋，在我們的生命中，某些人的福祉和我們習習相關，包括小孩，他們傳遞我們的基因；有些人和我們的世界觀吻合，因此他們的行為對我們有益，例如同黨派的人（民主黨、共和黨、共產黨）；還有我們的好朋友，他們在乎我們的福祉。司尼瑟建議，你要好好對待這些人，「因為如果你傷害他們，某種程度上當然就會傷害到你自己。」

因此，執行摘要如下：

羞恥感是形象導向的：你不想被別人看成是爛貨，這會讓你想要避免做出爛貨的行為。

罪惡感是關係導向的：你不想在某個你在乎的人心中是爛貨，所以，即使你可以惹毛他們而擺爛不做，但你還是會強迫自己，以他們的最佳利益為考量來做出某些行為。

在司尼瑟團隊的論文中，有個例子有助於了解，那就是不貞在罪惡感和羞恥感的比較。

假設你有出軌行為。

如果你覺得有罪惡感並且感到羞恥，你可能會有動機要停止。你可能會被發現（羞恥感！），而且，你開始感到痛苦，覺得你的愛人值得你對他更好（罪惡感！）。

但是，如果你覺得羞恥，但不覺得有罪惡感。噢喔。這樣的話，你很可能會繼續出軌下去，你會更努力掩蓋外遇，例如和你的情人在偏遠的汽車旅館幽會，用現金付錢，在櫃檯登記用史酷比卡通裡的名字。

從眾功能

如果我是電線上的一隻烏鴉，那麼我會是最旁邊那隻桃紅色的烏鴉。

我十二歲時，大家穿的都是聚酯纖維質料的背心與褲裝，我則是穿了一件長到拖地的蛋糕裙到處晃，那是我用一條淺粉紅床單做的，我媽本來還打算把那條床單捐給慈善機構。

雖然我最愛的衣服就像粉紅色棉花糖，但是我的幽默一直都很黑色。十五歲時，在高中的陶藝課，我做了好幾個被困在陶罐裡的小人偶，每個人都是吐舌頭、凸眼睛，還有其他快窒息的徵狀。我覺得這樣很好笑，但是我猜要是心理醫生看到這些東西，我可能會被送去住在某個虐待寵物的小孩的上層床位。

顯然，即使我深深渴望擺脫賤民身分，有一部分的我，就是不想做那些大家都在做的事。其實，我想我甚至喜歡傳達這樣的訊息：「我已經拿到社交遣散令，但我要用長滿雀斑的鼻子藐視這些命令。」

我告訴你這件事是因為我們很容易就會跳到假設的結論，以為既然羞恥感是名聲防衛系統，那麼在社交圈中我們就必須循規蹈矩。

的確，早在一九五〇年代，心理學家所羅門・阿希（Solomon Asch）就開始發表這個主題的研究，許多社會科學研究論文都指出，人類是遵循規範的生物。的確，我們每個人都必須符合某種程度的規範，例如定時沐浴，工作面試時不要帶彩帶噴罐，參加葬禮不要帶迷你小馬。

不過，從演化來理解還是必要的。為什麼遵循規範能幫助我們在遠古環境中生存並性交繁殖？（拜託！哪個女人不想和乖乖牌男人上床？）

我們經過演化而共同生活，而遵循規範通常是共同生活的一部分，但是，演化心理學家司尼瑟解釋說，人類心智的設計是用來抵抗蔑視，而不是用來遵循規範。司尼瑟觀察到，人類其實「裡裡外外的設計都是抗拒遵循規範」。

不少研究支持這項觀念。例如心理學家傑克．布瑞姆（Jack Brehm）研究「心理抗拒」（psychological reactance）發現，我們愈是被迫去做某件事，或是被迫採用某個特定觀點或態度，就會更試著抵抗外界的控制。而且，我們傾向尊重有獨立思考的人，以及有膽識捍衛自身信念的人。

真相是，雖然遵循規範通常符合我們的利益，但是有時候，與其跟隨群體，做個群而不合的原創者或怪咖對我們反而比較好。

當你面臨抉擇是否要遵循規範，你可以問自己下列兩個問題：

- 在這個情況下，與其跟隨群體，走自己的路是比較聰明的策略嗎？（我唸了三年大學之後就很想輟學，等不及要投入職場，而且無所事事還要付錢把自己埋到書裡大半天，這樣好像很蠢。不過，我知道有些企業不會雇用沒有大學學歷的人，或是會因為你沒有學歷而給比較低的薪水，所以我還是繼續讀到畢業。）
- 你承受得了離經叛道嗎？也就是說，你有沒有足夠的社會資本及情緒資本，可以不必在乎做個怪胎的代價？或者說，潛在的利益非常值得，因此你願意接受這個代價？

打敗羞恥感

水門事件時代有一句名言：「垮台不是因為犯罪，而是因為隱瞞。」說真的，有時候犯罪確實會擊垮你。不過，如果你是自首而不是被抓到，通常比較不會被處罰得太嚴厲。

我們來看看曾經是喜劇演員的作家艾美・崔絲納（Amy Dresner）的例子。

崔絲納過去有毒癮、酒癮及性成癮，但她算是很晚才開竅。崔絲納成長於比佛利山，家世背景良好，在校品學兼優，一直到二十出頭才初嚐毒品和性。不過，晚開始的補償效果是，她一試就上癮，還進度超前，一度因為使用冰毒而連續十七天醒著，還堅信自己想出上帝的數學方程式。有一天在吸食古柯鹼時，癲癇大發作，幾乎把頭都撞破了。這讓她猛然覺醒，不，不是戒毒，而是在嗑藥的時候戴上腳踏車安全帽，以防萬一。

如果有個羞恥感博物館，崔絲納二十年來的成癮事蹟一定會被收藏在館內。她一再違反眾多社會標準，不是因為亂丟紙屑或跑去用提款機而臨時停車在殘障車位這種事情。她使用靜脈注射毒品，進入精神科病房四次，因為癲癇發作而導致大腦永久損傷。她也表示，她某些過往紀錄「對女人來說特別影響名聲，例如性成癮，以及因為家暴而被逮捕」，那次她過量吸食可待因酮，對丈夫（現已離婚）揮舞刀子。

一旦清醒，崔絲納需要掌控自己這段千瘡百孔的過去，這些事可能會在任何時候爆出來反噬她，毀掉她戒毒之後的生活。

她決定「翻轉羞恥」——決定要「徹底擁有」每件她做過的事，並且由她本人把所有丟臉的事全都攤出來。她開始為上癮戒治網站「修復」（The Fix）寫一個固定專欄，並且公開談論她的經驗，最後她寫成一本回憶錄《窈窕毒女：沉淪與戒毒的回憶》（*My Fair Junkie: A Memoir of Getting Dirty and Staying Clean*）。崔絲納解釋：「與其擔心人們會發現，不如由我講出來確保大家都知道。」

崔絲納講的內容有著毫不保留的誠實，而且帶有咄咄逼人的幽默。她不避諱她的家暴行為，並在戒癮治療中心對滿座聽眾娓娓道來，「因為被逮捕的關係，手銬對我來說就沒那麼刺激好玩了，就連茸毛手銬也是。」

深入探究，其實她是把她的坦白看作一種「重組權力結構」的方式，那個權力是指別人可能對她展現的權力。崔絲納說：「閒言閒語的價值在於那是有人傳來傳去的祕密資訊。如果你已經揭露所有的事情，就除掉其中的刺激興奮了。」她說到她的專欄：「如果這些資訊都寫在一篇文章裡，登在網站上，有百萬點擊次數，那它就不再是閒言閒語了，而是報導寫作。」

壞就是好

我們要是知道哪個人毒癮纏身，尤其是嚴重到像崔絲納這種程度，我們通常會批判他們，以司尼瑟的學術式形容來說就是「降低社會價值」。就像崔絲納講過，畢竟「沒有人會說：『有個還不錯的靜脈注射毒蟲、性成癮並且有前科的女孩，我正要和她穩定交往。』」

一定還是有人會看不起崔絲納，但是，她已經贏得許多人的心。她的策略是，大家都認為丟臉的行為，與其藏起來，不如「擁有」它，這個策略很有效，因為這就是人類學家和動物行為學家所謂的「高成本訊號」（costly signal）。這個用語是形容一種過度或有風險的特質或行為，代價很高，會使某個人或動物的生存或交配機會受到阻礙。因此這是一個可靠的信號，可以指出這些生物的實力或其他有價值的特質。

以色列動物學家阿莫茲・札哈維（Amotz Zahavi）把這個現象稱為「缺陷原則」（handicap principle），瞪羚做給土狼看的表演行為，就是一個例子。

對土狼來說，瞪羚的名字叫做「午餐」。所以，當瞪羚看到地平線上有一隻土狼，牠會說：「幹，真是見鬼了！快逃！」有些瞪羚確實會立刻跑走，就是那些瘦弱的瞪羚，而最強壯的瞪羚通常會留在原地，做出「四腳彈跳」（stotting）這種古怪的動作，就是弓著背上下跳，好像在對土狼說：「喂，兄弟，看我看我，等我喝完這杯咖啡，也許再抽根菸之後，我會考慮跑掉喔。」

結果，通常會被土狼追殺的，並不是留在原地上下跳的瞪羚，而是最先慌忙竄逃的瞪羚，也就是那些表現出有理由害怕的瞪羚。

這透露出什麼訊息？如果你是一隻骨瘦如柴的瞪羚，有時候勇敢表演一下四腳彈跳，可能會奏效。這個行為有風險，因為可能會被看穿，不過如果失敗的代價並不是被土狼咬掉一隻手臂，那麼這個風險可能還是值得一試。

遛遛你的說話方式

我們每個人都應該要學一下義大利人。

我幾乎不會說義大利語，但是和朋友去羅馬待一個月時，能夠勉強了解不會講英語的義大利人在說什麼，因為不管是什麼對話，其中大概有百分之三十，義大利人是用手來講話。沒錯，我知道這是刻板印象；或者更糟，是陳腔濫調。但是並非空穴來風。

若你有什麼事情要講，表達方式不是只能用嘴巴。拿艾美・崔絲納來說，她說話非常有感染力，而且能夠打動人心，這是因為她拒絕「垂頭喪氣」，而且不是只限於語言上的比喻而已。崔斯納抬頭挺胸，帶領聽眾走入她的毒癮、性、精神病院，以及復健過程的屈辱，就像帶領一場導覽一樣，讓大家好好看清楚她的低潮，以及身處低潮中的觀點。例如：

「最近，我對於進到我身體裡的東西非常挑剔，『我不吃乳製品或麩質』之類的，但是我就在等著我的老朋友說：『咦，你以前不是會抽冰毒配通樂，古柯鹼配洗衣粉一起吸到脖子裡嗎？』」

崔絲納的肢體主導整個空間，就好像整個地方都是屬於她的；再加上她的嗓音就像好萊塢女星洛琳·白考兒（Lauren Bacall）那樣帶有磁性，飽滿有力響遍全場。她拒絕接受外界認為她「應該要」覺得羞恥，這一點全部體現在她的肢體與聲音上。這一點非常重要，因為我們的身體語言（包括聲音的音調），不是加強就是削弱我們所說的話。

問題在於洩露。因為情緒是由身體表達出來的，如果你的上唇人中開始有汗珠滲出，而且胸腔變成心臟的彈跳氣墊，那你可能沒有辦法傳達出「這件事我很有自信！」。

為了讓你的身體乖乖聽話，你可以做的是練習——在面臨某個情況之前，練習使用自信的身體語言。這表示要抬頭挺胸，說話的聲音要像你正在說一個重要的事實，而且像崔絲納那樣說話時主導整個空間，而不是縮頭縮腦站著，好像希望自己消失或死掉一樣。

你的目標要放在讓自己習慣這種新的行為舉止，希望到了某個時候，你的身體就能自動「設定位置」在自信的狀態，也就是說，你想都不用想就能夠表現出來。

說話時，你不會想要一直顧慮怎麼站、聲音聽起來怎麼樣，或是身體哪個部位要如何動作。研究表現焦慮的祥恩・貝洛克（Sian Beilock）發現，顧慮這些會讓人比較容易「僵住」。

因此，把這項說話練習配合靜心技巧一起做，應該會有幫助。可以參考第六章和第七章所說的儀式，以及第十一章所提到的，如何不讓你的感覺帶著你團團轉。

剛開始時，要先有個心理準備，即使你試著展現自信的肢體訊號，有些錯誤的肢體語言還是會跑出來（就像那些感染梅毒的歌舞女郎，心裡害怕、扭扭捏捏的）。沒有關係，其實這是一定的。如果發生了，試著把它看成整個過程的一部分，這個過程就是你想改變如何走路、說話及行動的計畫。再說，反正你已經上路了，目標是迎接人生中的小戰役，而且要像凱撒大帝（Julius Caesar）那樣：「我來；我看；我征服！」；而不是凱撒沙拉：「我來；我看……我躲在一大片脆麵包下面。」

10

你爛透了。真的嗎？

自信、主見，以及「自我」三姐妹（自我疼惜、自我接納、自我尊重）

我這輩子被拒絕過很多次，被人拒絕，也被室內植物拒絕。是的，別人都成家立業養小孩了，我連一盆蕨類都養不活。我遵照花盆隨附的塑膠標籤說明來照顧，但是，我生命中所有植物有個共通點：有時一週、有時幾個月，最後他們都會自殺，離我而去。

被人拋棄，就連有葉子和莖的東西都拋棄我，真是讓人難受。不過，無論是朋友、情人、員工，甚至是陌生人，被人拒絕真的會把你拖入黑暗深淵。被拒絕，表示你沒有價值；沒有什麼能讓你顯得有價值的事；你也許應該幫這個世界一點小忙，跟著我的植物走上那條路吧。

是不是這樣？反正，感覺就是這樣。

然後，又來了……也許，只是也許啦……拒絕就是你說什麼，它就是什麼。

我的作家朋友蘇珊・夏彼洛（Susan Shapiro）教授，她就是這樣做的。在她的作家生涯早期，累積了一堆雜誌編輯寫來的拒絕信。不過，以蘇珊的個性，她不會把這些信丟在抽屜裡，或者用這些紙張來清理貓的嘔吐物。她把信全都貼在牆上，然後開了一個派對。

那是第一個婉拒信派對，我人就在現場，時間是一九八〇年代晚期。現在，蘇珊經常為她的寫作學生舉辦這種派對，派對門票就是帶一封婉拒信，被拒絕一篇文章或一本書都可以。她要學生把信貼在她家牆上，就貼在她的信旁邊。她對學生解釋：「編輯寫來的婉拒信是很棒的徵兆，因為這表示你存在，你在嘗試。」這就是一個你要經過的「過渡儀式」。她補充說：「有些出版社後來付費買我的文稿，它們之前寫來的拒絕信，我就特別喜歡。」

在蘇珊的書《只和你的文字一樣好：我最愛的文學導師教我的寫作課》（*Only as Good as Your Word: Writing Lessons from My Favorite Literary Gurus*）中，她更進一步解釋讓她繼續努力的想法是：「在這個產業裡，『不』從來就不代表『不』。這個字的意思是重寫、重新想書名、重新潤稿、加入更切合當下的導言，然後再寄出去一次，希望收到的對象是原來的編輯隔壁那位比較好的編輯。」

她是對的，不過，並不是只有寫作產業是這樣。人生之中，就是會有事情發生，但是某些事還是操之在你——你如何看待這件事，以及你如何回應這件事。協助你的就是下面這些小傢伙。

自尊有一些表兄弟姐妹

自尊家族不像一棵枝繁葉茂的大樹，就寥寥幾個，比較像灌木叢。其中有些枝幹屬於「自我」類：自我信心、自我接納、自我疼惜（Self-compassion）、自我主見（Self-assertiveness），以及自我尊重。

我們常常認定這些都是我們不太能改變的感覺。但我們錯了。自我信心、自我主見，以及自我尊重，是來自我們所做的事，這表示，只要改變做事的方式，就可以每一項都增加一點。很棒對吧？

雖然自我疼惜和自我接納**確實**是感覺，但這些是我們可以選擇的感覺。例如，你可以選擇接納自己，決定要這樣做，就去做。而且說真的，你需要這麼做，因為如果你不願意先對自己好，就不能期待別人會對你好。

自我信心（俗稱：自信）

前幾章有提過自信，那種「我可以！」的感覺。回憶一下，自信是行動導向的，是根據之前的表現，我們預測自己某件事會做得不錯。

雖然我們多半會認為人具有的自信是全面性的，也就是研究者所稱的「整體」（global）性質，但其實自信是看我們在某個特定領域的能力。演化心理學家李．柯派翠克及布魯斯．艾里斯解釋，我們對自己表現的評估具有「特定領域」性質，這表示我們在人生不同領域的自信程度不同。以遠古的狀況來說，這可能意味著你這個人打倒野牛很有一套（在「工作」領域表現出色），但社交上很遲鈍。因此，基於你的個人歷史，你會是個很有自信的獵人，但是獵艷就相對缺乏信心了。

然而，自信並不只是一種感覺，更是一種自我廣告的形式。人格心理學家托馬．查莫羅—普雷姆茲克（Tomas Chamorro-Premuzic）解釋，我們傾向把人們的自信解讀為勝任能力，我們假設，自信的人背後一定有技術和能力來支撐。他們不一定有那個能力，但可能並不是想要欺騙我們，有時候他們只是很會自我欺騙罷了，也就是「相信你自己」那一套鬼話。

不過，因為自信是表現導向的（performance-driven），你可以藉由練習來增加自信，也就是說，藉由在某件事情上變得更有能力。練習時，你也可以邀請自我接納和自我疼惜一起來，這應該會讓你比較不至於在練習過後，又一直泡在自憐自艾的豪華浴缸裡。

當然啦，要做出重大改變似乎會令人不知所措，因為改變太大就很難開始。不過，我學到一招，就連最重大的改變也感覺做得到，這個辦法就是一點一點做、一步一步做。我自己也是按照上面的建議，用上自我接納和自我疼惜，這樣才不會恨自己為什麼沒有在一碗泡麵泡好的時間內就變成專家。

舉個例子，我怎麼做才沒有搞砸我上電視和廣播的形象。我受邀上電視或廣播的頻率不高，所以每一次上節目就顯得超級重要，重要到如果我沒有好好表現，那就是世界末日！這份壓力讓我非常害怕搞砸，害怕我表現得不夠有趣或好笑，這樣一來，我就真的會搞砸，也不有趣或好笑。

我希望自己能夠練習不要害怕，所以在部落格開講電台（Blog Talk Radio）登記了一個月四十美元的播客節目。附帶說明一下，四十美元是我付給他們，不是他們付給我喔。

每週一次做節目，我有點興奮，所以我把某一次節目的連結寄給在洛杉磯做廣播的專業朋友，新聞播報員麥可・林德（Michael Linder）。現在回想起來，我猜他的第一反應也許可以形容為「默默地被嚇到」，不過他回給我的郵件很有技巧地表示鼓勵，像是「你做這個不錯喔」。接著他約我出去喝個小酒，溫和地告訴我應該要怎麼改善。顯然，我說話的速度比普通人腦袋能理解的要快上一倍，而且「你知道」、「嗯」一分鐘之內就說了二十八次。

我在牆上貼了一張螢光色便利貼：「不可以講『你知道』、『嗯』」，在桌上的花瓶也貼了一張：「要慢！要清楚！」（我男友則在旁邊貼了一張便利貼：「要快！要吞吞吐吐！」）。

一週接一週，我試著每一次都做得更好。有時候不錯，有時候沒做到，但我還是繼續下去。

三年之後，這個從我家生出來的每週播客節目（我穿著內衣和背心在電腦前踱步錄出來的），贏得洛杉磯記者聯誼會獎的最佳紀錄類廣播節目佳作獎，還打敗了靠捐款經營的廣播電台強棒ＫＣＲＷ的節目。現在，廣播和電視上出現的是脫胎換骨的艾美，有時候講話速度還是太快，但是多半不會讓聽眾或觀眾覺得，搜救大隊直升機能不能及時在她的對講機電池耗盡之前把她救出來。

自我接納

最容易理解自我接納的方式，就是把它想成自我不接納的反面。自我不接納，基本上就是把自己看作是背負卡債的一車破銅爛鐵。

自我接納有點像把初始模式設定成「我還可以啦」。接受你本來就有的原料，包括你的感受及行為，好的、壞的、無聊的，還有「天哪，那有夠醜的」。

以這種方式接納自己，不見得代表你喜歡或甚至贊同所有面向的自己，只是代表你了解你有權利存在這個地球上，而且有權利試著為自己勉強湊點快樂感受。

我們很多人在等待自我接納來找我們，就好像等著某一天旅行社業務員會來敲門。這是差勁的策略。你需要自己去找自我接納。至於時程表，最理想的時間就是猶太哲學家希勒爾（Hillel）長老說的：「如果不是現在，更待何時？」

該從何著手呢，不妨考慮一下防曬乳的用詞「廣泛的光譜」。這就是你該看待自己的方式，把你自己放在人性的脈絡之下。人類都是有缺點的，我們都會犯愚蠢的錯。但是，我們每一個人有缺陷也有好的部分，這是成套的。

拿我當例子吧。我有注意力不足過動症，我男友的說法是：「我有分到妳一部分的注意力嗎？」

注意力不足過動症，這名字取得有夠白癡，因為我們這種人的注意力不是不足，只是沒辦法控制注意力跑去哪裡而已。以我來說，我的注意力在同一時間內會跑到不同地方[20]。這種「注意力跑去很多地方」的症狀之所以會造成問題，在於如果你同時注意十六件事，那麼每一件事分到的注意力都不夠。換句話說，如果我要出門去某個地方，我應該先檢查冰箱找我的鑰匙。

20. 作者注：患有注意力不足過動症，就像是被一群烏鴉攻擊時還試著思考。

沒錯，這很傷腦筋。不過，我並沒有把注意力不足過動症當作病症，而是視為一種特色。因為我很確定，如果我的腦袋不是這樣天馬行空，思緒跳來跳去像一隻恐慌症發作的地毯蛀蟲，我不會像現在這樣有創造力又有趣。

因為有注意力不足過動症，我的精力充沛，就像五歲小孩吃了糖而興奮過度一樣。要是我想做事，這樣很好，但通常需要控制一下。例如，如果你和我說話的速度比機關槍還慢，總是慢慢深思熟慮，我的腦袋就沒辦法處理這種速度，我就像網路瀏覽器的自動完成功能那樣，你才說幾個字，我就已經預測句子的結尾了，但你還在絮絮叨叨有夠討厭的講個沒完。

我當然不能打斷你，然後直接告訴你我的想法，雖然我很想這樣做。但是，這些精力得要有個出口，所以我就會把精力導向下方，開始進行我那超經典的習性，摳指甲。

我非常討厭我的手的模樣。不過，因為我要接納自己，長了這麼一顆有點酷的腦袋，這種好處總會有些代價的，所以我可以不帶怨氣地說：「我可以找出其他方式來降低焦慮，但是我實在懶得花力氣去做。」

當然，如果我這雙手比較像一雙健全成年女性的手，而不是一雙焦慮青少年的手，在某些時候的確是比較適當。碰到這種場合時，幸好有一種黑緞全長手套，那會讓我看起來很棒，而不是手指頭好像被狗咬過的女人。

自我疼惜

自我疼惜基本上是止癢乳液，用在發紅又會癢的自我上，是一種自我舒緩的仁慈與理解，用來當作解毒劑，可以治療自我憎厭、自憐自艾，以及其他各種心理傷口形式。

自我疼惜對於檢視你的缺點和截至目前為止的人生，很有幫助，特別是那些你想要塞到石頭底下的部分。艾美．崔絲納在對付毒癮與復發時，很大一部分是靠自我疼惜。她說：「有一陣子，我真的覺得自己是個爛人，軟弱殘破的人。但是後來我明白，我不是爛人。我做過很爛的事，但我必須原諒自己，往前走。」她的方法是採用這種觀點：「假設過去我可以做得更好，我就會那樣做了。但當時我已經盡力了。」

要了解自我疼惜，首先要先了解疼惜（compassion，編按：亦譯同情）。我在《好人偶爾飆髒話的禮節指南》（*Good Manners for Nice People Who Sometimes Say F*ck*）這本書裡，給疼惜下的定義是「附帶行動方案的同理心」。當你注意到「媽的，這個人真的在受苦」，這就是一種想讓事情變得更好、想去做些什麼事來減輕他們痛苦的渴望。這種渴望來自一種信念，相信人是有尊嚴的，作為一個人是有價值的，人的感受應該要受到關心。

運用自我疼惜的方法很簡單，就是在你失敗、搞砸時，或是注意到不喜歡自己哪裡的時候，只要把疼惜這條水管拿起來，對準自己就好。

研究自我疼惜的心理學家克莉絲汀・聶夫（Kristin Neff），把自我疼惜分解成三個部分：

1. 仁慈對待自己
2. 認清你有「共通人性」
3. 當你想著自己的負面時要留心。

聶夫把在她的「量表」中舉出這些例子，測量自我疼惜：

自我仁慈：「我不喜歡自己個性的某些地方，對這些面向我試著去理解並保持耐心。」

共通人性：「我試著把自己的失敗看成是人類狀態的一部分。」就如同自我接納，意思是讓你自己休息一下，做個「脆弱而且不完美的凡人之身」（這是聶夫的用詞），你對其他人可能也是這樣。

正念：「某些令我痛苦的事發生時，我試著以平衡的觀點來看待這個情況。」這表示要從負面想法和情緒中退開一點點，為這些想法、情緒命名，然後觀察它們；而不是去評判自己為什麼會有這些想法和情緒，也不要把它們丟開。

聶夫表示，許多人很不願意疼惜自己，因為他們誤以為自我疼惜是盲目的自我耽溺。但是她說：「自我疼惜並不是一種正面評價。」自我疼惜的意思也不是忽略、接納，或是為壞行為找藉口。就像「沒錯，我掐死我老闆，是因為影印機壞了呀，而且那是我戒咖啡因的第二天」。

聶夫解釋，自我疼惜是用仁慈和關懷來看待我們自己，無論我們是在實現理想的時候，還是正在忍受煎熬的時候。我們要把對別人的仁慈延伸到自己身上，這會帶來許多益處，包括感覺更快樂、更樂觀、比較不沮喪、比較不害怕失敗。而且，自我疼惜當然會勝過其他選項——自我憎恨以及自我鄙視。這些感受並不會幫助我們早上從床上跳起來大叫「及時行樂啊！」，這我很有經驗，你也可能有過這種經驗。

自我主見

自我主見是自尊的「更有種一點！」表親。

有主見，意思就是捍衛自己及自己重視的事物。你可能不會自然而然就有主見，但你也不必把它當作行為的準則。對於發生在你身上的事，你就說服自己稍微生氣一下，可能會有幫助。

我學到主見這件事，是在車子被偷時。那是我的第一輛車，超級可愛的嫩粉色老爺車，一九六〇年的 Rambler。我買這輛車是因為「粉紅色耶！」，當時我剛從紐約搬到洛杉磯，還不太知道人們擁有車是為了出門方便，不是為了在等拖吊車的時候看起來好看。

我的老爺車機械問題層出不窮，因此在洛杉磯附近的維修人員眼裡就是個大肥羊。我在這輛車上砸錢砸了好幾年，還蠢到心想沒有人會笨到去偷一輛粉紅色的車，所以要是有誰膽敢偷走這輛車，我真的會氣炸。但是，事情就這樣發生了。有一天我走出家門，本來停車的地方只見到一些油漬。

尊嚴掃地，我暴跳如雷，整整一個月都在扮演神探南茜，想找出那個偷車混蛋。某天晚上，有個汽車零件供貨商提供了一條線索，於是我打電話給警察，心想這會像電視上演的那樣，警察會抓到偷車賊，把他關起來，然後把車還給我。結果不是。接案的警官回答：「現在警探都不在，你可以明天再打電話來嗎？」

我手裡有這個偷車賊的電話號碼，但沒有住址，我也不知道還可以怎麼做，於是就打了那個號碼。我大吼大叫跟他說，我對他瞭若指掌，我提了他高中女友的名字，以及一些聯邦調查局探員的名字，然後又吼了一陣，向他保證聯邦調查局的人一定會把他抓到監獄裡關一輩子，然後要求他當天傍晚就要把車還我。結果，驚人的是，他真的把車還我了。

這次為自己爭取到正義的小小經驗，讓我感覺很有力量。我贏了，但我了解到，即使最後沒有拿回車子，重要的是我沒有放棄，而是面對它、處理它，這讓我覺得非常棒。同樣，你也許不會贏得每一次挑戰，但是不要讓自己有受害者的感受，辦法就是行為不要像受害者（但要想想，不管你怎麼做，下場會不會是被人草草埋了你的裸屍）。

自我尊重

自我尊重並不是什麼神祕的感受，也無法從巫師那裡變出來給你。自我尊重，來自擦亮你的鞋子，門廊的戶外傢俱刷洗乾淨，家裡四散的髒碗盤都收一收、洗一洗，不要留給考古學家來挖。

換句話說，自我尊重是個行動，也就是你的行為要尊重自己，重視自己的價值。從這些行動中，才會產生自我尊重的感受。

明白了自我尊重是一個行動，實在令人振奮，因為這表示，你可以掌控你感覺到的自我尊重程度。如果你想成為自我尊重的人，只要行為像那樣的人，你就能影響自己的感受，感受又會影響行為，行為又會影響感受……這樣懂了吧。

沒錯，又是「雙向性」——行為和情緒之間的交互影響。另一個雙向性例子來自「衣著認知」（enclothed cognition）這個研究，這個詞是由組織行為學者哈喬·亞當（Hajo Adam）及社會心理學家亞當·賈林斯基（Adam Galinsky）取名的，描述服裝對我們的情緒、感知和行為造成的影響。

拿一件簡單的白外套為例。穿白外套的可能是醫生，可能是藝術家（例如畫家）。我們認為醫生應該要精確而且有科學頭腦，但是，我們對藝術家的看法就不一樣了，會認為他們狂放、有創造力、心靈自由。

亞當和賈林斯基的某個實驗中，給受試者做一份注意力測驗，受試時要穿上醫生白袍或是平常的外出服。穿白袍的受試者犯的錯，只有沒穿的一半。接下來再做注意力測驗，有些受試者被告知這件白袍是醫生穿的，而另一些受試者被告知這件白外套是畫家作畫時穿的。結果發現，那些被告知自己穿的是醫師白袍的受試者，對細節的注意遠遠超過另一組。

這個實驗再度顯示，我們的行為，有力量影響我們感受和認知到自己是什麼樣的人。這就再度強調一個重點：不要把自我尊重當作是感覺，而要當作你所做的事。

這聽起來好像要求過高。的確，行為舉止表現出自我尊重，牽涉到更強悍的作為，例如拒絕職場霸凌者占你的便宜。不過，每天從小事做起，做一些小小的自我尊重行為，就像是撒種子在土壤裡，慢慢就能挺身在職場上對抗超級大混蛋。至於如何融入日常生活中，你可以想一想，某個你尊重的人來拜訪你時，你會如何對待這個人。我猜你會拿出品質很好的浴巾。嗯，好吧。那就開始這樣對待你自己。然後你會瞥一眼，「噢，這些浴巾真好！誰是我們的貴賓呢？噢，對啦，就是我！」

11

你不該受感覺指使

感覺放一邊，行動最重要

為了保持寫作的「純粹」，有些人只在感覺有靈感時才動筆寫，我們說這種人「衣食無憂」。

至於我們其他這些人，每天都在面對空白頁的恐懼。只要一靠近，它就開始嘲笑：「你好爛。你根本不有趣。你根本沒有東西好寫。但是，喂，開始寫點東西吧。」

說真的，這種恐懼可以變成動機。對我來說，通常會讓我有一股衝動去清理冰箱。清冰箱這種事，我經常是等到哪天打開冰箱門時，某碗放了很久的剩菜開始對我咆哮才會去做。

很不幸，我並沒有繼承來的大筆財富，實用的工作技能也沒有，連使用工具幹活的能力也付之闕如，只會拿著工具傻笑。所以，我真的、真的非常需要寫出東西。幸好，我找到一個很棒的方式讓我自己寫作，那就是拒絕讓感覺來主導我的行為。

我的辦法是，寫作時配合一個計時器。寫五十二分鐘，休息十七分鐘。所以，我沒有藉口說「哇，我不覺得有辦法把這些拼起來」，一切只靠時鐘這個無情的東西。我調好時鐘，不管寫出來的字句有多麼令我震驚，我都讓時鐘繼續走，直到「叮！」表示時間到了。

澄清一下，放在我電腦螢幕左上角的數位計時器，一點都沒有改變我的感受，它只是對我的感受說：閃一邊去。

這樣很棒，讓我能夠靠寫作維生，而不是在高速公路交流道出口舉著厚紙板討零錢過活。但這樣也有缺點，主要是在家務方面。我的冰箱常常變成廉價旅館，住著各種生長中的生命形式，家裡只要稍微有點平的地方都堆了書和研究報告，這間位於加州威尼斯的小屋，最符合的描述就是「可以走進去的易燃物，配備了一張床和烤箱」。

在這種情況下，有時連狗都不容易找，但是書稿交出去之後有個簡單的解決方法：計時大掃除！沒錯，時鐘這個滴答滴答的獨裁者，幫助我快速通過討厭的家務藝術，我才能敞開家門，迎接不是持搜索令的訪客。

對抗畏縮

我的意思是，你可以有感覺，比方說，感到一股衝動想躲開令人害怕、讓你軟腳的挑戰，但是這不表示你必須回答「是的，老爺！」。

當然，我在前幾章解釋過，感覺是「引發動機的工具」，但它不見得能夠在當下把你帶到正確的方向。比方說，你必須和某個人談話，這個人可能是帥哥美女，或是對你的事業非常有幫助的人。但是，糟糕！你的感覺來襲，忽然唱著一如往常的曲調：「快！快找個大塊頭躲在後面！」

你的感覺試圖以你的最佳利益為考量，保護你不受到排拒。不幸的是，那是你在演化上的最佳利益。沒錯，又來了，我們的演化心理以及環境沒有配合好，真討厭。

在遠古環境中，「明白自己的位置」並且待在那個位置上，是很重要的事，要是對石器時代的四分衛或啦啦隊長表現得不夠服從，你可能會孤零零餓死在荒郊野外。但是在現代，因為恐懼而來的社會服從，已經沒有意義了。最多只是被羞辱；「尷尬死了」只是象徵性的說法而已，驗屍官的表格上不會寫這種東西的。

讓你不敢去追尋你想要的事物，這種恐懼有一個共犯——你的「自動」行為，也就是你的習慣。因為「一起激發的神經元就會一起連結」，形成行為慣性，逃避而不是行動已經變成你的一部分。你已經變成先傾向於逃避。

在人生早期，這種糟糕的逃避習慣可能對你有用，也許讓你不會被遊戲場的小霸王踢屁股（以前的小孩受到嚴密監視，就像監視那些曾企圖用牙線勒死自己的囚犯）。但是，在你身上要你趕快找掩護的預設程式，現在對你沒有任何好處。事實上，反而有壞處，這種習性導致你不會堅定果敢行動，盡情活出你可以得到的人生。

解決方法是照我的做法：對你的感覺說話，打敗它，然後著手進行該做的事。這不表示你不會害怕、恐懼，甚至嚇到尿褲子，或者感覺不舒服。

有個例子。我有一個朋友也是作家，我們在一個書展的休息室裡聊天，她看到一個很有名的經紀人走進來，身邊圍了一小群陪同人員。她非常興奮，隨後卻消沉起來。她說她不敢直接去和陌生人講話，不像我。

她會這樣想是因為我們在同一間咖啡館寫作，她看到我的舉動，呃，應該說是我變成的樣子，我總是會和陌生人講話，所以她以為我很輕鬆自然就能做到。哈。我和她說，恰恰相反。通常我開口和人聊天時，至少會有一點點害怕，但是，那不是個逃避的好理由。

跳出框架思考

現在你拿到作業了：克服你的感覺，做出自信的行為，即使你並沒有感到自信。

但是，如果要克服的感覺只有一點點，不是很好嗎？畢竟，事情小一點就比較容易處理。這就是鋼絲運動胸罩的原理，它能擠出巨大的胸部，大到每一顆都值得有個聯合國代表了。剛好，針對你的害怕及其他排山倒海的醜陋情緒，這也是你可以運用的原理。

有個非常有幫助的技巧，叫做「認知重估」（cognitive reappraisal），可以把若隱若現的糟糕情緒，縮小到比較能夠處理的大小。這單純只牽涉到改變對某個情況的解讀，以改變對你的情緒造成的影響。

假設你像我的作家朋友那樣，必須對某個重要的陌生人介紹自己。你一想到這件事，立刻感到一陣害怕把你劈成兩半。現在你只能冒著煙、裂成碎片的躺在地板上，直到那個陌生人走掉。另一個辦法是，你可以再重新思考一下。

重新思考可能是像這樣：不，這不是個可怕的經驗，這是個機會。事實上，你可以把這個機會看成是很多個機會。其中之一是表現你的勇氣，另外也是打開機會的機會。為什麼我會經常找不認識的人攀談，我認為是：「為了表現友善。另外，有時候會有神奇的事出現。」

心理學家詹姆斯・J・葛洛斯（James J. Gross）做過許多認知重估研究，他發現，當你處在情緒的早期階段，也就是情緒剛開始要沸騰時，這時候進行重估最容易成功。這樣做能協助你不讓認知資源被綁架，你就不會像根鹽柱僵在原地無法動彈了。

認知重估的確需要花一些心智功夫，所以你會很想乾脆把感受都丟到抽屜裡，和中式餐館外賣菜單混在一起，這樣你就不會聽到這些感受發出討厭的噓聲，說你是個大爛人。不過，第六章提過已故心理學家丹尼爾・魏格納的研究，其實，刻意遺忘、忽略或是把某些思緒鏟掉，尤其是導致焦慮的思緒，這些情緒壓抑的做法，只會讓情緒再漂回來，就像紐約東河上的腫脹浮屍一樣。

魏格納最著名的研究是他曾經要求受試者「不要想到白熊」，可憐的受試者在實驗一開始就失敗了。試圖不要做某件事，是個認知能量控制措施；壓抑想法，更是違反生產力。你的心智會不時檢查進度，也就是不斷確認你是否沒有想到白熊，結果當然就會想到這隻該死的熊，根本就把你的腦袋變成巡迴表演的白熊馬戲團。

有個技巧可以幫助你不被傷腦筋的白熊及其他不受歡迎的想法騷擾。心理學家詹斯・佛斯特（Jens Forster）及妮拉・利伯曼（Nira Liberman）發現，只要承認不去想那個念頭很難，就不會一直想到那個念頭。

這個辦法聽起來或許簡單到不像是真的，但其實很有道理。不需要一直監看你的想法之後，心智上那張黏黏的標籤，提醒你不時要回去檢查一下有沒有做到的標籤，就被除掉了。當然，有時候你可能還是會回去看看那些討厭的想法，但是，比起告訴自己絕對要避免這樣做，那真是改善太多了。

詛咒變魔咒

下面列出一些我認為最有幫助的認知重估技巧。不過你也可以把這些當作指導原則，並想出自己的做法，當你面臨某些社交挑戰，覺得自己像個嚇呆的小孩站在高空跳水台上的時候，就可以派上用場了。

為你的焦慮改名

本書第四章解釋過，要明白到底自己是處在什麼樣的情緒非常困難。不過，當表現焦慮大到像掐住你的脖子時，也許可以利用這一點變成你的優勢。

哈佛商學院的艾麗森・伍德・布魯克斯指出，焦慮是以「心跳加速為信號」，但是興奮也是如此。她的研究指出，表演之前的焦慮若能重估為興奮，確實能讓你從感到焦慮變成感到興奮，就會比較不緊張，而且還會因為這樣而表現得更好。

我上電台錄製短短一段錄音時，就會把焦慮重估為興奮。時間很短的錄音非常困難，因為只有幾分鐘而已，我壓力很大，因為要以非常精簡的方式表現得聰明又有趣。當然，僅僅告訴自己冷靜下來，不失為一個好辦法，但通常在上節目前，我的腎上腺素飆高的能量，足以提供給美國太空總署（NASA）作為下次發射火箭的替代燃料。

只要加入艾瑞莎[21]

對我來說，還有什麼比上電台言簡意賅地表現得聰明、有趣更可怕的事？我想只有在街上被手持乾草叉的憤怒暴徒追殺，或是被邀請上電視節目談科學了。

上電視和上電台一樣，必須表現得一臉聰明，而且還要說理清楚。但是，電

21. 靈魂樂天后艾瑞莎・富蘭克林（Aretha Franklin，一九四二—二〇一八）為非裔美國女歌手，走紅於一九六〇年代，為當時女權運動與黑人民權運動的代表性歌手。

視是被人觀看的，這表示我必須降伏我那扭來扭去的手，要盡量表現出心智正常的模樣，而且坐的時候要調整到某個角度，看起來才不會像電視影集《靈馬艾德》（*Mr. Ed*）裡的那隻馬。（這就是長臉猶太人的危險，我有什麼辦法？）上節目的時候，這些壓力加在一起，讓人無法做到冷靜又自信。

所以，我對自己說，我非常興奮去上節目，非常興奮要說些什麼話，除此之外，我還使用肢體及譬喻，來增加重估的威力。我用的是「快樂是向上的」這個譬喻。至於肢體，我要自己做出我們覺得非常「快樂向上」的動作，也就是大大的微笑以及跳舞。在舞蹈中，我使用手臂伸展的動作，也就是「寶貝，場子是你的！」這種意味的動作，因為根據姿勢方面的研究顯示，這些大動作會增加自信的感覺（請見第十五章）。我也會挑選一些由大塊頭的黑人女性主唱，或者是大塊頭的黑人女性同時也是男性的露波（RuPaul）[22]的歌曲，這些歌總是能讓我感到興奮、開心，甚至可以說得到力量。

為了在工作場所低調進行這種單人舞蹈派對，請帶著手機和耳機到廁所隔間

22. 露波（RuPaul），又譯魯保羅，美國非裔藝人，被認為是事業最成功的變裝皇后，二〇一七年被《時代》雜誌評選為年度百大人物。

裡，而且盡量不要跳舞跳到把手機掉進馬桶。

別認為這是針對你個人，即使真的是針對你個人

「說一個更好的故事」這個技巧，也可以用來重新詮釋其他人對你的行為。不管他們做什麼，你只要為他們編出一個小小的故事，故事裡不要帶有太多糟蹋自我的理由。

例如，某人還沒有回覆你的電子郵件。你要告訴自己，他們可能只是工作量太大所以太累，不是對你感到厭煩。把他們想像成災難片的畫面，他們正英勇對抗強烈來襲的紙張、飛舞的資料夾以及迴紋針冰雹。

當然，你很清楚，「工作太多／太累」這種解釋只是編出來的，你無法確定這是真正的理由。幸好，那並不重要。以能量來說，我們的大腦就像郊區大房子那樣，維護起來很「昂貴」。所以，心理學家丹尼爾・康納曼（Daniel Kahneman）解釋，只要可以的話，大腦喜歡使用自動駕駛功能抄捷徑，不想找麻煩去思考每一件事。換句話說，我們的懶惰大腦非常喜歡故事，只要給它一個

說得通的故事，謝謝，大腦就會聽進去，懶得確認事實。

最有幫助的是，你給自己說個故事解釋某人的行為，你接下來的反應就不會是過早下定論而怒火四射：「你連蹲馬桶的時候都抽不出他媽的珍貴兩分鐘回信給我嗎？」

這很重要，因為如果你接到回信的話，你真的會覺得自己像個混蛋。我有一位記者朋友喬瑟夫・曼恩（Joseph Menn）後來回信給一位鍥而不捨到惹人厭的公關人員：「抱歉沒有回覆你的提案，因為我那時候在昏迷中。」

小贏就好

站出去，當然就可能被射倒。但要真的是這樣，可以把損失或失敗看成是「小贏」，這種觀點還會讓你更有動力。

沒錯，從你的損失中，真的可以找出小小的勝利，那就是這麼多年來都把自己設定成服社會勞役的你，現在頑強地抵抗自己的心理系統，為自己站起來尋求改變。這真的非常不容易。

當你嘗試要讓自己做出重大改變時，「小贏」這個觀念其實是很重要的動機。這個概念來自一篇社會科學經典論文，作者是組織心理學家卡爾・維克（Karl Weick），他在探討什麼事物能引起人的動機，在社會議題上採取行動。

如果是某個大問題，例如全球飢餓！我們會覺得負荷不了，覺得不可能改變什麼，於是就什麼也不做。維克解釋說，克服這種效應的辦法是「改變問題的規模」，把問題拆解成可以處理的好幾塊，然後著手進行某些小部分。例如，如果我們拿一個三明治給流浪漢，藉此來處理全球飢餓問題，我們立刻就會造成改變，並在眼前的小小世界就看得到，我們會覺得很棒。我們覺得做到了某件事，感覺很好，這會讓我們有動機去做更多事。

邏輯委員會召開會議

你也應該謹記在心，我們的恐懼經常過於誇大，而且超級不理性。正因如此，認知行為治療的共同創立人、已故心理學家艾爾博特・艾利斯（Albert Ellis），倡導運用理性來重新評估我們的恐懼，以幫助我們看到這些恐懼其實有多麼荒謬。

艾利斯受到斯多噶派哲學家愛比克泰德（Epictetus）的影響，愛比克泰德說，擾亂我們的不是事件，而是我們採取的觀點。換句話說，發生了什麼事，或是可能發生什麼事，都不是讓我們難過的原因；我們對這些事物的解讀才是原因。

假設你在對一些同事做簡報，說錯了一句話。

超級不理性的荒謬解讀是：

「我是個沒有價值的爛咖，是意外被雇用的一團大便，我還能在這裡工作，只是因為我根本無足輕重到人家都忘記要開除我了。」

理性的反應是這樣的：

「我是人，人都會犯錯。我也看過同事講錯一個字。他們只是笑一下就過去了，繼續討論本來的話題。他們並沒有被拖出去，沿途還被同事嘲笑。」

艾利斯解釋，我們想把事情做好，或者說寧願能把事情做好，這沒有問題。問題在於我們把事情「往壞處想」，喜歡小題大作把事情概括而論，例如對自己說，某件事失敗會很「可怕！」或很「糟糕！」。

比方說，這種心理上的自言自語就很沒有幫助：「如果我過去邀那個女孩，被她拒絕的話，那會很可怕。」嗯，當然那對你的自我來說不會是生日派對，但是，真的「可怕」嗎？

換氣過度時，要給自己一點喘息時間，並且自問：

「如果她說不，或甚至完全不理我，最糟的狀況會怎樣？天亮之後會被射擊隊射殺嗎？會有巫師出現把我變成一顆毛球嗎？還是，幾分鐘內我會覺得自己很爛，之後就繼續過完這一天？」

如果你的答案是最後一項「有幾分鐘覺得很糟」，請提醒你自己，當你迷上一個女人（或者任何你在做的事），最壞的可能結果不會是「可怕」，只不過是有點討厭而已，而且只是短暫的。

使用你的語言

我們通常會把感覺當作抽象的心理狀態，但這樣看有點太抬舉、太有尊嚴了，而尊嚴就是力量。所以，不如這樣做，想著你的感覺，把你的感覺當作壞小孩，對他們說：「真的嗎？害怕是吧？又要大發脾氣嗎？好，隨便你。即使把蘋果泥倒在地板上，你還是不准玩樂高。」

痛罵這些小情緒會很有趣，此外，我在第四章談過，為你的感覺貼上標籤，可能有助於降低害怕與緊張的情緒。

使用語言時，你的心智會用到大腦裡比較高層次的理性運作部分，也就是前額葉皮質。大腦裡這個前端辦公室的活動量增加時，警報中心裡的杏仁核活動量就會減少，你可能就比較不會焦慮。

要讓杏仁核冷靜下來，有幾個使用語言的方法。

寫下你的想法

當你面臨一項挑戰，就在你要開始做之前，寫下你心裡擔心的事，這樣可能會幫助你擺脫負面思考的倉鼠滾輪。

心理學家祥恩．貝洛克，選擇了一項許多人都充滿恐懼的事來做實驗，那就是數學考試。她和研究夥伴發現，比起那些光是坐著凝視虛空希望奇蹟出現的學生，在數學測驗開始前花十分鐘寫下擔心的學生，比較不會焦慮，而且表現較優，高出十五%。

貝洛克解釋，寫作的心智狀態也許可以安撫令人心煩意亂的情緒——降低焦慮，就不會再過度占用到所謂的「工作記憶」（working memory）。工作記憶就像心智的白板，是處理資訊的臨時工作區，你需要時常用到它，才能在當下進行活動。

研究記憶的尼爾森．寇文（Nelson Cowan）解釋，當你正在進行某件任務時，你需要工作記憶來記得另外的事。例如，當你在解一道多步驟的數學題目時，工作記憶讓你可以記得某些部分的結果；或者在烤蛋糕時，工作記憶讓你能夠記得哪些材料已經放了。與人談話時，當你正在說明為什麼應該雇用你時，工作記憶讓你記得把前提放進來。所以，如果工作記憶暫時被恐懼淹沒，就不太理想了。

歷史的摩擦

貝洛克把寫作視為進入某種令人生畏的活動前的情緒準備，不過，你也可以寫下過去發生的痛苦經驗。

這叫做「表達性書寫」（expressive writing），這種寫作似乎也可以協助你不要被壓力及焦慮吞噬。

一九八六年，心理學家詹姆斯・潘尼貝克（James Pennebaker）首度研究表達性書寫，他讓學生連續四天，每天都動筆寫作十五分鐘，寫下某個創傷經驗對情緒的衝擊，例如某個深愛的人過世，童年創傷，或是性虐待。

創傷會導致壓力，尤其是長期的壓力，繼而衍生出各種醫療問題。寫下經驗及情緒的受試者，在研究過後一個月內，到大學健康中心看診的次數下降了五十%。

潘尼貝克解釋，表達性書寫的好處，似乎在於對過去發生的事重新詮釋並且賦予意義。事實上，潘尼貝克發現，寫作創傷事件時，愈是使用我所謂的「解釋性」字眼（例如「因為」、「原因」、「造成」），以及洞察性字眼（例如「理解」、「了解」、「明白」），在健康方面就愈有改善。

有趣的是，寫作使用的媒介似乎也有影響，這可能和身體與情緒之間的交互關聯有關。進行表達性書寫時，用筆和紙而不是用電腦，似乎是最有幫助的方式。這可能是因為紙筆寫作能夠把身體融合為心智的一部分，而不受任何電子產品的介入。

重新詮釋的重要之處，似乎在於找出意義。找出意義，我們說歸說，但是通常沒有停下來思考到底它是什麼意義。沒錯，意義（meaning）是「意旨」（significance）。但是，要了解意義，我認為很重要的一點是意義是未來取向的。你從過去發生的事找出某種意義的方法，就是把它變成一個行動計畫，也就是，未來你將如何以不同的方式看待或處理事情。

舉例來說，如果你的伴侶關係很糟糕，你不要哀嘆「以後不要再交男朋友了！」而是要承認，你和這個差勁的男人交往時，並沒有睜開眼睛好好看清楚。接著你會得到結論：「他說他『只是交際一下偶爾吸吸古柯鹼』，嗯……也許我根本不應該和這種人交往，他有一大串的犯罪紀錄啊。」

我主張意義是未來取向的，但是潘尼貝克挑我毛病。他對我解釋：「理論上，意義應該是未來取向的，但實際上，」通常不是這樣。「舉例來說，某人可能會認為，健康問題源自於某件早期的人生經驗，於是把這兩件事聯想在一起。這項發現可能沒有直接牽涉到未來，不過，光是解開謎團就會有幫助了。」

我了解他的意思，也同意他說的。但是，他說不需要未來取向就能建構意義所舉的例子，我認為某種程度上仍然是未來取向的，讓我們可以繼續往前走，不用一直把重點放在「為什麼」或「為什麼是我」，這種反覆思考可能有害無益。所以，仔細思索人生時，尋找未來取向的意義最終還是有幫助的。至少，想一想未來怎麼做，會讓我們感到安慰，並且能夠繼續走下去。

說出經驗

不是每個人都喜歡為了紓壓而寫作。我有個作家朋友就說：「寫東西沒人付錢？那我還寧願幫流浪漢吹簫，完事之後舔他的腳趾頭。」

如果你也這樣想，或者你不是很會寫，沒關係。只要按下手機的錄音鍵就行了。研究快樂的研究者之一索妮亞・柳波莫斯基（Sonja Lyubomirsky）做過實驗，她發現花十五分鐘把你的感覺錄音下來，和寫下來的效果差不多。

柳波莫斯基及共同研究者指出，這也許是因為把想法寫下來和口頭錄下來，都牽涉到一種「外部來源」，也就是紙筆或是電子器材，這種舉動比較會運用到組織、整合以及分析問題，如果只是思考，就缺乏這些。而且，創作一段敘事寫在紙上或是錄下來，這些舉動所需要的思考，通常會導致我們尋求意義，並深入理解這段歷程。

給懶人的表達性書寫

每天花十五分鐘在紙上傾吐心事，連續四天，這是一段不算短的時間。但好消息是，社會心理學家查德・博頓（Chad Burton）及人格心理學家蘿拉・金恩（Laura King）發現，只要連續兩天、每天花兩分鐘進行表達性書寫，就能減輕你的情緒負擔。他們的受試者寫完之後一個月，表現出來的心理壓力症狀就比較少了。

等等。兩分鐘？這一點點時間只夠寫下「從前從前」和「結束」啊。所以，不令人意外的是，潘尼貝克和共同研究者推測，只寫兩分鐘會讓這些受試者留下「未完成事項」。但這並不是批評。當你的大腦沒有直接集中注意力在某個問題上，你的大腦「預設模式」就會接管。基本上這是背景處理，打個比方，就像你讓電腦跑一個程式的時候，你出門去吃晚餐。工作做完了，但是你不必花一個小時坐在那裡詛咒比爾・蓋茲（Bill Gates）。

至於要花多少時間，要用什麼方法，潘尼貝克對我說：「我認為，每個人要當自己的科學家，找出最適合自己的書寫方式。並沒有所謂正確的方法。」他說有時候「寫個兩分鐘也會有用」，有時候會需要「好幾次」。他也解釋說，我們不必太拘泥於寫作媒材，就看紙筆或電腦哪樣最適合你，「甚至用手指頭比劃也可以」。當然啦，用手指頭在空中寫字有個加碼的好處——在大眾運輸上，別人會讓給你比較大的位置。

帶有觀點的反芻

表達你的感受時，要注意一件事。想一想某一群吃午餐的女士們，這群女士剛好是乳牛。

乳牛被稱為「反芻動物」（ruminants），這個字的拉丁文意思是「再嚼一次」。你的鄰居乳牛咬掉一些草，吞下去，讓這些草在第一個胃裡度個假（這個胃是發酵中心）；然後，噁心的來了！牠把一些比較大坨的草吐回嘴裡再嚼一次。

這大概就是為什麼乳牛在雞尾酒派對很不受歡迎。

對感覺管理來說，這也是一種不好的模式。

已故的心理學家蘇珊・諾蘭—霍克賽瑪（Susan Nolen-Hoeksema）研究人類的心智反芻活動，也就是所謂的「反芻思考」（rumination）。這是一種過度思考，無法自拔地不斷想著你的感受、問題或是缺點。也許聽起來並沒有那麼糟。問題是，與表達性書寫這種有助益的行為比起來，這種行為到最後是沒有意義的。

想想，表達性書寫不只是表達而已，還涉及「我們來徹底研究這個問題，從裡面找出一些意義，好讓我們繼續往前走」。關鍵重點是往前走，無論是你的感覺還是人生。另一方面，反芻思考則是重複著沒有希望的路徑：「我們來爬進角落裡，痛哭流涕一番吧。接著去上個廁所，再爬回來繼續痛哭流涕。」

反芻思考通常會使負面情緒更糟，變得更有壓力也更悲觀，甚至會導致憂鬱，這就不令人意外了。如果還不夠慘，諾蘭—霍克賽瑪發現，反覆思考也會使你失去「社會支持」，這也不難理解，因為，如果你不斷害怕或是一直重複問題，誰會想和你在一起？

哈囉，達賴喇嘛

情緒是折磨人的小壞蛋，尤其是害怕、生氣以及焦慮這些情緒。他們不知道是從哪裡冒出來的，直直掐著你的脖子，把你拖進陰溝裡。

重點是，你不必跟著這些情緒走。你可以說不。提醒自己，你並不是你的這些感覺，而是你的感覺找上了你，這樣也許會有幫助。情緒就好像是對你的環境起反應的膝蓋反射動作一樣。

在理智上，你當然能了解這一點，但更有幫助的是，你可以用不同角度看待它，站在遠一點的距離來看它。就好像站在街道另一邊看著你自己的人生，而不是陷入自己的流沙裡。

這本書前面介紹過持咒靜心，也就是重複默念一個字，例如「一」，時不時就做個幾分鐘，也許能幫助你不會有太生氣或太焦慮的反應。因為這種靜心活動不需要你停止日常活動或是躺下來，我想人們會更容易接受這種做法，我自己就是這樣。

第七章提過，我在深呼吸進入夢鄉時，無論是晚上還是白天寫作空檔瞇一會兒，我會默念「一」三十或四十秒。還記得嗎，深呼吸會讓副交感神經系統協助我們平靜下來。我猜，每當有個機會讓我跳上瘋狂列車時，這個睡前默念的活動會幫助我轉變為「噢，謝謝，但我想我還是走路好了」。

持咒靜心有個親戚，叫做「正念靜心」（mindfulness meditation），諷刺的說法是「麥當正念」（McMindfulness），因為它就像麥當勞那樣流行。正念靜心只需要安靜坐著或是躺著，用你的心靈來掃描你的身體，以不帶任何評判的方式，觀察你的思緒以及身體的感受。就像坐在車子裡，看著景色流過窗外。

這種靜心的最終目標和持咒靜心不一樣。持咒靜心的目的是要協助你跳脫自己，轉移無法自拔而且有害無益的注意力，這樣至少有一陣子，你可以漂浮在你自己的世外桃源。

正念靜心則需要你投入與覺察，更留意當下，並習慣去感受你的身體感官及感覺。經常做正念靜心的人，似乎比較能夠抵擋情緒和身體的不適感，可以說是一種低階的神力，因為對於某些可能會嚇跑人的事情，它會讓人更有耐受力。

正念靜心一天需要做幾分鐘？在一篇《時代》雜誌專訪中，分子生物學家喬納森・卡巴金（Jonathan Kabat-Zinn）對科學記者瑪亞・薩拉維茲（Maia Szalavitz）說：「要做得夠久，久到你覺得無聊難耐，而且學習到如何在不愉快時創造空間。」研究正念並在麻州大學醫學院（UMass med school）成立「正念紓壓」計畫（Mindfulness-Based Stress Reduction program）的卡巴金建議，剛開始每天至少要做十五分鐘靜心。

現在，這種靜心活動有很多說法，而且有很多品質不好的鬆散研究。不過，有兩位醫師背景的研究者馬達夫・高亞醫師（Madhav Goyal, M.D.）以及桑諾・辛拿醫師（Sonal Singh, M.D.），他們針對品質較好的研究做了一番分析，發現有適量證據顯示，靜心可以「小幅改善」焦慮、憂鬱及痛苦。他們也發現，在壓力及悲痛方面有小幅度的改善，不過這方面的證據比較少。

雖然如此，他們的結論仍然是「靜心計畫可以降低負面的心理壓力」。事實上，他們發現靜心似乎可以減輕焦慮和憂鬱，等同於「使用抗憂鬱劑的期望效果」，但是「不帶有相關毒性」（也沒有殺死性高潮的副作用）。

這種形式的靜心活動，我認為值得去做的主要原因是，它可以幫忙訓練你像個旅客一樣去探索強烈的負面感受，好好觀察眼前所發生的事，而不是衝動地反應。這樣一來，你就得到很重要的東西——時間，你可以從容決定要怎麼做。當你有情緒時，後退一步，你會做出比較酷的回應。最好是能讓你觀察到，你正在經驗某種不愉快，而且你明白自己可以容忍，並且等待這種不愉快過去。

你可以這樣想。在你成功節食的第一天快結束時，你從前門窺視孔裡看到有人在兜售邪惡的美味女童軍餅乾[23]，有焦糖／椰子／巧克力口味。你大可不必拿一把BB槍出來應門：「立刻離開我的土地！」你根本就不必出來。她們會按門鈴按個幾次，如果你不應門，她們就會轉而去養胖你的鄰居了。

萬一你是沒有辦法靜心的人

第七章已經說過了，不過這裡我再說一次，以防萬一你是在朋友家的躺椅上拿起這本書，隨意翻到這一頁。（嗨！歡迎光臨！別忘了先洗手喔！）

好，也許你認為自己沒有辦法靜心。嗯，其實你錯了。我也一直以為我做不到，因為我的心思就像大太陽底下的野貓一樣亂跑。問題是，心思到處亂跑不表示你不能靜心，或是沒有把靜心做對。心思本來就會到處跑，而且有個方法可以對付它。

心思到處跑，你不要去評斷它，只要留意：「噢，我的心思跑掉了，飄到那

23. 是美國女童軍協會為了募款而販售的包裝餅乾，通常是由女童軍在自家門前或社區商店前擺攤販售，也會挨家挨戶推銷。

個痣上，我想那一定是癌症。」接著你就再一次聚焦，也就是把你的心思帶回來，例如帶到手指尖或耳朵，直到心思又跑掉了——它一定會的。

不多加評斷，抓回你的散漫心思，這個練習最棒的地方在於這是一種自我接納。你留意到你的心思，而不是為此嚴厲批評自己。這樣能夠協助你建立習慣，正視自己的感受，而不是因為你有這些感受而恐慌，那只會讓你的感覺主導一切。

做就對了，然後再多做一點

你應該也知道，即使你決心要改變，即使你決心不要讓感覺作主，你可能還是不會每天早上醒來就心想：「嗯，今天是星期二，又是很棒的一天，我又要把頭伸進獅子的嘴巴裡了！」

你可以考慮每天給自己一個作業，在社交上冒險一次，這是社交上的大躍進。以過去從來沒有的方式展現你自己就行了，例如制止插隊的混蛋，或是和陌生人聊天。

至少每天做一件，這很重要。因為根據心理學家菲莉帕・拉莉（Phillippa Lally）等人的研究顯示，重複會建立習慣，一直到新的行為變成自動化為止。直到有一天，自我主見成為你的預設行為，這就是我所謂的「自動化自信」（Roboconfidence）。現在我擁有這種自信，這表示我的行為是為我自己撐腰。這真的他媽的非常棒，想想看，我以前的人生在面對衝突時，我只希望有個外星人的縮小光束可以照到我，那我就可以立刻縮小，小到可以躲在最近一張咖啡桌的桌腳後面。

當然，並不是每個場合都適合站出來對抗。但是，如果你正在看這本書，而不是拿來墊沙發腳，那麼很可能你的智商分數已經超過高速公路的速限。所以，我相信，女士們應該夠聰明，不會對著某個彪形大漢當頭潑飲料來行使你的主見；男士們應該很清楚，沒有必要說這種話來激怒這個混帳：「我把你媽媽壓倒在我的後車廂時，她可不是這麼說的喲。」

12

不要做自己！

丟掉真正的你；做理想的你

不要做自己？

沒錯，我是認真的。

我們一直都接收這種比較蠢的建議：「做自己！」萬一真正的你，原廠設定的你，是搶劫賣酒店家、是揮棒打死小海豹、是喜歡星期三獻祭活動的人呢？

在心理學文獻中，真實性（authenticity）的定義五花八門，但基本上這個字的意思是你的外在自我（你的行為），符合你的內在自我（你的思想、感受、欲望及價值）。

研究真實性的社會心理學家麥克・柯尼斯（Michael Kernis）及布萊恩・M・高德曼（Brian M. Goldman），把內在自我稱為「真實自我」（true self）或「核心自我」（core self），並且定義真實性是日常行為中的「不受阻行動」

（unimpeded operation）。

這個定義會引起一些問題，我們稍後會談到原因。

不過，先來談談柯尼斯和高德曼的研究中，對我們有幫助的部分。

「真實」的意思是什麼，柯尼斯和高德曼把它分解成四個獨立的部分，但互有關聯。

這四個部分是：行為、自我覺察（self-awareness）、「不帶偏見地處理」（unbiased processing）以及「關係取向」。

我之前已經解釋了行為部分。

這個模型還有其他三個部分，每一個部分在實踐上都很重要。

其中有一項是自我覺察，也就是關注到我們整個人，從情緒、動機、喜好、厭惡事項，到你對純素起司食物及情趣用品的偏好。這表示，我們與形成自己的所有事物建立連結，並不斷試著更深入了解這些事物，而不是只關注讓自己看起來很棒的部分而已。

另一項是不帶偏見地處理，也就是客觀評估關於自己的資訊。這表示我們願意審視自己，即使看到的是暗黑或醜陋的部分，如此一來，我們才會得到自己是誰的務實寫照。做這部分的處理工作時，戴上眼部防護具會有幫助——也就是自我接納及自我疼惜。

最後一個部分是關係取向，也就是「和別人在一起時，你是什麼樣的人？」這一點。這表示你對親近的人開放而真誠，如此才能讓朋友及伴侶知道，真正的你是什麼樣的人以及你真正的想法。

不過，有一點要事先提醒：如果你想維持朋友或伴侶關係，你必須留意誠實和殘酷的誠實之間是有分別的。有時候，把赤裸裸的事實呈現給你在乎的人之前，需要上一點蠟、除一下毛。

總之，如果你要的人生是有氣魄的人生，柯尼斯和高德曼研究出來的這些實踐方法，就是很重要的基礎。這些做法具有個人及社交上的種種益處，例如更順利的人際關係，增加自主性、個人成長以及人生目標。而且，你真的必須理解你是什麼樣的人以及你從哪裡來，才能明白你想成為什麼樣的人，以及你需要往哪個方向去。

不過，我要再提一次，柯尼斯和高德曼的想法有個問題，那就是「核心自我」或「真實自我」這件事。

我的一切

柯尼斯和高德曼認為，要把「核心自我」或「真實自我」當作行為準則。這個主張就如莎士比亞的名句「忠於自己」（To thine own self be true）。是呀，這句話聽起來很美，高貴又有詩意。問題是，莎士比亞並不是神經科學家。

現代神經科學研究顯示，其實並沒有所謂的核心「自我」，也就是單一而穩定，包含一致的標準、偏好及做法的「這就是我！」並不存在。實際的情況是，各式各樣的大腦部門及運算處理在互相爭奪主導權。

我們很難了解或很難相信，其實並沒有所謂的單一自我。事實上，大部分的人可能會堅持說他們的偏好很穩定，所做的選擇都是按照邏輯和理性。

當然，我們每個人都有一些算是穩定的人格特質，例如外向或是勤勉認真，而且有些我們喜歡或厭惡的事物也不太可能改變。假設你在星期五那天很怕褐色隱居蜘蛛，那麼到了星期六早晨，你應該不會上網找哪裡有褐色隱居蜘蛛的收容所，好讓你去領養一隻。

雖然有這些固定特質，但是許多神經科學及行為科學研究都顯示，我們每個人的不一致性層出不窮，大腦的各部門及迴路互相競爭。我們通常不明白，為什麼我們在某個情況下會這樣做，在另一個情況下會那樣做，但要是有人問我們為什麼這樣，我們還是會給出一個固定而清晰肯定的理由。

我們會這麼做是因為人類尋求一致性的動力很強大，社會心理學家利昂・費斯廷格（Leon Festinger）在研究「認知失調」（cognitive dissonance）時，發現了這一點。費斯廷格用「認知失調」這個詞，描述當我們出現兩種不一致的信念或態度時，會有非常不舒服的感覺。另一個認知失調的例子是，吸菸者有兩種互相競爭的「認知」：「吸菸會導致慘死」，以及「我真的很喜歡抽菸」。

當我們經驗到這種衝突，我們會產生動力去降低衝突造成的不適感，辦法就是盡快消除我們思想中不一致的地方。回到吸菸者的例子。繼續抽菸是不對的，但是承認這一點，是對自我的打擊，因此他們可能會安慰自己說：「這個嘛，俄羅斯那些牙齒都掉光的老傢伙，活到一百一十六歲還在抽菸，而且還能追山羊呢。」

像這樣給自己找正當理由，反映出社會心理學家艾略特・亞隆森（Elliot Aronson）後來在認知失調方面的研究發現——我們傾向以服務自我（ego-serving）或是保護自我（ego-preserving）的方式，來消除思維的不一致。打個比方，我們不會說：「你好！我抽菸，我是個大白癡！」

「單一自我」這個觀念似乎是一種心靈安慰幻覺，我們用這把心理拐杖，好讓自己覺得能夠掌握我們是誰，並掌握自己的思想及行為。然而在一九七〇年代，神經生物學家羅傑・沃考特・斯佩里（Roger Wolcott Sperry）與他當時的研究生麥可・葛詹尼加一起做研究，他們發現人類大腦不同部位可以各自獨立運作。他們針對「裂腦」（split-brain）病患做研究，也就是大腦左半球和右半球被手術切開以阻絕癲癇發作的癲癇患者。

大腦切半，聽起來感覺就像「歡迎，科學怪人！」。然而，外科醫生不是提著樹鋸進入大腦裡大砍一番，一路砍到腦幹去。他們只是在大腦頂端找到像電話線一樣連結兩個大腦半球的線路，然後小心地剪斷。這樣做是為了阻斷稱為胼胝體的那束神經纖維的連接，以中止在大腦兩個半球之間傳遞訊息，以及導致癲癇發作的放電。

現在我要談的是，我們的眼睛和大腦半球連在一起，左眼傳送到右腦，右眼傳送到左腦。（記不住哪個眼睛連到哪裡也沒關係。）左右腦連接的時候，兩眼傳遞進來的訊息基本上是傳送到同一個地方，也就是，呃，心智處理的大燉鍋。

但是，如果你擋住裂腦癲癇患者一隻眼睛，像海盜的眼罩那樣，這隻眼睛看不到另外一隻眼睛看到的東西，那麼，結果會是一場大亂。可以比擬成這個情況：某份雜誌的一個版本寄到你家，另一個版本寄到你鄰居家，你被要求解釋鄰居那個版本的雜誌在說什麼，只好胡言亂語一番。

這種情況就是裂腦患者的經驗，大腦的某個半球完全搞不清楚另一個半球得到的訊息，因為左腦和右腦的專長不同。

左腦：語言處理主要位在左腦（除了左撇子之外）。負責語言的大腦左半球，也是葛詹尼加所謂的「解讀者」（The Interpreter），任務是對傳進大腦的資訊賦予意義，做法是編故事，也就是對我們的行為提出一致的解釋，以及說得通的正當理由。

透過這些故事，我們自認為明智理性而且裡外一致，而不是隨意行動的白痴。而且，「解讀者」也在我們心智看不見的地方，創造出葛詹尼加所謂的「自我合一感」，但是斯佩里和葛詹尼加的研究發現，一個合一的自我其實並不存在。

右腦：我們大部分人的右腦是「圖像思考的一邊」，以研究者的說法是「視覺空間」（visuospatial）處理專家，負責的是臉部辨識之類的工作。

所以，簡而言之：

左腦，文字：文學系，產生文字解釋的地方。

右腦，圖像：藝術系，安裝臉部辨識軟體及其他視覺處理的地方。

沒有動過裂腦手術的人（即我們大部分的人），大腦這兩個半球就像一個一起工作的團隊，用電話線（即胼胝體）連接兩邊傳遞訊息，因此，一邊知道什麼，另一邊很快就知道了。

但是，裂腦病患不像我們，他們的電話線被切斷了，某個半球的訊息無法傳遞到另一個半球。斯佩里和葛詹尼加利用這一點，他們投放影像給這些受試者看，但是只有左半球或右半球能接收到這些影像。

接下來發生的事很有趣。

研究者放出一個影像，例如湯匙，給受試者的語言左腦接收，結果受試者可以說出這個影像的名稱。但是，如果影像是放給非語言的右腦接收，受試者可以指出正確的物體湯匙，可是因為沒有連接到左腦，他們無法說出這個物體的名稱。斯佩里說，這表示每個大腦半球「本身就是一個有意識的系統」。

後來，葛詹尼加成為教授，有了自己的實驗室，他繼續做裂腦研究，合作者是喬瑟夫・勒杜（那時是他的研究生）。他們有一個實驗，閃示一張雞爪圖卡給受試者的左腦。給右腦的圖片不同，是一張雪中小木屋，而左腦看不到這張圖片。

接著，研究者要這位受試者做「聯結測試」，他們擺出另一組圖片，要求受試者指出哪些圖片與剛剛他看到的圖片有關聯。新的這組圖片包括了除草機、掃把、十字鎬、烤麵包機、雞，以及鏟子。葛詹尼加表示：「明顯的正確聯結是雞和雞爪，鏟子和雪景。」

個別大腦半球的測試結果都很不錯。語言左腦把雞爪和雞的圖片放在一起。視覺空間右腦則是把雪景和鏟子放在一起。

都對了！

但是，等等。接著研究者要求受試者解釋，為何挑出雞和鏟子的圖片。這位受試者，或者應該說是接收到雞爪閃示圖片的受試者的左腦，回答：「噢，很簡單呀。雞爪和雞是配在一起的。」

但是，至於鏟子呢……

左腦完全不知道為什麼右腦會選出鏟子，因為左腦根本沒有

照片以及雞所穿的毛衣，出自阿曼達・保羅（Amanda Paul），JeanieGreenHens store，Etsy 網路商店平台。

看到雪景圖片。左腦知道的只有當時看到的圖片，也就是雞，雞爪，以及鏟子。但令人驚訝的是，左腦竟然立刻就想出選鏟子的理由：因為雞舍裡都是雞屎，所以需要鏟子來清理！

擔任解讀者的左腦負責合理化解釋，這反映人類強烈需要感覺一致、連貫，而且合乎理性。看來，即使必須編出這種雞屎故事，我們還是會這樣做。

你的七個小矮人

某個程度來說，單一自我是個讓人覺得舒服的童話故事，故事主題是你是誰。如果你真的只是某一個角色，甚至扮演一個閃閃發光的角色（例如白雪公主，額外福利是可以在睡夢中和王子纏綿），那很好。然而我們看到的是，現實中的你在不停轉換角色，而且搞得亂七八糟。

神經科學研究發現了不一致的「你」，而演化心理學則以此為基礎。演化社會心理學家弗拉達斯・格里斯克維西斯（Vladas Griskevicius）及共同研究者發現，在我們認為的自我（The Self）之中，似乎有許多個不同自我，以互相競爭的演化目標為動力，拉著我們往不同方向去。

格里斯克維西斯以及同為演化心理學家的道格拉斯・肯瑞克（Douglas Kenrick）把這群迷你的我命名為「次自我」（subselves）。剛好有七個，就和小矮人一樣。這七個次自我，回應七種不斷出現的演化挑戰：一、避開身體傷害；二、避免疾病；三、結交朋友；四、獲得地位；五、吸引伴侶；六、維持伴侶；七、照顧家庭。

其中一個次自我是「自我保護次自我」，對應上述第一個挑戰「避免身體傷害」。它有點像是保護我們的巡夜警衛，讓我們不會被可怕恐怖的東西刺殺、射死、打死或吃掉。這個次自我是由「提示可能有身體威脅而引發恐懼的信號」所啟動。

至於次自我如何幫助我們避免受傷，格里斯克維西斯解釋：「演化和成功的自我保護有關，核心策略是增加數量以策安全。」我們可以從動物面臨掠食者威脅時，會聚在一起形成一大群看出來。人類覺得有危險時，在心理上和生理上也會聚在一起。格里斯克維西斯舉的例子是，在網路聊天室的人如果覺得害怕，就「更可能順從聊天室其他人的意見」。

對應前述第五個挑戰的另一個次自我是「獲得配偶的次自我」，研究者描述它是「由真實或想像中的潛在交配伴侶來啟動」。交配吸引力的成功策略是從群體中站出來。但是，如果剛好有個陰險殺手出現，你就不會想去做這個動作。

研究者設計了一個實驗來探索，活化某個特定的次自我，是否可能會影響接下來我們所做的選擇。首先他們讓受試者看兩部電影的一個節選片段。有些受試者看的是《鬼店》（*The Shining*），傑克・尼克遜（Jack Nicholson）在片中飾演發狂的混蛋，提著斧頭追殺人。另外的受試者看的是《愛在黎明破曉時》（*Before Sunrise*），伊森・霍克（Ethan Hawke）及茱莉・蝶兒（Julie Delpy）飾演一對在歐洲火車上相遇的俊男美女，並在維也納一日遊時，陷入熱戀。

接下來，他們給受試者看不同的廣告傳單。有些傳單強調的重點是某家餐廳或博物館超級熱門，光顧這個地方是跟上潮流的機會。另一份廣告強調的是獨特性，光顧那個地方會使人從群眾中脫穎而出。

影片與傳單這個研究是延續先前的研究主題：面對危險信號與交配觸發點，人們會如何反應。結果，那些看過斧頭殺人魔的受試者，選擇的廣告是普通、受歡迎的產品及地點；看過愛情故事的受試者，則選擇強調獨特性的廣告。

顯然，就像演化心理學家羅伯特・柯茲邦（Robert Kurzban）說的，我們並不是那麼單一的「我」，因為我們是不斷在改變的「我們」，是一個動機、系統以及資訊處理的集合體，由演化來驅動。當我們需要演化做為動力時，它就會出現來幫助我們生存、交配以及傳遞基因。

歡迎來到價值市場！

實際上並沒有什麼「核心的你」來讓你表現得「真實」，這真是一個好消息。這表示，你可以選擇你想要變成什麼樣子，然後只要做出那種人的行為，即使很難，或是覺得有點害怕。

我已經解釋過，只要持續做某些行為，你就會愈來愈安於這種行為，直到變成你的預設行為。沒錯，又是「一起激發就一起連結」的大腦細胞。沒錯，就是這麼簡單：選擇你做的事，並且持續做下去，就會創造出你是什麼樣的人。

但是，你不能天馬行空地決定你要成為什麼人，你必須事先計畫好。否則，面對衝突的時候，你看到的就是一個指向最容易的出口的大箭頭。

在某個特定情境下，讓你知道該怎麼反應的交通指揮，就是你的價值觀。

價值觀是你最在乎的原則，是你行為的指導標準。

要選擇你的價值觀，請忘掉你在行為習慣中得到的，而是想一想理想中的你。

你想成為什麼樣的人？而且，是什麼價值基礎指引那個人的行為？

讓你看看我的首要價值，對你也許會有幫助：

勇氣

智慧

仁慈／讓世界更好

自主／自由／言論自由

學習／成長
公平／正直／個人責任
誠實（但也要是明智的誠實）
不屈不撓
感激
幽默
把握人生（也就是第一章提過的，我的「撞車原則」）

把你自己重視的價值列出來，只要對你有用，你也可以「偷學」我的任何一條或是全部價值。你也可以用谷歌搜尋「價值列表」（lists of values），就會出現許多範例。

但是，在一般情況下，或是為了我們其他價值的應用，我的確認為有兩個最重要的價值是所有人都需要的。這兩個就是勇氣與智慧。勇氣，讓你去做到你覺得應該做的事，而智慧會讓你明白應該做的究竟是什麼事。

舉例來說，在銀行辦事時責罵某個混蛋，這種行為充滿勇氣，也是應該做的事。但是，有時候，智慧必須告訴勇氣閉嘴，因為那個傢伙剛好戴著頭套，手裡還抓著一把AK－四七衝鋒槍。

真實面對自己打造的你

一聽到某人對你低聲說出不同意見時，你會像一把草坪用的折疊椅那樣縮起來。類似這種你或許已經做了一輩子的事，一旦不那樣做，剛開始你可能會覺得怪怪又怕怕的。

為了避免這樣，把你的害怕縮小到可以處理的大小會很有幫助。第十一章有一些「認知重估」的技巧，那些都是有用的工具。但是為你的新價值觀挺身而出，最有幫助的建議，也許是來自已故的認知治療奠定者艾爾博特・艾利斯，他鼓勵你去思考：真實面對你的信念，最嚴重的可能結果是什麼。

你只要想一想，那些你所認識的獨立自主的人，一向說出由衷的話或做出正確的事（而且從來不擔心別人允不允許），看看他們發生過什麼事。

最糟的狀況是他們可能會惹毛一些人。他們可能度過很難捱的一週，或是好幾週。但是，這些狀況不是非常糟糕或超級可怕！他們並沒有被暖氣管裡伸出來的巨爪抓走，也不會失去朋友或流離失所，或被投放到孤島上成為《紐約客》漫畫裡的眾人笑柄。

當然，旁人不贊同，可能會讓你覺得不安，特別是你還是新人的時候。但是當你要對抗的是比室內植物還強大的傢伙，那麼和拋棄你的信仰系統比起來，暫時的不舒服其實只是小小的代價。

雖然我們會因為害怕而拋棄信念，但我們似乎把這種自我背棄（對我們自己或別人的背棄）視為道德上的失敗。哈佛商學院的法蘭西絲卡・吉諾以及共同研究者發現，自我背棄引起「道德玷汙」（哇！）感，非常類似伴隨不誠實而生的感覺。

吉諾團隊的研究受試者被要求回想背棄自己價值的某段時間，這些受試者最後都感覺到像馬克白夫人那樣急欲清洗血跡（而且要使用清潔產品，例如妙管家、穩潔等等），而且也渴望投入道德漂白行為，也就是行善，例如捐助慈善機構。

做壞事之後想要洗白，聽起來很熟悉，其他研究也有類似發現，包括前面幾章提過的體現認知研究者史派克・李及諾伯・舒瓦茲。

吉諾和共同研究者寫道：「基於這個研究，我們認為，經驗了非真實性（inauthenticity）的行為，會導致比較低的道德自我關注以及不純潔的感受，並引發清潔身體與從事善行的欲望，以對違反真實自我作出補償。」

「真實自我」？

你可能會心想：「喂，奧康小姐，妳剛才不是花了幾乎一整章告訴我們沒有這回事嗎？」

而且更糟的是，那些話裡還有「非真實性」這個詞。

其實，我們要寬鬆一點看待他們的用語。吉諾和共同研究者使用「非真實性」以及「真實自我」，只是因為這些是被接受的社會科學專有名詞。但是，他們的研究發現，也就是有關違反個人標準的負面影響，則是沒有問題的。

看來，柯尼斯和高德曼以及其他研究「真實性」的學者，錯就錯在他們所研究及測量的事物。他們以為那是「真實性」，也就是行為符合某種「核心自我」的想法（而你已經知道核心自我其實並不存在）。

但是，社會心理學家馬克・利瑞在交談中對我表示：「就演化上來看，以我們的福祉來說，我不認為有什麼理由可以說明為什麼真實性能夠造成影響。」他表示，其他人對你的要求是「一致、能夠預測，而且說到做到」。

我認為利瑞是對的。我們想要成為研究者描述的「真實性」，其實與我們演化而來的必須特質有關，也就是一致、可靠，而且可以預測。

換句話說，真正重要的是，以其他人的眼光來看是真實的（authentic）你，因為對他們來說，重要的是，到底能不能相信你。如果想一想自尊是什麼，這個說法就很合理。自尊是我們感受到其他人看重或看輕我們，因此對自己產生好或壞的感覺。這種感覺，反過來會促發我們的反應——如果我們受歡迎，那麼就盡可能去維持地位；如果我們不受歡迎，那麼就低調一點，才不會被社交貴族討厭到跑來糟蹋我們。

同樣的道理，真實性似乎是心理的看門狗，保護我們在社交上不被糟蹋。它不只是一種感覺，而且是一種動機，讓我們有動力去做出一致且可靠的行為，並且遵守一致且可靠的社會標準，例如忠於自己說的話。

我們如何感受真實性，社會標準在當中也扮演重要角色。利瑞和他的研究生卡崔娜・容曼—瑟瑞諾（Katrina Jongman-Sereno）支持這個觀點，他們發現，如果人們的行為符合「社會想要」的樣子，那麼他們會認為自己比較「真實」。當然，我們在檯面下做的事，就和檯面上的良好行為一樣，也是很有「我們」的樣子。但是利瑞和容曼—瑟瑞諾推測，相信自己做的好事能夠反映出真正的「我們」，並在心理上撇開自己那些比較差的特點和行為，對我們在社交上有好處。

當然，我們不太「知道」的事，在社交上就比較不會傷害我們。這本書前幾章講過，如果我們由衷相信一件事，在傳達給別人的時候就更能取信於人。演化生物學家羅伯特・崔佛斯（Robert Trivers）解釋，「正向錯覺」（positive illusion）可以幫助我們避免「不經意的資訊洩露」，例如試圖掩蓋某些事而緊張得坐立不安。

這些研究發現告訴我們，調整過的眼光可以協助你接受這一點：真正的你，就是你選擇要成為的你。這應該就能鼓舞你，行為要符合你設定的新價值，而不是回到舊有的習慣和恐懼。

勇敢的紅色蜜獾

蜜獾是相當頑強的小混蛋，你可以在YouTube找到一支影片，由「藍道」（Randall）配上誇張的講話聲音。

蛇說：「離我遠一點！」蜜獾鑾不在乎。「離我遠一點！」蜜獾痛宰牠一頓。

蜜獾，攝影：理察．托勒。

那是一隻眼鏡王蛇，有令人麻痺的毒液及血盆大口。非常可怕，除非你是隻蜜獾。藍道旁白：

蜜獾吃眼鏡蛇時，噁，超噁心的，毒液注入蜜獾的身體，牠昏過去了。看看這隻睡著的野獸。但蜜獾昏過去只有幾分鐘而已，接著牠會起來再開始吃，因為牠是一隻飢餓的小混蛋。看看牠，好像什麼事都沒發生過，馬上起身繼續吃那隻眼鏡蛇！

我用蜜獾當例子是因為，老實說，突然變成新種超級英雄的你，面對過去好幾年都在逃避的挑戰，這可不是鬧著玩的。

所以，可能有幫助的是請出一個代表物，也就是視覺上的速記法，例如一張照片或一個東西，可以提醒你，要堅持你所選擇的價值。你可以把這樣東西融入某些趕走焦慮的儀式，即使只是把你選的照片放在手機裡也可以，每次要開會或開口邀約帥哥美女時，打開來看一下，給自己打個勇氣強心針。

這張由理察・托勒（Richard Toller）拍攝的蜜獾照片，或是由 YouTube 影片下載的截圖，可能會是有用的代表物，因為這隻小畜生實在是又壞又好笑。不過，對某些人來說，選擇人類作為頑強的模範會比較適合。

你可以從電影裡擷取畫面，或是從你儲存在心裡的目錄中，挑一個你十分欣賞其勇氣的人。不過，如果你選不出來，我倒有一個建議——一座樸素的百年小農舍，位在西雅圖的巴拉德社區。

這棟小農舍的所有人是一位嬌小的老太太，伊迪絲・梅斯菲爾德（Edith Macefield）。有一家公司希望買下她的房子然後拆掉，這樣他們就可以蓋一棟五層樓的購物中心。梅斯菲爾德說不行。不，不，不。他們最後要給她一百萬美元，比這棟小房子的價值高了許多。梅斯菲爾德還是說不。最後，那家公司沒有別的辦法，只好沿著她的房子蓋購物中心。我真喜歡這一點。

購物中心工地的工頭巴瑞・馬丁（Barry Martin），後來和梅斯菲爾德變成朋友（就在她要求他載她去弄頭髮之後）。梅斯菲爾德有一次在聊天時透露，她並不是反對開發。她甚至覺得西雅圖有些人想保存復古的丹尼斯餐廳，真的是很荒謬。

伊迪絲解釋，她媽媽就在這棟小房子裡的沙發上過世，所以她也只想在這間小房子度過餘生，然後死在這裡，就在這個房子裡，就在那張沙發上，「什麼設備都不要用」。所以，她堅持自己的立場，即使有各方的壓力，有從公司來的壓力，以及同儕的壓力，因為所有鄰居都把房子賣了。還有，從窗戶看出去的周遭景物都改變了，那也是一種壓力。

如果住在一棟小小舊農舍的一位嬌小老太太，在面臨許多壓力之下，還能堅持說不，當然你也可以。所

伊迪絲．梅斯菲爾德的房子。攝影：吉奧夫．羅夫塔斯（Geoff Loftus）。

以，下次你點一個漢堡，吩咐了「肉要非常生」，結果送來的卻是燒成焦炭，你別悶悶不樂，委屈自己把它吞下去。把你的特殊代表物從口袋拿出來，或是看一眼手機上的照片，例如抵擋了鋼鐵和商業的伊迪絲的小房子。然後，你不要像門口鞋墊那樣默默承受，你要做出一個盡情活著的人會做的舉動：揮手叫你的服務生過來，提醒他，你本來點的餐是什麼，然後平靜且禮貌地要餐點按照你的要求來做。

頭幾次，你做這一類事情的時候，可能會覺得很可怕，好像走在磨損的繩索橋上，底下是三千英尺深的峽谷。但最後，你應該會明白我發現的道理：你不需要在各方面都圓融處事才叫做長大，也不需要加入海軍特種部隊才會變得有種。其實，我相信伊迪絲·梅斯菲爾德在她的老太太手提包裡，就放了一對有種的小玩意兒，是用薰衣草紫色毛線鉤出來的。

13

應該叫它「沒有力」

意志力的可悲現實

最好的意圖常常一點屁用也沒有。

舉例來說，如果有誰很懂大啖含糖碳水化合物的危害，那就是我的朋友麥克・伊德斯（Mike Eades）。

伊德斯的正式名號是麥克・伊德斯醫師。他和妻子瑪麗丹・伊德斯醫師兩人是飲食醫療的先鋒，我在第七章提過他們對於養成新習慣的建議。一九八〇年代，他們開始建議病人吃低醣飲食，當時的一般觀念是，如果吃進一丁點菲力牛排，可能會立刻心臟病發作。

但是伊德斯醫師夫婦始終明白，問題出在碳水化合物，這包括糖、麵粉、含澱粉量高的蔬菜，例如馬鈴薯，甚至是蘋果汁。碳水化合物促使胰島素分泌，進而造成脂肪堆積，並且導致一大堆健康問題。

當然，作為飲食治療醫生，有時候就要扮演行為大師，伊德斯醫師夫婦在他們合著的低醣飲食《紐約時報》暢銷書《高蛋白質飲食完全手冊》（*Protein Power*）中，針對抑制吃的衝動，分享了這個妙方：

> 「可惜，甜食吃了一個之後，通常會想吃第二個，而且不健康的吃糖嗜好會延續終身。好消息是，如果不理會這種誘惑，渴望會很快消失。試試看，等個十分鐘，然後重新考慮一下。」

很聰明吧？了解到這種不舒服的感覺會過去，就等這種感覺過去，這種方法對我有效。曾經有毒癮、酒癮、性成癮的艾美・崔絲納，也用這個方法來保持神智清醒及行為不脫軌。

有一天，麥克在他的部落格上抱怨，瑪麗丹向一個募款的孩子買了一盒巧克力：「為什麼她不乾脆給那個孩子五美元，然後說『糖果你留著』，我真不明白。」

瑪麗丹把那盒巧克力放在抽屜裡，麥克很少用那個抽屜，那盒巧克力就待在那裡好幾個月。

瑪麗丹很會做菜，有一晚的晚餐她做了肋排。麥克寫道，用完晚餐之後，他覺得「吃飽了而且滿足」，但是「不曉得為什麼，我知道那些糖果就在那裡」，這個念頭開始盤據在他腦中。

還好他可以採用自己的建議，等待這股渴望過去。但是麥克承認：「我打開了盒子，盡快吞下五、六片巧克力。」

滿口廢話的小引擎

我們經常很軟弱，不管是面對欺負人的同事，或是向你招手的巧克力。意志力是會被擊垮的，麥克．伊德斯就是絕佳的例子。雖然我們可以竊笑連專家也做不到自己的建議，但這不是我提出這個例子的原因。軟弱的懶人經常被欲望拉出軌，但是伊德斯大概是反例。

伊德斯不僅用功讀完醫學院，通過執業資格檢定，成為令人敬重的醫生以及暢銷書作家，他還和瑪麗丹創辦了一些成功的公司，有些甚至在國際上也取得成就。

開展這些事業通常是因為麥克對某件事感到好奇，例如他和瑪麗丹在一家飯店住宿時，吃了一份非常棒的豬排。事實上，那份豬排幾乎是令人意想不到地出色。於是他去廚房問廚師怎麼做。答案很簡短：從法國來的一台又大又貴的精緻水中烹調的什麼東東。好了，經過幾年在自家倉庫裡敲敲打打，麥克和瑪麗丹創造出家庭用的烹調神器，超級舒肥機（Sous Vide Supreme）非常暢銷，還鋪貨到全世界的商店，甚至還在某個廚具展上，得到最佳新廚具大獎。

這個麥克·伊德斯投入相當多努力及自制力，成為獲獎的廚具界大亨；而那個麥克·伊德斯卻會一時失去意志力，敗給一盒巧克力。

很鮮明的對比，是吧？

然而，這種自制力會失敗，其實並不令人驚訝，對麥克·伊德斯或我們其他人來說都一樣。我們要想想，意志力有一些不幸的現實面向。

意志力（也就是自制力）是在當下打敗誘惑，並像遇到海難而攀在浮木上的老鼠一樣，緊攀著長期目標的能力。

在抵擋誘惑的戰爭中，你對抗的是兩個陣線：渴望及「迴避」。在其中一個陣線，你明知道有些對你無益的事（或至少不夠理想），但你很想做這些事，所以你要對抗自己的欲望。在另一個陣線，你要像個成年人一樣去面對責任，雖然很害怕，但是你很清楚那是你應該要去做的事，例如在你的屁股大到足以派遣聯合國代表之前，要去健身房運動，你在對抗的是迴避去做這些事的衝動。

當然，誘惑在招手的時候，一般人會叫你應該「把持住！」，他們說這句話的意思是：「拜託，你就做那個正確的事就好了嘛。」意思好像你只是忘記要這樣做而已。

這些人會這樣想是因為有個常見的誤解：意志力可以隨我們呼之即來，供應不竭。我們只要打個電話給內在的粉紅點點（Pink Dot）[24]，叫一份六罐裝的意志力外送，就能阻止自己吃蛋糕，或是從事可能致病的性交。簡單得不得了。

是啊，沒錯。

24. 美國洛杉磯的雜貨外送服務。

這並不是說，我們不應該把持自己或自己的人生，剛好相反。但是如果要說意志力在哪方面可靠，那就是，它經常不可靠。

有個原因是，情緒是我們心理上的先遣部隊，通常跑在理性前面。心理學家丹尼爾・康納曼及阿莫斯・特維斯基（Amos Tversky）表示，我們有兩個大腦系統，一個是快速反應的情緒系統，另一個是稍微慢一點的理性系統。理性系統通常是在我們已經掃光半打甜甜圈，或是把某段人際關係地毯式轟炸殆盡之後，才會進來參一腳。

研究自制力的學者珍娜・麥特卡芙（Janet Metcalfe）和華特・米歇爾（Walter Mischel），兩人都用了類似說法「熱」和「冷」，來描述這種迅速和緩慢的系統。我們火熱的情緒系統會立刻跳出來，觸發我們對食物、性或其他誘人事物的飢渴感受，也觸發恐懼及防衛反應，以保護我們不被生吞活剝。麥特卡芙和米歇爾把這些反應稱為「上！」（Go!）行為，而這些火熱的情緒對於後果所顯示的興趣，就和我對克里夫蘭騎士隊哪個球員被交易到公羊隊的興趣差不多（假設這兩個球隊是打同樣的運動。不，文字編輯先生，不用幫我改掉，我是沾沾自喜根本不在乎，可別讓你破壞了）。

麥特卡芙以及米歇爾解釋，這個火熱情緒系統的對立面，就是冷靜自制的認知系統，這對於「未來取向的決定」以及成功貫徹自制力至關重大。欲望、追尋、渴求這些「上！」行為，是由杏仁核以及它的低層次「理性」夥伴驅動，另一方面，冷靜系統則「主要以前額葉皮質為中心」，這是高層次的理性部門。

你可能會想，「嗯，好吧，那我就把冷靜的理性系統，用在火熱情緒起伏的時候吧。」可惜，情況通常不是這麼簡單。即使你非常有意識地打電話給你的理性系統，請它幫你一把，不要讓你把自己丟進一大包多力多滋裡面，但這個理性系統經常把你的來電接到語音留言信箱。

為什麼會這樣，研究意志力的學者有各種分歧的解釋。有一個長久以來被接受的詮釋，是由社會心理學家羅伊・鮑梅斯特（Roy Baumeister）提出，他表示，意志力有點像一種限量供應貨物——一種會用完的自制力燃料，就和一桶汽油或一罐柳橙汁一樣。

根據鮑梅斯特的解釋，意志力是有限的資源，在某一天之內，你把一罐意志力果汁喝掉愈多，剩下的就愈少。沒錯，這表示每一次你過度發洩「我要！」或「我不要！」的情緒，就愈削弱你去健身課程的決心，或者是不要一直傳訊息給爛前任的決心。

更糟的是，意志力不只是「在你的腦袋裡」，它更是一種心理以及身體上的反應，屬於另一個「體現認知」的例子，也就是「心靈比頭腦更廣大」。因此，餓了或是累了，會讓你更難抵擋誘惑，包括避免做任何決定的誘惑（避免做決定，就讓事情維持原樣，會讓你覺得你已經決定說不）。

飢餓及疲累對意志力的影響有個很棒的例子，這是認知神經科學家沙依・丹齊格（Shai Danziger）及行銷研究者強納森・勒法福（Jonathan Levav）所做的研究。他們研究以色列假釋委員會法官會決定釋放哪些犯人，哪些人被放了之後又會再度入獄。

對法官來說，假釋犯人有風險，因為他們可能會再犯。法官必須在公共安全與人道處置之間求取平衡，這要花費許多認知心力，要評估事實，要根據這些事實來做預測，然後做出公平理性的決定。總之，照理說，應該是要這樣做。

但是，研究者發現，最先在一大早就被帶到法官面前的犯人，得到假釋的機率是六十五％。接近午餐的上午時段，獲得假釋的機率就降到二十％。但是午餐之後，假釋率又回升了，幾乎接近一大早那個時段。到了當天快結束時……好吧，申請假釋的犯人比較可能得繼續待在牢房裡。

換句話說，是否會被假釋，比起那個人犯案的細節，似乎和法官的肚子是否在怒吼，還有漸漸下降的體能狀況有關。

現在我們多半認為，勞累的工作是農場勞動之類，而不是在室內坐在舒服的椅子上從事的工作。但是，花費心力的工作，也就是非常需要認知能量的工作，例如解決問題，以及在各種令人分心的事務當中必須勉力保持專注（哈囉，「開放空間辦公室」這件蠢事！），這種型態的工作非常容易吃掉自制力。可惜的是，「解決問題」指的不只是在歐洲核子研究組織（CERN）試著修好粒子束加速器，還包括使用你的心智能量，在超市從三十四種稍有不同的巴薩米可醋醬汁中選出一種。

殘酷的是，與頑強的情緒纏鬥，似乎更難維持自制力。鮑梅斯特及共同研究者發現，被冷落時會幹掉我們的意志力，剛剛被拒絕的你，因此更容易埋頭猛嚼餅乾（令人難過的是，我在做我的布朗尼療法時，發現這個辦法不會撫平你的悲傷，只會讓你穿的褲子加大一號）。

大腦只想好好玩

鮑梅斯特說得沒錯，我們使用過自制力之後，就不容易再補回來，即使只用過一次「我不會去做」來克制「我想要做」。他和共同研究者透過「連續任務」這個實驗，觀察到這一點。他們給受試者連續兩個考驗意志力的任務。一次又一次，研究者觀察到，意志力用在第一件任務後，克制力只剩下一點點來做第二件任務了。

然而，鮑梅斯特還是犯了錯，很多社會科學研究者都會犯這個錯，那就是沒有檢查他的詮釋是否違反演化問題：「為什麼？」意志力是有限的資源有任何演化的意義嗎？我們的意志力只用一次就沒了，具有什麼生存或交配的策略？如果我們的祖先，只繫著一條腰布的喬伊，在更新世的某個早晨，試著要吸引到某個美女，但她拒絕他，那就這樣了嗎？接下來一整天，喬伊的史前柳橙汁罐裡什麼都沒有了嗎？難道喬伊沒有機會挪動一下屁股，射出長矛，看能不能弄到一頓晚餐嗎？太好了。我說太好了，意思是，「熄燈吧，喬伊的基因，永別了！」

鮑梅斯特認為意志力是有限之物，這更沒有道理。想想看，當我們發現自己面對令人害怕的任務，但卻缺乏動機時，我們可不是躺平了什麼都不做。事實上，只要有人建議某件我們想要做的事，突然之間，我們意志力耗盡的屁股又會動起來找樂子了。

問題在於，做某件不好玩的事所燃燒的卡路里，不會比好玩的事還要多。既然不符合代謝的道理，那麼是什麼心理障礙使我們不能繼續做下一件苦差事？

我們如何決定哪一個行動值得去做，演化心理學家對此提出一個觀點。我們每天的精力是有限的；事實上，我們有個精力預算，有點像個人購買雜貨用品的預算，一瓶法國頂級香檳加上一份菲力牛排是很棒沒錯，但是這個月接下來可能都要吃花生醬塗餅乾裹腹了。

情緒是生活中的交通指揮，告訴我們應該把精力預算分配到哪裡。這些情緒和演化來驅動我們找樂子的情緒是一樣的。但是，別誤會了。情緒一點都不在乎我們是不是開心。

享樂時那種愉快的感覺叫做「獎賞」（reward），這個指標表示我們正在做的事讓我們得到回報。「有回報」表示我們明白某種行動的益處，而沒有浪費精力預算在某些沒有希望的努力上，因為那樣可能會讓我們死掉，無法延續基因。而且，是的，「如果覺得很棒就去做」這種大腦取向，很可能會適得其反，因為大腦也許更喜歡整個下午都在吸大麻，而不是在檔案室裡埋頭苦幹，但是演化會因為這個傾向缺乏先見之明而後悔。

另一個問題是，人類的動機系統不喜歡虧欠感，這表示，我們傾向於現在就能獲得的獎賞。因此當你看到某些減重時不能碰的美食，你會想要立刻當場狼吞虎嚥，不太可能因為想到六個月之後穿上比基尼的模樣，而阻擋了你的行為。

和這種「狂歡吧！」享樂情緒形成強烈對比的，是需要我們成熟穩重、行為節制所伴隨的不快情緒。研究者描述這種情緒是「嫌惡」（aversive）。用白話來說，你忍住不要把嘴巴湊到冰淇淋邊，體內大約盤據了兩噸重的「爛情緒」。這股情緒會傳送一條訊息到你的動機系統，訊息外觀就像一個大大的紅色禁止標誌，至少讓你撐到下一個需要意志力的無趣活動。

把這個過程拆解一下，來看看它是怎麼運作的。當你花費部分精力在某些事情上，你的大腦就會推算：「這對你和我有什麼好處？」也就是：「嘿，如果我花這些力氣來協助你不要吃掉整個派，我們能得到什麼？」如果答案是「什麼都沒有」或是「只有這種很爛的感覺」，難道你真的能怪它冷眼旁觀，看你放棄自己或燒掉節食計畫嗎？

但是，仔細想想，其實並不是因為你用光了那罐所謂的神奇意志力果汁，所以無法控制自己的欲望。你無法控制欲望是因為被「嫌惡」感阻擋，那是一股不斷齧咬你的心理痛楚，因為無趣的活動並沒有給大腦足夠的回報，讓它覺得這好像是一件值得做的事。

這個結論來自於賓州大學的演化心理學家羅伯特．柯茲邦以及共同研究者，他們檢視了許多意志力研究後發現，有些研究中，如果受試者得到「獎賞」，例如一個小禮物，就能夠重設受試者的意志力，也就是擁有更多意志力來面對下一個任務。因此，柯茲邦和共同研究者解釋，受試者沒有意志力繼續做下一件令人不開心的苦差事，「並不是『意志力』覺得累，而是得到獎賞的代價太高了，令人無以為繼。」

諷刺的是，讓柯茲邦的研究團隊做出結論的科學論文之中，有一篇發現小禮物能夠重設意志力，這篇論文有兩位作者，一位是心理學家黛安・泰絲（Dianne Tice），她是鮑梅斯特的妻子，另一位作者就是鮑梅斯特本人。但是，鮑梅斯特自己可能沒有注意或是不願承認，這項研究發現其實並沒有支持他的詮釋——意志力是有限的資源（這件事是確認偏誤〔confirmation bias〕的完美例證，也就是我們偏好的訊息，是再次確認我們已經相信的事，並且忽略那些指出我們犯錯的證據）。

鮑梅斯特的「有限資源」模式，在數學魔人的檢視之下，同樣表現不佳。心理學家麥可・E・麥卡羅（Michael E. McCullough）及伊凡・C・卡特（Evan C. Carter）與共同研究者發現，這些實驗的樣本數量太少了，不足以形成鮑梅斯特等人所宣稱的結論。他們說：「耗損效應是否為真實的現象，我們發現的證據非常少[25]。」

其他研究也支持柯茲邦團隊的說法：意志力是由成本效益分析（cost-benefit analysis）來驅動。仔細想想，維持體重最主要的是自己要飲食適量。心理學家馬丁・瑞曼（Martin Reimann）和共同研究者發現，給受試者一份小禮物，例如一個快樂兒童餐的附贈玩具，就能讓他們拿小份一點的披薩。沒錯，用一個促銷塑膠玩具就能收買你的首席執行長，也就是你的大腦。

更驚人的是，這些研究者發現，僅僅只是得到獎品的可能性（例如得到任何航線皆適用的常客飛行里程一萬英里），就能促使披薩食客拿小份一點。瑞曼及共同研究者解釋：「食物，以及收到非食物報酬的期望，都能活化大腦中的紋狀體（striatum），這個區域與獎賞、欲望及動機有關。」

有機會得到常客飛行里程的優惠，這種獎賞對大腦來說，雖然只是一種可能性，但卻被當作一個還可以接受的交換項目。這可能是因為，我們對未來的期望比較會產生樂觀的偏見，就像我們把自己這個特殊玻璃杯看成至少有半滿，而且

25. 作者注：意志力為「有限資源」這種說法，似乎也有一個問題是「檔案抽屜效應」（file drawer effect），這是一種科學研究上的瑕疵，意思是研究者把沒有支持他們論述的研究收在抽屜裡，不拿出來發表在期刊上。麥卡羅團隊讀過六十八篇已發表的論文和四十八篇沒有發表的論文之後作出結論，這些研究的證據並沒有支持「耗損效應」。

杯裡裝的可能是冰涼爽口的馬丁尼。

回到意志力吧,簡短來說:

意志力由獎賞「資助」,是一種用來自我控制的能量。

把大腦想成是一個意志力工廠,它會釋放更多非常特別的自我控制能量給你。但是很抱歉,不能賒帳,必須預先付款,悄悄塞給看門守衛一點好處。賄賂?你是認真的嗎?!

好啦,即使你的大腦收受賄賂還斤斤計較,請別對它太嚴厲。要記得,大腦只是為你的最佳利益行事,它遵從的演化口令是監測你的能量支出,並且確認你沒有把力氣花在不明智之處。好消息是,大腦監測系統似乎非常敏感,即使只有一點點徵兆顯示你的努力會被獎賞,它就會打開意志力水龍頭。

可以想見的是,能否讓意志力水龍頭為某個特定任務打開,有許多影響因素,例如有多餓、有多累,或是否覺得被冷落,以及你自己覺得哪個活動比較有趣。

例如，「做數學作業」和「做歷史作業」，比起「做數學作業」及「和我的作業夥伴打情罵俏」，前者做數學作業所需要的意志力當然比較少。

意志力其實是向你的大腦證明，你做這些事不是沒有報酬的。你可以利用這一點，就比較有機會得到意志力釋出的魔力，足以支撐你面對某些挑戰，這包括有骨氣地面對社交上的挑戰，而不是躲起來。下一章會列出「如何」做到善用意志力，你可能正好需要給自己一些獎賞，也許只是小睡一下或吃一片起司，以便提示你的大腦，讓它知道你要堅持下去，你並不是個大白癡。

14

有意志力的地方，就有被餅乾賄賂的大腦

如何善用意志力

我們的指揮中心，也就是人類的大腦，是演化上的奇蹟，使我們有別於地球上的其他物種。有大腦我們才能講話、說法語、判斷出哪一件事符合道德，並且思考我們的想法——這些事都發生在我們站著用一本超厚的九月號《時尚》雜誌（*Vogue*）打扁一隻蚊子的時候。

很驚人吧？

可惜，你讀過第十一章〈你不該受感覺指使〉，人類大腦也是個討厭的叛逆小混蛋，會讓你去做一些覺得愉快的事，例如喝醉酒、從事可能致病的性交，以及吃蛋糕。如果大腦真的調整到目標達成模式，它會想要更多酒、更多性、更多蛋糕。

這是一股強大的戰鬥力，尤其是當你的目標是情緒強烈的任務時，例如要求

你的鄰居不要用垃圾桶擋住你的車道出入口。

我形容那是情緒「強烈」的任務，並沒有說錯。

如果你只是基於好奇讀這本書，或者你的目標是從自信變成非常自信，那麼，禮貌地開口要求別人，對你來說，當然沒什麼大不了。但是，如果你是個長期被社會踩在腳下的賤民，那麼去向鄰居要求一件合理的事，就好比在慈善活動中全裸站在舞台，好讓出席者為你的胸部堅挺度或是陰莖長度及粗細打分數。

可惜的是，意志力研究清楚指出，所謂「只要用意志力！」就能「做得到」（不管是做到什麼），根本是錯誤的建議。你的意志力如果像我奶奶的沙發，除了英國女王造訪底特律郊區這種特殊情形，否則永遠都套著塑膠套禁止使用，那麼，你的意志力就比較可以在需要時派上用場。

因此，本章要列出一些訣竅和洞見，以幫助你完成所有社交上的艱鉅任務，但又能讓你不必動用或盡量少用到意志力，而且動用到意志力也是有效率地使用。

用第三人稱說話，協助自己掌控局勢

混蛋在提到他們自己時都是用第三人稱，例如我坐在你的沙發上對你說：「艾美想要吃一塊蛋糕。」

拜託，承認吧。如果我一直那樣做，不會讓你覺得想殺人嗎？

你不必在公共場合大聲使用這種令人不悅的第三人稱。但令人驚訝的是，社會心理學家伊森・克羅斯（Ethan Kross）發現，以非第一人稱方式對你自己講話（就像上述蛋糕的例子），可以幫助你有較多的自制力（另一種形式是使用「你」而不是「我」。例如為自己打氣的時候說「你做得到」，也就是「艾美你做得到」，而不要說「我做得到」。）

克羅斯解釋，從自身退後一步，甚至只是用這種語言學上的小方法，似乎就可以加強掌控思考及感受的能力。

其實這很有道理。想想看，通常我們很難處理自己的問題，但是在處理其他人的問題時，因為拉開了一段距離，你就變成了小蘇格拉底了。

克羅斯和他的共同研究者社會心理學家奧茲朗・阿杜克（Ozlem Ayduk）在《哈佛商業評論》中解釋，用這種方式說話，似乎也可以提升勇氣，以他們的說法是「讓自己高興起來時，代名詞很重要」。他們舉的例子是，諾貝爾獎得主巴基斯坦少女馬拉拉（Malala Yousafzai）。當電視主持人喬恩・史都華（Jon Stewart）問她，知道自己被塔利班（Taliban）列在暗殺名單上時，她的感受是什麼。

她說她很害怕，當然。但是她想像自己被攻擊時會如何反應：

「我說：『如果他來了，馬拉拉，妳要怎麼做？』然後我就回答自己：『馬拉拉，用一隻鞋子打他。』」

研究者克羅斯和阿杜克認為，她從使用「我」變成「馬拉拉」，並不是個簡單的語言轉變而已，而是反映出「某種更深層的過程，幫助她處理這個直衝她而來的強力威脅」。

其中的迷人之處在於，這裡有一個概念上的強烈譬喻，也就是「距離拉開」的譬喻。回想第五章的「概念譬喻」之所以有此稱呼，是因為這些譬喻反映了我們如何構想（conceive）這個世界，這是來自我們身體天性的理性思考結構（structure of reasoning）。

另外，與這個距離譬喻一致的是，當我們想要在所處的實體世界重新看待某件事物時，我們會向後退一步，好讓自己拉開某種實際距離。因此，對自己講話時，把自己當成別人，當成一個客觀的第三者，似乎就能在自己和「火熱」的情緒反應（例如渴望及恐慌）之間，拉出一個心理距離。

像這樣拉開自我距離，是幫助你冷靜下來、叫做「認知重估」的另一個形式，也就是重新詮釋感覺和情勢，別讓它們把你吃掉一大塊。第十一章有一個重估技巧我覺得特別有幫助，那就是讓自己轉換情緒，把焦慮重新投射為興奮。克羅斯及共同研究者也有類似的發現，以非第一人稱的方式對自己說話，可以幫助你將「引起社交焦慮的事件」視為「挑戰」而非「威脅」。

換句話說，如果你碰到某些挑戰，那麼以第三人稱來改寫你的內在獨白會很有幫助：「不行，對不起，（你的名字）。你不可以再像以前那樣沒種。」

罵自己的時候，也許你會想用比較高雅的字眼。相信我，如果我和你一樣，我媽會很滿意的。但是我發現我個人比較喜歡用「髒話」來「吼」自己，這似乎和「更有種一點！」是同一回事。

心理學家提摩西．傑伊（Timothy Jay）把說髒話稱為「A型人格的明確特色」[26]。想想看，講髒話其實會讓人覺得充滿精力。髒話是一種攻擊性的語言，因此，相對於小老鼠般的說話方式：「先生抱歉，如果你不會很介意的話，如果你不會恨我一輩子的話，可不可以請你……」髒話被當成攻擊手法來使用：「混蛋退開！」

講髒話似乎也有有用的具體效果。心理學家理查．史帝芬斯（Richard Stephens）要受試者把手伸進冰水裡，結果發現，講髒話似乎能增加身體的痛苦忍受度。在相當於南極酷寒的實驗室冰水中，講髒話的受試者可以把手浸在裡面比較久。史帝芬斯觀察到，講髒話時，受試者的心跳頻率會升高，他認為原因是「戰或逃」反應，在這個實驗中的反應是「戰」：「不願示弱，要表現出更能忍

26. 作者注：一九五〇年代的研究顯示A型人格與心血管疾病之間的關聯，如今不再適用，但是傑伊把這件事用來簡略描述這種具有敵意及攻擊傾向的人格。

受痛苦的男子氣概。」

結論是：如果你努力要從七十分或以下的地方往上爬，用第三人稱對自己講話，而且還要幹譙自己，逼自己往你要的方向去，這個方法會很有幫助。

大腦不是農奴

我的編輯是個暖男，最能夠代表他的其實是一張照片，那是為另一個作者舉辦的新書發表會，暖男編輯坐在椅子上，和平常一樣穿得清爽俐落，漂亮的西裝領帶配上經典的翼紋雕花鞋。作者在簽書時，他幫作者抱著一樣東西：「天竺鼠姆奇」。

我在寫書截稿前六個月就會開始做惡夢，而這個暖男在我的大腦裡，卻是惡夢中的領頭人物。每晚差不多凌晨三點，他就來了，這個拿著斧頭砍人的追稿債殭屍，穿著漂亮的翼紋雕花鞋，在街上追著我跑，要我把版稅預付款吐出來，因為我太拖稿了。

我要捍衛自己一下。雖然寫作進度很慢，但那不是因為我花了太多時間在海灘上，或是在本地的鴉片窟裡鬼混。我只是需要更多精力來消化這些科學知識。我已經在早上寫了好幾個小時，那個時段我的頭腦最清楚而且犀利，但接下來就開始混沌不清，甚至還有點頭痛。唉。大腦好像在造反抗議不要工作了。

我一直在看一本相當棒的大腦教科書《認知神經科學：心智的生物學》（*Cognitive Neuroscience: The Biology of the Mind*），作者是神經科學家麥可・葛詹尼加。讀這本書時，我才知道長期以來一直被我荼毒的可憐大腦部位，叫做前額葉皮質。這個部位就在大腦前側，負責較高層次的理性思考及意志力。

我們已經知道，潛意識接收到環境中的訊息而形成的情緒，會影響我們做決策，所以前額葉皮質不是單獨運作。葛詹尼加解釋：「認知控制需要的是大腦各個部位的整合功能。」這表示大腦是一個交響樂團，而不是一群獨奏家。

然而，前額葉皮質**確實**負責一組心智技巧，稱為「執行功能」（executive functions）。這組功能基本上是心智辦公室經理，負責協調你所需要的大腦運作，例如計畫、專注、記憶、排定先後順序以及抵抗誘惑，這樣才能達到你的目標。

認知神經科學家亞德蕾・黛門（Adele Diamond）解釋，核心的執行功能包括「壓抑」、「工作記憶」以及「認知彈性」。

壓抑：抵抗誘惑及避免衝動行事的能力，方法是透過控制自己的思想、情緒及行為，以及控制自己的注意力。

工作記憶：本書第十一章出現過，是我們的「心智白板」，保有我們當下需要的一些資訊。

認知彈性：是一種心智能力，讓我們在不同概念或任務之間來來回回，或是適應新的要求、規則或優先順序。

我們使用這些執行功能來做理性思考及決策，也用來專注在工作上，例如閱讀及寫作，並且抑制沒有幫助的情緒表達，讓我們不會做出社交自殺的舉動，比較不會在社交上犯錯。

好，如同我在第十一章解釋過的，我寫作時會使用一個鬧鐘計時，也有固定的休息時間。我每次花五十二分鐘寫作，然後，十七分鐘的休息時間，我用來上網，回覆電子郵件、上eBay挖各式各樣的復古東西、上推特和臉書冷嘲熱諷一番。

原來，我做的這些事情完全都是在使用大腦的同一個區域，也就是聰明小子所在的區域，要用來寫作的。雖然上推特和eBay只是好玩，不是在工作，但還是在理性思考、做出許多選擇，而且需要動用我的情緒儲蓄。換句話說，我的大腦真可憐，一直都沒有休息到。

我這個不知不覺的笨蛋，我會一直頭痛，原來就是大腦在告訴我：「你這個虐待奴隸的壞心人，去你的。」我們在很需要意志力的工作耗盡精力時，就會出現這種「嫌惡感」。在這種情況下，我會逼自己坐在桌前動腦筋，而不是躺在門廊的籐椅上，大口灌下幾杯紅酒，好好睡個午覺。

於是我開始進行「笨笨休息法」——離開電腦，不可以讀或寫，或者做任何需要選擇的事，此外什麼都可以。房子開始變得很乾淨，狗也得到足夠的散步，而且我再也不會感覺到有人把我的心智裝備拆掉了。

這樣做之後，雖然下午會比較神智清醒，不過還是沒有辦法像一大早那樣，清楚而犀利。我以為也許可以賄賂我的大腦，用零食或補眠來當作「獎賞」，好讓它給我更多精力。但是，還是一樣，特別是下午三、四點之後，我的大腦變得像一團可以用來卡住門的灰色肉質。

到了傍晚，沒有辦法再繼續做需要意志力的工作的原因，我們很容易單純認為就是太累了。但是社會神經科學家麥可·印茲利特（Michael Inzlicht）告訴我，疲勞和睡眠剝奪之間，有個很重大的不同點。

印茲利特在意志力方面的研究發現，與柯茲邦團隊的結論一致。他解釋，當我們處於睡眠剝奪狀態，我們唯一想做的事就是睡覺。就這樣，沒別的了。

但是，我們覺得疲勞的時候，還是能夠被驅動去做其他事，如果那些事的回報夠好的話。所以，又是獎賞那回事。

某些事我們會很想做、某些事就不想做，我在前一章已經說過了。所以，如果要你坐在廚房餐桌邊開始整理報稅單據，你可能會覺得太累；但是若把十四個小時的精力用在玩《俠盜獵車手》（*Grand Theft Auto*）遊戲，卻沒有任何問題。

我的直覺是，對於大部分的人來說，需要心智或情緒的工作，或許在早上做會比在傍晚做來得好一些。印茲利特也同意這一點，他說原因可能有幾個，其中他認為最有道理的是來自生理時鐘的研究，我們的身體內有個二十四小時的時鐘，負責調控睡眠週期以及相關的身體功能，例如細胞再生。

印茲利特在電子郵件中告訴我：「我們的身體天生就有幾個階段，每個階段的精力多少有點不同（因為一天之內，荷爾蒙分泌變動的關係），通常精力最旺盛的時段是早上。但不是每個人都如此，『夜型人』（『貓頭鷹』）會覺得晚上比較有活力。」

在一天中最適合你做事的時段，稱為你的「時型」（chronotype）。認知神經科學家安傑．柯利亞（Angel Correa）及共同研究者解釋，有三種主要時型：晨型（「雲雀」）、午型（沒有符合的可愛鳥名）、晚型（也就是印茲利特所說的「貓頭鷹」）。大部分的人並不是貓頭鷹，因此隨著一天的時間推移，會覺得愈來愈難集中心力從事困難的工作，也就是需要認知或情緒控制的工作。

但是我懷疑，我們的認知能力變糟，不只是因為，在生理上的理想工作時間之外做事。

神經科學家、同時也是內科醫師的梅肯・內德嘉（Maiken Nedergaard）及共同研究者發現，一整天下來，大腦會累積一些神經垃圾，就像我們在生活中會累積一些物質垃圾，像是思樂冰杯子、墨西哥餅包裝袋、還有快遞包裹的硬紙板。這些堆積的神經毒素包含β—類澱粉蛋白，這種蛋白質和阿茲海默症有關。

身體裡確實有一個管理員來清理你的神經廢棄物，這個管理員就是腦脊髓液，但是有一個問題：在白天的時間，你的腦細胞（神經元）太大了，因此腦脊髓液無法通過。然而到了晚上睡覺時，腦細胞會縮小，大腦裡面的通道跟著打開，就能讓腦脊髓液進入工作，把累積的神經廢棄物清理掉。

那麼，為什麼我在傍晚時工作表現會下降，部分原因可能是神經垃圾累積。在充斥垃圾的工作環境中，你大概不會非常有效率（也不會很開心），也許你的大腦也是因為這樣而受阻。

令人開心的是，這項神經垃圾處理研究與其他許多大腦研究，都能為你指出一些方法，幫助你在大腦的限制範圍內，盡量表現出最強的意志力。

27. 先吃青蛙（Eat Your Frog First）這句俗諺源於美國作家馬克・吐溫（Mark Twain）：「如果你的工作是要吃一隻青蛙，那麼最好一大早就吃；如果你必須吃兩隻，那就先吃大的那一隻。」以青蛙來譬喻最不情願做的事，也最容易被耽擱。

早起的鳥兒有意志力吃

我自己現在了解到，認知及情緒上最困難的工作愈早做愈好，這也符合「先吃青蛙」[27]那句俗語。當然，如果你是「貓頭鷹」，或是沒有可愛鳥名的午型人，那麼，你應該找出自己表現最棒的時間。

行為經濟學家丹・艾瑞利（Dan Ariely），在社交論壇 Reddit Ask Me Everything 上解釋，人們如何把一天最初的幾個小時胡亂浪費掉：

> 在時間管理方面，最悲慘的錯誤是，把一天之中最有生產力的兩個小時，花在不需要高度認知容量的活動，例如社交媒體。如果我們能夠搶救這些寶貴的時間，大部分的人就能更順利達成真正的目標。

也許也該謹記在心的是，你想面對的社交挑戰需要精力，花腦筋的工作也會吃掉這部分的精力。心理學家丹尼爾・康納曼說：「自我控制和認知都是心智工作。」這兩者顯然用的是同一股精力來源。因此，如果你需要說服別人做一件事或是幫你一個忙，就不要在花四小時重改某個笨蛋同事的試算表後，或在某件非常需要頭腦的難搞工作之後才開口。

意志力就像搶匪

如果大腦也有一些角色楷模，其中之一一定是老掉牙的電影情節中，每週去一次雜貨店搶走一袋錢的壞蛋。

我們已經知道，演化心理學家羅伯特・柯茲邦說給大腦嚐點甜頭，也就是點心或午睡之類的「獎賞」，似乎可以說服大腦，為了下一個需要認知或情緒的工作，多釋放一點精力給我們，並不算白癡的行為。但是，這要看是在一天之中的什麼時段，以及你已經用掉多少意志力，這些因素都有影響。

回顧飲食療法醫生及低醣專家麥克・伊德斯的例子，他在傍晚時忍不住吃掉了巧克力。如果他是在早上，也就是在他還沒有一整天大量運用前額葉皮質之前看到這些巧克力，他可能就會把巧克力丟到垃圾桶，而不是吃掉了。

選擇愈多愈好，但不見得如此

有選擇是一件好事，對吧？但其實我們的心智並沒有準備好面對現代生活中的一大堆選項。畢竟，我們是從某個環境演化來的，在那個環境中，呃，餐廳領班給你的選擇可能是這種層級：「先生，現在給您上菜，您要蛆還是幼蟲？」

做選擇，尤其是從許多不同選項中選擇，會在不知不覺中掠奪你需要用來面對社會任務壓力的精力。你每做一個決定，前額葉皮質就消耗一份精力，即使你只是要從一份總共二十四頁長的熟食菜單中，決定早餐要吃什麼（沒錯，傑瑞熟食餐廳，我就是在說你！）。

因為知道這一點，我每天早餐吃的都一樣，不假思索從冰箱裡拿出來吃就對了，不需要用到認知能量來做選擇。

甚至在服裝方面也可以避免做選擇，就像已故的賈伯斯（Steve Jobs）每天都穿一樣的衣服：黑色高領上衣、牛仔褲、New Balance 運動鞋。

最後要說的是，雖然我們是「高等生物形態」，但當然還是有一些低階的衝動。其實我們都知道，人類是哭哭啼啼掛著兩條鼻涕的臭小孩，只想躲掉我們應該做的那些成熟而負責任的事。

所以，盡可能把選項拿掉，有時候會有幫助，我把這個方法稱為「當機器人」（roboting）。無論如何都要做的事情，就要讓自己沒有選擇。例如，我一天大概泡五次咖啡，我規定自己每次泡咖啡時，要做十下伏地挺身和十下仰臥起坐。

效果非常棒。過去幾年來，我的日常生活就是在床鋪、電腦以及冰箱之間往返，但是我為自己訂下這項咖啡規定，再加上從二〇〇九年就開始低醣飲食，讓我的外型看起來就像屬於健身房的那種人，而且是真的固定上健身房的那種人。

伏地挺身和仰臥起坐之所以能成為鐵則，有幾項要素。首先，我布置環境，讓環境來提醒我去做。接著是我告訴自己的話，以及行為要如何反應。

首先，環境。

這是從心理學家雅特・馬克曼（Art Markman）那裡學來的，利用環境來支持你培養一個習慣。他在《聰明改變》（*Smart Change*）這本書中解釋，我們如何把浴室設計成支持刷牙這個習慣，那就是水槽附帶牙刷架，或是在水槽旁邊放一個可以擺牙刷的東西。所以，每天早上你站在浴室裡就會看到牙刷，你就會去刷牙。

但是，可憐的牙線卻遭到遺忘，不知道放在浴室哪裡。馬克曼認為，不用牙線是有原因的，例如把手伸進嘴巴裡多少有點噁心，以及長期使用牙線到底有多少好處。但是他解釋說：「也許最重要的問題是牙線盒本身。」牙線包裝不是很有吸引力，而且也沒有統一的尺寸及形狀，「因此，你就不知道該把牙線盒放在哪裡。」牙線可能會被放在藥品櫃，或是丟在抽屜裡，而這些地方都很容易讓人忘記要去拿來用。

我也改變了這一點，因此開始會用牙線了。我的做法是，買一個可以同時放進我和葛雷格的牙刷與牙線盒的架子。

馬克曼觀察到，「你做什麼事，環境是非常強大的驅動力。因為，習慣意味著不斷在環境和行為之間建立連結，因此你的習慣是由周遭環境來啟動的。千萬不要輕易假定行為改變是一個純粹的內在結構。」

了解了這一點之後，我把自己想要培養的運動新習慣，融入自己每天都在做的事情中，也就是泡咖啡。在我的生活中，它就有了一個明確的位置，而非鬆散虛無地宣稱「我應該每天都做這些運動」。

把新習慣融入泡咖啡的過程還有兩個部分——我告訴自己的話，以及我做了什麼。

我告訴自己：仰臥起坐和伏地挺身，都是泡咖啡過程中必要的步驟。這表示，既然我能把熱水倒在咖啡粉上，我就不能逃避做這些運動。

我做了什麼：說到就要做到，沒有伏地挺身和仰臥起坐，就沒有咖啡。絕不讓自己跳過不做。

我只花了幾天，也許是一週的時間，運動結合泡咖啡這個行為就套進我的心智中。我不會忘記，不在心裡討價還價「應該」怎麼做才對。只要我按下電茶壺的開關，我就會自動趴到地毯上開始做。

當然，如果你是在辦公室工作，每次到茶水間倒一杯咖啡時，就把雙手貼在地上做運動，這樣可能會很奇怪。但是，你可以為自己想出類似的規則和行為，來促成你想要達成的改變。例如每次買一杯花式咖啡，就要和一位陌生人講話，而不是只和那位說「總共是七塊二十八分美元，謝謝」的人交談。

新年新希望，問題在於複數

新年立下的新生活計畫，大家經常無法做到，這是因為新生活計畫的項目有十項。除非你是被帶有放射性的蟲給咬了，或者你是太空外星生物的後代，否則你擁有的是正常的人類前額葉皮質（老實說，正常但不夠爭氣）。所以，你應該參考羅伊．鮑梅斯特和《紐約時報》科學記者約翰．提爾尼（John Tierney）合著的《增強你的意志力》（*Willpower*）書中的建議：「只要下定一個決心就好，然後堅持下去」。

是的，一個就夠了，試圖增加信心其實是很大的工程。如果你可以不要同時進行節食、戒菸、想從皮包骨練成健美冠軍，同時還要推出一個科技創業計畫，那麼成功的機率會比較大。

事先計畫讓你接受挑戰時人模人樣，而不是像顆馬鈴薯

當你要進入一個十分具有社交挑戰的情境時，先想一想，通常在哪種情況下你會犯錯。這能讓你事先思考你想要怎樣表現，例如，你在朋友談論政治時表達意見，在工作上說出你的想法，或者是鼓足勇氣坦白說「我不知道」。

當然，雖然事先計畫過，但缺點是當下很容易就退縮。經濟學家湯瑪斯・謝林（Thomas Schelling）發展出來的策略，可能有助於避免這個缺點。這個策略叫做「事先承諾」（precommitment），也就是把那件事事先準備到很難或不可能失敗。

舉例來說，如果你是一個一直有自我價值困擾的女人，外顯狀況就是無法拒絕一夜情，即使每次做完之後妳會很苦惱，而且在一夜情中經歷到的性高潮也是假裝出來的。

有個女孩就有這種困擾，她寫信到我的專欄。我建議她，可以想個在男人面前脫衣服會很尷尬的辦法，例如穿上阿嬤內褲，或是用馬克筆在肚子上寫一些勾引的字眼，例如「患疱疹嗎？」（我就是這樣做，而且我喜歡分享這個方法）。

但是，你可能不需要用到這麼極端的方法。我們經過演化之後非常注重名譽，所以同儕壓力是個事先承諾的強力工具。你只要對別人說你計畫要做什麼，或者避免做什麼，然後請你朋友好好盯著你，並且為你加油打氣，你就會積極起來。我還建議這個女孩另一件事——請她的朋友支持她繼續努力，如果她受到很強的誘惑，請朋友把她帶離酒吧，穿上衣服，行為得體。

做你自己的老大哥

在現代社會中，我們愈來愈不能忍受隱私權及其他公民自由被忽視，例如，有三個聯邦探員躲在停在你家外面的「冷暖氣」貨車，沒有正當理由就記錄你的一舉一動。

但是如果由你當自己的老大哥，隨時監控自己的行為是否上軌道，並朝著目標的方向前進，則是一件好事。事實上，社會心理學家羅伊．鮑梅斯特及布萊德．布須曼（Brad Bushman）把行為監測稱為自我控制的「關鍵成分」。對於你堅持目標的能力，行為監測「通常顯示出能立即進步的最佳機會」。

監測自己，也就是觀察自己的行為，然後和你的標準來做比較，看看你做得怎麼樣。這種注意力迫使你去評判自己達到目標的程度，和空有一份心意比起來，顯然讓你更有動機繼續努力，或者是再回頭繼續努力。

現在有一些監測習慣的應用程式，可以幫助你記錄自己的進展，然後在日曆上顯示達成目標的那幾天。在應用程式商店裡搜尋「習慣」（habits）或「新年新希望」（New Year's resolutions）就可以找到這些應用程式。也可以用老方法，在日曆上畫紅色大叉叉。

看到視覺化的進展證據，無論是每天、每週、還是每月，一格一格的成功標誌，特別讓人覺得動力十足。這種可以觸及的力量，和第四章說過的「神經的重複使用」理論有關，也就是說，我們理解事物的心智能力，似乎來自我們對這個世界的身體經驗。包括圖像等平面傳達方式，實體的呈現似乎讓我們更容易抓到抽象概念，也就是理解抽象概念（沒錯，「抓到」讓「理解」這個概念更容易……呃，抓到，就是一例）。

當然，在堅持新的目標並小有成果之後，你可能會很想丟掉監控系統。艾美・

崔絲納使用監控應用程式來幫助她整整五十四天沒碰電子菸，後來她有點志得意滿，把應用程式刪了。結果不到幾天，她又回到老路。

崔絲納解釋說，刪掉那個應用程式之後，她對於戒癮的成就感變得「有點捉摸不到」。她說：「就是沒有那種計算成功戒癮幾天的自豪感。」

自我控制的防鎖死煞車系統

還記得「雙向性」嗎？也就是行為和情緒之間的雙向道路，這種特性顯示在行銷學教授艾瑞絲・W・洪（Iris W. Hung）的研究中，她發現「剛硬的肌肉，通往剛硬的決心」。

這是真的。

試試看，假設你正面對一件令人恐懼的社交苦差事，收緊你的二頭肌、拳頭，或是小腿肌肉，你最會用哪個就用哪個。洪的實驗發現，這會幫助受試者提振意志力來做各種不愉快的任務。

然而，一個很重要的警告是，在活動開始之前事先收緊肌肉（某種自我控制

「愈多愈好」的嘗試），可能會有反效果，反而會減少你的意志力，而不是增加。

即使肌肉收緊可以幫助你更有意志力，並不表示你在鄰里會議上發言時要變得像一隻迷你浩克（Hulk），然後接下來半年把你的肌肉丟在儲藏室。運動非常能夠加強自我控制力。認知神經科學家亞德蕾・黛門表示，有一些研究發現：「有氧運動會大量促進前額葉皮質功能」以及執行功能。在這些研究中，有一個是神經科學家蘿拉・切達克—海曼（Laura Chaddock-Heyman）的研究，她發現，比起心肺功能比較不好的同儕，心肺功能比較好的小孩，自我控制力比較強。

當然，如果你在某一天需要意志力來從事某個重要計畫，你可能不希望加重意志力的負擔，拖著你的大屁股出去跑步。至少，在一天快結束前再做運動會比較好。另外，因為辛苦的行動會讓人感覺更辛苦，也許在健身房裡和其他帥哥美女一起運動，會讓你更有動力。

失敗也要抬頭挺胸

如果你很害怕失敗，這種心態可能會讓你不敢嘗試任何事情，包括可能會幫你克服失敗感的事。

我們都聽過人家唱讚美失敗的歌曲：失敗是最好的老師！真正的失敗是停止嘗試……巴拉巴拉。

這些話並非只是臉書上被用力轉傳的爆紅貼文。這些話是真的。

所以重要的是你要知道，失敗沒有關係。

要讓失敗經驗對你有幫助，或至少不會困住你，就從重新建構你對目標的想法開始。至於怎麼做，想一想目標導向和目標系統導向的差別。

目標，只是你正在努力達到的結果。它是一個單一標的，這表示它的性質是贏或輸、全有或全無。

目標系統，根據社會心理學家亞力・克魯藍斯基（Arie Kruglanski）的解釋，它是一組「互相關聯的目標」網絡。聽起來好像很複雜，但如果用另一個方式解釋，目標系統是一個目標家族，其中包括目標的兄弟姐妹、叔伯姨嬸、表弟表妹。用這些說法來看待你的目標，在失敗時就有一個重要的緩衝。

我就讓創造呆伯特（*Dilbert*）的漫畫家史考特・亞當斯（Scott Adams）來解釋這一點吧。

我是從他的書《我可以和貓聊一整天，卻沒法跟人說半句話》（*How to Fail at Almost Everything and Still Win Big*）第一次看到「目標系統」這種想法。在這本書中，他寫道：「在減重的世界中，減掉十公斤是個目標，但是吃得對則是一個系統。在健身運動的世界中，四小時內跑完馬拉松是個目標，但每天運動則是一個系統。」

他解釋，目標是「一種『碰到它並完成它』的狀況，而系統則是某件你固定會做的事，並且有做這件事人生會更好的合理期望。」

有了系統，會比較容易接受個別的失敗，例如讓節食破功一個晚上。在更大的前景中，這些個別失敗只不過是小小的不愉快而已。

亞當斯寫道：「說直白一點，目標是給魯蛇用的……舉個例子，假設你的目標是減掉五公斤，如果你真的能達到目標，在目標達成之前，每一分鐘你都會覺得你離目標還差了一截。換言之，對目標導向的人來說，活著幾乎就是一直處在失敗的狀態中，但他們卻希望這是暫時的。那種感覺會一點一滴耗損你，變得愈來愈沉重，讓你覺得不舒服，甚至可能把你拖出戰局。」

採目標導向甚至可能更糟。即使你達到其中一個目標（不是目標系統的一個目標），你還是輸。亞當斯說這是當然的，「心情超棒的慶祝過後……」接著，意想不到的是：「……你突然明白，你失去了讓你覺得活著有目標和方向的東西了。」

第三部

整合起來

PART THREE

Putting It All Together

15

背脊挺起來

長點骨氣，好好利用它

每當你在生活中遇到社交挑戰時，心裡就會出現那句永恆的詛咒：「不行，不行，我辦不到。」現在，是把詛咒變魔咒的時候了。

而且要記得，這件事最終會把你帶到哪裡：

- 辭掉魯蛇有限公司的終身職，並且培養出反射性的反應（第一反應），為自己及公平的事站出來。
- 能抓住眼前的機會，而不是因為害怕在人前展現自己而退縮。
- 擁有愛。與某個人建立關係，而那個人和你在一起的原因是因為愛你，而不是因為想要傷害你到你血流乾了，再去找下一個人來糟蹋。
- 擁有真正的朋友與真正的友誼，在這種友誼中，你有他們的照應，他們也有你可以依靠，而不是只在需要一個平面來寫東西的時候才想到你。

• 一般來說，能受到別人的尊重，即使他們可能和你意見不同。而且如果他們有不同意見，你也會接受，而不是希望自己像蟲一樣捲起來，讓經過的牛隻踩過去以了結悲慘的一生。

這本書的第二部「這些基石奠定嶄新的你」，許多內容是關於我們的行為和頭腦如何連結，為什麼我們的行為是這樣表現出來，以及如何控制情緒並且冷靜下來。這些內容都是為了這本書的最後一部做準備。最後這部分的內容是如何昂首挺立，並抬頭挺胸走出去，活出踏實的人生，而不是被人踐踏。

至於如何轉化自己，答案就在第三章的標題，「心靈比頭腦更廣大」。「心靈比頭腦更廣大」這句話的實際意義就是，身體與行為是你用來轉化成新的自己的健身房。就像在現實世界的健身房一樣，你必須重複練習動作，才能轉化自己，從「被打發走！」、「不受尊重！」、「被褫奪公權！」，一直進步到單單你這個人的存在，就透露出一個訊息：「這個人不是你該欺負的對象。」

不再垂頭喪氣

奶奶不斷嘮叨你要抬頭挺胸，不是沒有道理的。

想想看，公司執行長和害羞實習生的肢體語言有多大的不同。

成功的企業高層那種「君臨天下」的姿態，符合「權力就是大」的譬喻，例如「老大哥」、「校園大人物」，以及大隻黑猩猩是群體裡的主宰。

如果某人很有自信，就會覺得自己可以占據空間。事實上，他們可能多半會「擁有那個地方」，不管他們在哪裡，都擺出主導姿態，例如，他們會把雙手交叉枕在頭後面、坐在椅子上背往後傾、把腳放在桌子上。身體像這樣伸長拉開，就會占據許多空間，比正常坐在桌邊的空間大很多，雖然他們這樣的行為不太可能是故意的。

與這些自信地占據空間的人比起來，沒有自信的人坐著及移動的樣子反映出羞恥感與順從，也反映出他們需要再縮得更小一點，例如垂頭又駝背，盡可能不要占到空間（如果沒有人注意到，說不定他們乾脆就變成老鼠了）。

有一個二〇一〇年的研究引起許多討論（後來發現它的方法學有問題），社會心理學家丹娜・卡尼（Dana Carney）及艾美・柯蒂（Amy Cuddy）以及管理學研究者安迪・葉普（Andy Yap），他們研究有力的肢體語言是否會使人的感覺及行動都更有力量。他們對受試者做一系列實驗，要他們維持某個「擴大的」姿勢兩分鐘，例如雙手交叉枕在頭後，或雙腳擱在桌子上，他們將這種姿勢稱為「權力姿勢」（power poses），在權力掮客（power brokers）身上經常會看到這些肢體語言。

其他受試者則被分配到「低權力」姿勢，也就是身體占用的空間愈少愈好，例如站著的時候手腳交叉，或雙手抱著身體。

研究者表示，做出權力掮客姿勢的受試者，在心理上、生物化學上、行為上，都體驗到獲得權力的轉變。詳細情況如何？擺出權力姿勢的人說，事後覺得更有力量。在後續的賭博測試中，他們也比較願意投下有風險的賭注，而且「睪固酮上升」、壓力荷爾蒙皮質醇降低。卡尼、柯蒂及葉普等三位研究者解釋，這種荷爾蒙的改變很值得注意，因為以前的研究發現，權力者的皮質醇比較低，又因為睪固酮較高，兩者「反映並強化」權勢。

哇噢，很驚訝是吧？

但是，這裡有個問題。

瑞士心理學家艾娃・拉娜希爾（Eva Ranehill）為首的一個研究小組，做了「重複性試驗」（replication），也就是再做一次權力姿勢實驗，以測試研究結果是否經得起複製。令人不安的是，拉娜希爾的團隊發現，擺出權力姿勢「在大規模的男女受試者身上，對荷爾蒙及風險耐受度並沒有影響」。

怎麼會這樣呢？

心理學家喬伊・西蒙斯（Joe Simmons）以及尤里・賽門頌（Uri Simonsohn）兩人開設了一個批評研究方法論的部落格〈數據雞尾酒〉（*Data Colada*），他們指出問題在於，最初的權力姿勢研究受試者太少（只有四十二位，但拉娜希爾做了兩百位）。

流行病學家及統計學大師桑德・葛林蘭（Sander Greenland）對我解釋，為什麼實驗中的受試者數量很重要：「研究數量太少，展現出來的效果很可能不是真的。妳看到的效果可能只是碰巧如此，或是『雜訊』，例如丟硬幣五次，結果有四次是正面朝上，一點都沒有什麼特殊原因。」他表示：「規模小的研究很難做出真正的效果。」

從統計學上來看，葛林蘭解釋：「小型研究的效力不夠強。」

噢喔。那麼，就別管姿勢對情緒的影響了？

不是的。因為還有很多研究顯示，姿勢的確會影響情緒，其中也包括拉娜希爾的研究。

拉娜希爾團隊的實驗，的確複製出卡尼／柯蒂／葉普的三項研究發現的其中一項。拉娜希爾團隊發現，擺出權力姿勢對於受試者「自我表述的權力感」有「顯著影響」。光是這一點就很重要了，因為，如果你自己覺得比較有權力，行為上就可能表現得更有力量，也就是比較能夠泰然自若，比較能心安理得地去堅持自己的主張。這些感受應該會表現在你的聲音、呼吸以及舉止行動上。

拉娜希爾的研究中並沒有發現姿勢對睪固酮的影響，這一點很令人疑惑。因為其他許多研究都指出，行為或甚至經驗，特別是有關權力、競爭以及支配的行為及經驗，會影響睪固酮的濃度。例如社會學家及工程師艾倫．馬澤爾（Allen Mazur）就發現，獲勝會增加睪固酮濃度，而落敗則會降低。

還有，許多研究者發現，做爸爸與睪固酮降低也有關聯，其中一位研究者是人類學家李．傑特勒（Lee Gettler）。這很有道理，因為鬥劍士的荷爾蒙形象「來試試我的劍吧，斯巴達膽小鬼」，對於整個下午都要幫寶寶親親抱抱把屎把尿，不盡然有益處。

那麼，為什麼拉娜希爾團隊沒有看到權力姿勢使睪固酮升高呢？也許，即使先前研究發現睪固酮和權勢有相關性，但是「擴大的」姿勢就是沒辦法讓睪固酮活躍起來。

這是一個可能性。我也找了其他的可能性。

我仔細研讀了拉娜希爾的論文以及「補充資料」，補充資料裡面詳述了他們是怎麼做研究的。我注意到，他們的研究方法和原本那個研究的方法有些不一樣，這些不同之處可能具有意義。例如，在拉娜希爾的研究中，受試者怎麼擺姿勢是由電腦來下指令，而不是人類。

但在柯蒂／卡尼／葉普的研究中，受試者所在的房間內，有一位實驗人員和他們在一起，幫他們擺姿勢，甚至還會碰觸到受試者，因為他用一條假的「心電圖導線」接上受試者的小腿和左臂，還對他們解釋說這是一個「偵測器」。

也許你會想，這無所謂吧？

可能不是喔。

我用演化的角度來看這個研究，我想到我們是社會化的動物，也就是說，只要有旁人在場，或甚至只要想到有人在看我們，就會影響我們的行為了。覺得缺乏自信並不是存在於真空狀態下。沒有人在身邊時，我們不一定會覺得「吼，我真是個大爛貨！」我們有自信或沒自信是一種反應行為。自信與否，是我們對周遭的人的回應。

我用另外一個方式來解釋拉娜希爾複製實驗的明顯問題。社會心理學家喬瑟夫・西薩羅（Joseph Cesario）及梅麗莎・M・麥唐諾（Melissa M. McDonald）有個研究主題是「脈絡」（context）。他們主張，心理及行為方面的研究，如果要得到真實及有意義的發現，那麼必須考慮「在脈絡中」的身體，因為脈絡形塑了我們如何思考及行為。

簡單來說，脈絡的意思就是目前的環境情勢，也就是這個人處在什麼情境下，例如實體環境及社會環境。我們的思考（也就是認知）是扎根於脈絡中，由我們所處的情境形塑出來的。這個觀念叫做「扎根認知」（grounded cognition）或是「情境認知」（situated cognition），在心理學領域，除了西薩羅及麥唐諾的研究之外，還有很多其他研究結果也都支持這項觀念。

西薩羅及麥唐諾解釋，脈絡支配了行為表現是有可能的，或是最適合的。舉例來說，你是拿槌子還是叉子，視你處在什麼脈絡而定，這就要看咖啡桌上需要你處理的那個東西，是一支鬆開的釘子，還是一片起司蛋糕。

西薩羅和麥唐諾也表示，某個特定行為的意義是由脈絡來定義的。西薩羅和麥唐諾解釋，例如肚子向下趴著，也就是「俯臥」，「在打鬥中，俯臥表示臣服；但如果脈絡是海灘，俯臥表示放鬆。」

很顯然，如果一項研究沒有做到合理接近真實世界脈絡，無論受試者有多少，都會是非常有瑕疵的研究。因為它無法正確描述在真實世界中，人類實際上可能會如何感受或行動。事實上，這種研究省略了最能影響行為的那個部分。演化心理學研究強調，基因驅使我們採取行動來因應我們在環境中遇到的事物及情勢。套用演化心理學術語來說，我們的行為回應只在「特定領域」（domain-specific），而非「普遍領域」（domain-general），意思是說，領域，也就是我們所處的情境，會形塑我們的選擇偏好。

回想一下我們前面說過，單一的自我並不存在，我們並沒有一致的標準、選擇偏好及實際做法來應對所有的場合。其實我們的動機是隨著脈絡而轉換的，這樣才可以幫助我們適應某個特定情境中的挑戰或機會，例如我們看某人好像準備拿斧頭瘋狂砍過來了，這時候我們是要迎上前還是逃開，要看當時的情境而定。

沒錯，我指的是第十二章提到的研究，受試者被安排觀看愛情電影片段，或《鬼店》裡揮舞著斧頭的尼克遜。觀看愛情電影片段的受試者，被放在交配暗示情境下，他們選擇的是廣告上宣稱獨特的地方，愈獨特就愈能在競爭者中勝出。而觀看《鬼店》的受試者，被放在危險暗示的情境下，他們選擇的是「廣受歡迎」的場所，這樣就能躲進人群中保住自己的手腳。

這帶來的是不太好的消息，但是不用擔心，下一章我會告訴你為什麼不需要擔心。

問題出在網路上吸引你點閱的人類行為研究，是「超讚！！！」的「科學」結論，乾乾淨淨、直截了當，但是實際上的科學，其實是複雜又有點亂七八糟。

所以，像「站得夠挺，你就能統治世界！」這種簡單的說法，你要一併考慮到它的脈絡複雜性。例如，某個晚上，你的社交狀況不太順利。社會心理學家凱斯・M・魏爾克（Keith M. Welker）和共同研究者做了一個研究發現，身體姿勢是「我擁有這個地方」的受試者，比低頭駝背的受試者更難承受被冷落的感受。

假設你在一個雞尾酒會上聊天，並試著表現出自信自在的模樣，就像優越的亞利安白人那樣不可一世地站著，神氣得像納粹宣傳片《意志的勝利》（*Triumph of the Will*）[28]裡的「超人」（Übermenschen）[29]。呃，我只能說，這樣沒有人會和你一起大笑的。

可惜的是，這些權力姿勢的研究結果，留給我們的是一團糾結的毛線球。釐清這個問題還需要更多研究，在研究透徹之前，權力姿勢的結論，基本上就像臉

28.《意志的勝利》是德籍女導演蘭妮・萊芬斯坦（Leni Riefenstahl）以一九三四年納粹黨大會為主題的紀錄片，以獨特的電影美學神化希特勒的形象。

29.「超人」最初概念出自德國哲學家尼采的《查拉圖斯特拉如是說》，尼采認為這是人的理想型態，超越傳統基督教道德而創造自己的價值，追求極致的完美。

書一項關係狀態的選項：「一言難盡」。

然而，我可以再次告訴你，有不少研究都發現，自信的姿勢是舉止自信不可或缺的一部分。

身體是你的副駕駛

為了試著了解身體對自信發揮的作用，我再回頭談談譬喻。自信來自權力感——感覺自己有本事可以對付眼前的事。這表示你對成功有合理的期待。

但是，除了感覺有權力之外，也要具有權力（being powerful）。社會心理學家達切爾．凱爾特納（Dacher Keltner）及共同研究者，對具有權力下的定義是，能夠自由去做你想做的事，以及能夠發放或扣住物質資源及社會資源以控制其他人。物質資源是指可以給出或拿走的東西，像是食物、金錢、禮物或是工作；社會資源是「知識、情感、友誼、決策機會、語言虐待或排擠」之類的事物。

了解到這一點，再來想想權力的譬喻。這些譬喻都是向上的、向外的。權力是大，權力是上（例如：高層位置，在某個情況的頂端，某人在掌控之下）。而且權力是向前的動作（擁有權力時，你會往前追求，趨近〔approaching〕你想要的事物，而不是從某些事物中退縮。）

「趨近」一詞，可能會讓你想起第四章的「神經重複使用」。這個概念是演化很節儉，把人類的情緒建立在一個現存的基礎上，也就是微小生物體的趨避衝動：「快去追那個小分子！看起來好好吃噢！」或是「戰神來了，快閃，不然就死定了！」

我們已經了解到，驅動動作的舊大腦機制，似乎因為情緒而重新部署，但是，正如心理學家暨神經科學家麥可・L・安德森所說，這個機制「並沒有失去原有的功能」。

已故心理學家傑佛瑞・艾倫・葛瑞（Jeffrey Alan Gray）解釋，我們似乎也有趨或避的傾向，這表示我們的整體行為傾向是被新的經驗或人所吸引（趨近系統），或是感到害怕而寧願逃避（逃避系統）。[30]

事實上，很可能我們每個人的人格（personality），不是偏趨近取向，就是

30. 作者注：假如你對歷史有興趣的話，一九七〇年代，心理學家傑佛瑞・艾倫・葛瑞發明了這個理論：指引我們行為的是兩個不同的系統—行為趨近系統（behavioral approach system）以及行為抑制系統（behavioral inhibition system）（當然，「抑制」只是比較學術的用語，指的就是逃避）。所以，就是趨與避，向前與倒退。

趨近

逃避

偏逃避取向。要完全了解這一點，必須先了解人格是什麼。人格研究者威廉・雷維爾（William Revelle）解釋，人格是一段時間以來的感覺、想法及欲望（目標）的模式，這個模式塑造了你的行為，而且，事實上也塑造了你傾向於做出什麼樣的行為。

心理學家安德魯・J・艾略特（Andrew J. Elliot）及陶德・M・崔須（Todd M. Thrash）把趨避當作人格面向來研究，他們解釋，每一種人格氣質都根基於「廣泛的神經生理學機制網絡」。這等於是再度確認，人格氣質傾向不只是在思想方面，同時也牽涉到身體。舉例來說，他們注意到，「趨避機制的運作發生在脊髓、腦幹以及皮質，並且同時牽涉到神經傳遞物質及荷爾蒙活動。」

艾略特和崔須解釋，雖然這些趨或避的人格氣質指導我們思考、感覺以及行為，導引我們以相當一致的方式做出反應，但是，要打破我們的慣性模式，仍然是有希望的。

他們解釋說，我們可以採用與我們潛在氣質互相對立的「目標」，而「不理會初始的傾向，重新導引我們的行為」。

用一句話來說就是：太好了。

我們真的不必永遠活在本來的監獄裡。

以反轉來改變

我曾經有一輛車，就是那輛一九六〇年出產、粉紅色的老爺車 Rambler，那輛車有一陣子只能左轉。我試過好幾個方法要它右轉，例如到了轉角時極度往右偏斜。我意外發現這招非常有效，只是會讓我的頭痛到快爆炸。後來我這輛車終於遇到一位修車技師出面解決問題，這個師傅穿著布滿油漬的連身工作服，他很了解引擎蓋下面的右轉問題是怎麼一回事。

同樣道理，努力重新打造自己，了解趨避的機制，應該能夠協助你改變得更順利，把你的傾向改成比較像是「向前行！」，而不是「向前？不行！」

我們的逃避系統

我們的逃避系統是「逃走、回來！」系統，也就是當我們面臨所有形式的害怕、負面、挫折、危險、壓力以及導致掉眼淚的事物時，這個系統就是我們如何回應的行為指南。這是個悲觀而且無力的系統。

社會心理學家凱爾特納及他的團隊表示，這個系統有它自己的特殊大腦化學，其中有一項特色是，壓力反應荷爾蒙皮質醇及神經傳導物質去甲腎上腺素（又叫做正腎上腺素，是促發戰或逃的主要因素）。

這個系統是如何運作的呢？假設你正要去做一件事，可能是植物叢裡長了一些看起來很好吃的莓果，可能是有個人你想和他約會，可能是你的球被踢到那個可怕傢伙的後院去了。

但在這時候，你的逃避系統卻喊著「喲呼！用點大腦！真的要嗎?!」，因此害你焦慮起來，擔心事情會有不好的結果。於是這個反應就把你和你的動機反轉了。

換句話說，你的逃避系統是一個「縮起來！」系統，「把自己縮小一點！」或是「快點逃走！」系統，就和所有無力感的譬喻完全一樣。

當然，有時候急忙逃走是有道理的。你的心智在這兩者之間擺盪：「嗯，我想約那個女生出去」以及「跑！一溜煙地跑啊！」，而這兩者之間到底發生了什麼事，心理學家傑佛瑞・艾倫・葛瑞及他的同事神經科學家尼爾・麥克諾頓（Neil McNaughton）解釋，當我們面臨互相衝突的目標時，大腦會做出「風險評估」。一開始會先衡量去做那件事的好處，並比較我們因此被壓扁的可能性。

這就會影響我們如何反應。麥克諾頓對我解釋的說法是，我們是否要「大膽行動，往前邁進；還是恐慌退縮，衝向出口；或是看看每個選項，咬著指甲不知所措，通常接著就是回頭跑了。」

如果你的回應通常像個膽小鬼，這樣過了一段時間，害怕反應就會強化成你的慣性反應（沒錯，神經元「一起激發就一起連結」，這件事我已經講了一百一十三次）。

為了能夠產生不同的反應，例如更願意冒社交風險，你需要這個系統冷靜下來，才能讓你的趨近系統一躍成為「想到就用它」的第一反應。

我們的趨近系統

我們的趨近系統是「去呀！」系統，引導我們去追求目標及「獎賞」（在我們的環境中對生存或繁殖有價值的東西）。趨近是樂觀和機會的系統。

如果趨近系統會使用語言，那麼它會像啦啦隊那樣，「你做得到！」、「來吧！儘管放馬過來！」，刺激你往前走，投入那個工作機會，吃掉巧克力糖霜，盡情享受性彩虹盡頭的高潮。

趨近系統的身體姿勢當然是要高要大，高大到能夠顯示出你覺得自己有權利占用空間，但並不是憤怒地要求這份權利。高大又有力量的人，占用空間的態度是很輕鬆自在的，他們甚至不會想到這一點，對他們來說，這只是再自然不過的事。

趨近系統的基礎神經化學物質是多巴胺。神經科學家沃夫藍・舒爾茲（Wolfram Schultz）簡單解釋多巴胺的運作，他說，多巴胺神經元「預知並偵測獎賞」，而且「把環境刺激物貼上標籤」，也就是把環境刺激物當作獎賞。[31] 或者簡單說就是，多巴胺這種神經傳導物質牽涉到想望、追尋及「你好棒，現在就去拿那個好棒的東西」。好啦，也許多巴胺並沒有直接跑出來說你好棒、要你去追求好棒的獎賞，但它是有可能會這樣做的。這是大腦化學的樂觀部位，這個部位會激發你去大膽地抓住機會。

如果你能記得下面這件事會很有幫助：趨近是一個動機（逃避也是），而且不止如此，趨近也是一個動機系統，既然是系統，就表示它是互相連結的。社會心理學家珍妮佛・勒納（Jennifer Lerner）及凱爾特納指出，情緒會在我們的心

31. 作者注：你可能已經從主流媒體知道多巴胺，但我還是要澄清一下。以下節錄自由我執筆的以科學為根據的建議專欄：雖然多巴胺過去的別名「快樂化學物質」廣為人知，但神經科學家肯特・貝里奇（Kent Berridge）的研究顯示，其實多巴胺不會真的讓你快樂，大腦裡的類鴉片（opioids）物質才會。多巴胺的功能是使你有動機去做可能會讓你快樂的事，例如吃塊蛋糕、抽個大麻，以及對那個巨乳妹採取行動。

理、行為、注意力及判斷力等層面觸發「一連串反應」，讓我們「更快處理」眼前出現的問題或機會。

用某個特定方式習慣性地作出趨或避的反應，會導致在其他方面也都用這種方式來回應。凱爾特納與社會心理學家黛博拉．古恩菲德（Deborah Gruenfeld）及卡麥隆．安德森（Cameron Anderson）共同進行的研究都支持這個概念。這表示，你是「向前！」或是「後退！」的傾向，會蔓延滲透到你的情緒、行動、感知、信念，以及做決策等等各方面。

有許多例子可以說明這種蔓延滲透效應，其中一個例子來自安德森的研究。安德森發現，有權力的人，除了整體心情比較好之外，似乎情緒也比較正面，而沒有權力的人的感受，就好像再加熱過的剩菜剩飯一樣（學者不是這麼說的啦，但是你知道我的意思）。

凱爾特納及同事也注意到，更有權力也會「增加對獎賞的敏感度」，社會獎賞（例如贊許）或物質獎賞（例如食物和錢）都是。用簡單的話來說，如果你擁有權力，你比較可能會先看到有張二十美元鈔票在樹叢裡飛。這聽起來也許有點瘋狂，但這是因為趨近傾向與敏銳注意到獎賞互有關聯。對獎賞的敏銳注意力是透過「增加多巴胺」，由身體的化學物質啟動。神經科學家肯特．貝里奇的研究指出，多巴胺會驅動欲望（他的用詞是想望〔wanting〕），讓注意力集中到那些可能會有獎賞的事物上，你會因此加速行動，衝上前去奪取。

凱爾特納及研究團隊另外也解釋了「具有權力」可能會讓你「比較不會察知到別人」。這並不是說權力或力量會讓你出現視力問題，看不清楚郵差在哪裡，而是說，有權力的人花三十秒和人聊一下識別名牌要用藍邊還是紅邊，在這種對話之前並不會花半個小時去反覆咀嚼別人怎麼看待他們。

該研究最後指出，趨近是一整組的，包括感知、情緒、行為，統統一起作用，一個一個激發。

是的。權力（力量）是個套裝協定。

我猜它是這樣運作的，或至少有一部分是這樣運作的，原因是大腦要達到能量效率（energy efficiency）。回想一下，不管是用舊機器打造新用途，還是做日常工作，大腦運作處處節儉。認知科學家說，大腦的運作是「昂貴的」。

大腦不喜歡花費能量在已經想出來的事情上，所以它會自動化，也就是把過去走得通的情緒／行為這一組套裝拿出來用。我們可以把這條路線稱為「趨近路線」，你愈常走這條趨近路線，它就愈行得通，愈能成為你的預設動機。

沒錯，我要強調的是，重複去做「趨近者」（approacher）會做的行為，那麼，你就能在情緒、身體及行為這些方面準備好自己，成為一個趨近傾向的人。

為了了解這部分的大腦機制是什麼樣子，讓我們把那句老生常談「就像學騎腳踏車一樣」，升級改成「就像學怎麼操作一架空拍機一樣」。你第一次操作無人機升空時搖搖晃晃非常不穩，以為一定會拍到旖旎風光，但其實只是勉強讓無人機不要掉到鄰居家的按摩浴缸裡。

這種奇怪的不適感持續了一陣子，你得一直看著自己的手，似乎很難記得怎樣做才對。但是只要操作成功，讓它一直保持升空，你的手就開始「知道」怎麼做。而且，過不了多久，哇！你發現自己根本輕輕鬆鬆就同時觸犯許多法條，包括當地、州政府和聯邦的法律。

做個空間侵略者

很重要的是，你必須養成習慣，無論坐、站、移動，都像天生帶著自信和自在的人，也就是你想成為的人的樣子。

在一般日常生活中，就要這樣做。

這表示，不是碰到麻煩才做，而是當你坐在桌邊，或走在人行道上時，無論坐著、站著、走路，你都要把背挺直，而不是縮起來。提醒自己，並且實際去做。

不過，在你與大人物進行重要談話時，「必須做到」的權力姿勢及說話方式，會有一個問題。

默默提醒自己維持某種新姿勢，同時改變講話方式，而且還要記得你要和對方說什麼，這些加起來可能會導致「認知負荷」（cognitive load）過多，這是心理學家約翰・史威樂（John Sweller）說的。這意味著心智負荷過量，也就是給工作記憶超過它能同時應付的量。就是在這種時候，你很容易會不小心說出我所謂的胡言亂語（Babblish），你明明知道該講什麼，但這些話卻毫無章法地出現在你的句子裡。

另一個問題是「洩露」（leakage）。第九章說過，洩露形容的是展現自己時出現不一致的現象，有時候是你說的話，但更常是你的肢體語言露出馬腳。例如，你可能背脊站挺了，肢體伸展了，但是講話時會流汗或發抖，那就好像你的身體對著你想表現出來的自信大喊「放屁！」

但好消息是，擺出這些「君臨天下」的姿勢，就不一定要記得做這個又要做那個。下一章我會解釋，如何啟動整套趨近系統，而不是零零星星地忙於照顧各個部分。

不過，知道每個部分怎麼做還是很重要，所以我列出幾點綱要，你可以在沒有很多壓力的情況下拿來使用。

更進一步簡化，綱要中的綱要，以一個字來形容就是：大。

大，就是占據空間。

這有幾個方法：

身體

- 站得挺直，或至少坐得挺直。
- 肩膀向後打開，挺胸。
- 頭抬高，直視前方，而不是看下面，好像你這輩子就是為了找掉地上的零錢。
- 不要一直擺弄你的手、頭髮及衣服。
- 考量你所在的脈絡，在某些時候，如果不是太荒謬的話，站著時可以雙腳打開，雙手叉腰，就像在調查自己工廠裡的工人一樣。

如果你能這樣試試看，我想你會明白那種真正掌握某些事的感覺，即使你掌握的只是ＩＫＥＡ的組合書架，你下決心把它組起來，結果心靈受傷到必須請兩天病假。

聲音

大，在聲音方面，並不是講話像打雷或砲轟，好像大喊「手舉高！趴下！」要救出人質似的。

大，在聲音方面，表示你說話時就像「va bien dans sa peau」這句法語，直譯的意思是「皮膚都感到舒適自在」，相反的意思則是聽起來讓你很想拉開那層皮膚的拉鍊，整個脫掉，然後尖叫跑開。

所以，你可以這樣做：

不要快

你可以用聲音來占據空間，辦法是慢慢講，這樣也能顯示你覺得自己有權利占用時間。

我的毛病是說話速度太快，一方面是因為我有很多想法一直跑出來，另一方面是因為掩蓋在連珠炮之下的我，有時還是會擔心我還沒說完，聽眾就跑掉了。好吧，有些聽眾可能會跑掉，但是我說得這麼快，好像有人在我身上按下兩倍速播放鍵，聽眾即使本來不想跑掉也會跑掉了。

真正幫助我慢下來的，是我聽了自己錄製的每週一次播客節目[32]。你也可以這樣做，用手機的錄音功能錄下你的聲音。然後，在你去某個社交場合之前，提醒自己要放慢速度。

呼吸

採用橫隔膜呼吸法，從橫隔膜吸氣吐氣，而不是胸腔。要了解兩者的差別，不妨試試看：說話時把你的手放在肋骨下方，如果你說話時是從橫隔膜吸氣吐氣，你會感覺到它在移動。

好好說話，不要吱吱叫

相對於急促地高聲尖叫或哇哇叫著說出你想說的話，好好說話是展現大氣的另一個方式。有一個非常棒的資源是一本小書，由好萊塢聲音指導專家莫頓・古柏博士（Dr. Morton Cooper）寫的《改變你的聲音，改變你的生命》（*Change*

32. 作者注：假如我身上著火了，而且試著在化成灰之前告訴你，裝在手提箱的核彈以及納粹黃金列車的位置在哪裡，那麼我練習放慢之前的說話速度一定會非常適當。

Voice; Change Your Life）。

我找古柏指導過兩次，對我非常有幫助。他解釋說，很多人並沒有使用我們最棒的聲調來講話，如果我們能拿掉恐懼，拿掉不順暢的贅字或停頓等等，那就是最棒的聲調了。在《改變你的聲音》這本書中，他解釋如何發現最棒的聲調。你可以現在就做這個練習，回到這一頁的最前方，然後念出幾行文字。如果你同意任何字句，就發出「自發而真誠」的嗯哼。發出這個聲音時，「音調要上揚」，嘴唇要閉著。

古柏寫道，做這項練習時，你發出的聲音應該就是「你的正確聲音」，也就是你「天生的聲調」。他解釋說，要確認是否做對，你應該「能在鼻子或嘴唇周圍，感覺到微微抖動或震動」。如果你的聲調太低，會感覺到「喉嚨低處太多震動，嘴鼻周邊很少或甚至沒有震動」。他建議你繼續做「嗯哼」這個發聲練習，直到你能感覺到嘴唇及鼻子周邊有顫動為止。

不要填滿每個縫隙

對話中有一些開放空白的空間，能夠顯示你的勇氣，也就是說，在你想著要說什麼時，在句子之間保持沉默，或甚至是長一點的停頓。這種沉默對我們某些人來說很可怕，但是，你只要多試幾次就知道，沒有人會因為這些沉默，而嘲笑你是一點都不機智的白癡。

舉杯致詞

不，我不是建議你用伏特加淹死你的說話恐懼，因為這樣做，恐懼這個小壞蛋只會再跳起來而已。

為了得到練習說話的機會，你可以嘗試一些會鼓勵你走出恐懼，而不是因恐懼而逃避的論壇，例如國際英語演講協會（toastmaster.org）這個非營利組織，它在全世界各地都有當地分會。會員可以練習演說，其他會員會幫忙指點訣竅，並加以鼓勵。你可以在 Yelp 網站上看到許多關於當地演講協會的讚美評論，就知道它過去幫助了無數人，包括我的朋友及前任助理莉迪雅（Lydia），這個協會不只幫助人擺脫恐懼，也可以加強說話的技巧。

眼睛

有一個說法是，如果你和別人說話時會看著對方的眼睛，那麼你是有力量的；如果你說話時眼光會飄開，顯示出你是魯蛇！

呃，不盡然是這樣。

說話時看著下方，當然是罪惡感、羞恥感或臣服的跡象，所以你應該知道，要讓人信服你說的話，你的眼光就必須離開鞋面。不過，這並不表示你應該一直死盯著對方。

心理學家關妮絲・多赫提—史奈登（Gwyneth Doherty-Sneddon）研究發現，講話時眼睛看向別的地方有兩個原因。第一是因為我們很在意害怕或失敗，第二是因為我們正在想接下來要講什麼。換句話說，看向別的地方是自然的，甚至表現出我們的深思熟慮，所以，很多有自信的人，眼神也會看向別的地方。

而且，前FBI側寫專家喬・納瓦羅（Joe Navarro）及心理學家馬文・卡林斯（Marvin Karlins）在《FBI教你讀心術》（*What Every BODY Is Saying*）一書中寫道，強力而直接的凝視，傳達出來的情緒不只一種。這種凝視結合了許多心靈及情緒的特徵，包括愛、恨、好奇，以及某些極度令人害怕的意圖（甚至是「如果把你分成小塊，我冷凍庫冰塊層下方那個空間應該放得下」）。

納瓦羅及卡林斯解釋，我們會根據脈絡看出對方在傳達什麼情緒，這表示我們是靠著「伴隨眼神凝視的其他臉部表情」來判斷，例如下巴收緊以及嘴唇緊閉，表示厭惡，或是「放鬆的微笑」，表示某人喜歡我們，並且覺得和我們在一起很自在。

但是，如果整體表現沒有什麼瑕疵，你也不用在乎眼神擺在哪裡了。了解這些眼神接觸的小知識是不錯，不過一旦你在各方面更有自信之後，自然就會知道自信者的眼神接觸方式了。

舒適自在的造型

自信是一種舒適的狀態，如果你希望成為有自信的人，就要展現出舒適自在的狀態，甚至在你的穿著上。

想一想「好萊塢邋遢風」（Hollywood slob）。

據說這股風潮是在一九九〇年代開始，好萊塢名人開始穿得活像等著來電叫他去清理別人家車庫似的。接著是像馬克・祖克柏（Mark Zuckerberg）等科技金童，總是穿著連帽運動衫趴趴走，還有電影明星穿著拖鞋出席首映會。

我不是要大家乾脆都穿得邋裡邋遢好了。老實說，我非常痛恨這種邋遢風，我個人完全是反其道而行。

但是，身體不舒服除了會讓你覺得情緒不順之外，企業顧問奧麗薇亞・福克斯・卡本尼（Olivia Fox Cabane）在《魅力學》（*The Charisma Myth*）書中表示，穿了不舒服的衣服，例如讓你發癢的毛衣，你就會一直拉扯領子或扭動身體想讓自己舒服點，但在做這些動作時，你看起來就是一副魯蛇樣。穿太多，結果太熱又猛流汗，或是陽光刺眼但忘記帶太陽眼鏡而瞇眼睛，也是同樣的道理。

簡單說，穿著不舒服，等於就是和你的魅力說「Bon voyage!」一路順風再會了！

問題就出在我們會把身體不適解讀成情緒不適。卡本尼用瞇眼睛的例子來解釋：「當你感覺到別人在生你的氣或是不贊許你，你的臉部反應就和對陽光強烈不適的臉部反應一樣。」忸怩不安及流汗也是同樣道理。

這表示，穿著舒服很重要，其他能讓你覺得身體舒服的做法也很重要。所以，與人會面之前，要先吃過東西，最好不要餓著肚子去見人。提早到場才能從容不迫，不要氣呼呼抵達現場，一邊還在惱怒其他駕駛看不懂綠燈是代表「走」，而不是「檢查手臂有沒有癌變的痔」。

卡本尼甚至建議，如果你能選擇，也要考慮見面地點是否舒適，包括溫度和噪音程度。當然，有時候就是免不了有這個或那個原因讓你感覺不舒服，比如衣服快把你勒死了，過敏讓你的鼻子不能呼吸，或者在餐廳被帶到的座位好像古代宗教裁判所[33]的複製品。

當你覺得身體不舒服時，要說出來。卡本尼建議，盡快指出讓你熱或瞇眼睛之類的元兇，可以避免其他人誤會你的身體不舒服是因為情緒緊張，因為，情緒緊張會讓他們認為你有心理困擾，或是不想和他們在一起。

33. 宗教裁判（Inquisition）是中古時期歐洲天主教國家審訊異端分子，以嚴刑拷打迫人認罪。

舉起右手，不，是另外一隻右手

我提到的肢體動作，像是抬頭挺胸、用某種方式說話等等，在沒有壓力的時候做這些練習是好的。但是，假如你鼓足勇氣走進副總裁辦公室想說明你的立場，臨時卻感到一陣害怕，把主張都對著你的鞋子說了，那麼也不需要過度鞭笞自己。

畢竟你站出去了，那已經是一種努力。

記得，這是個過程。

當你去做下一章我建議的事項時，你會感覺到什麼叫做以自信者的姿態踏入世界。很酷的是，愈是經常做這些事，正確的姿勢自然就會隨之而來。

16

開始行動吧！

是時候變身成更自在的人了

很可悲的是，某些愛情注定不會有好結果。羅密歐與茱麗葉，崔斯坦與伊索德，小被被和我。

小被被是我的初戀。

在說我們是怎麼在一起的之前，先講一下我的背景。

我是三姐妹中的大姐。我最小的妹妹卡洛琳（Caroline）出生時，我爸媽的教養方式早已經從照書養變成當豬養了。老實說，根本就是：「卡洛琳，媽咪要煮晚飯了，妳去外面馬路自己玩！」

不過因為我是第一個小孩，他們對我的方式是：「老天爺啊，尿布疹！她會死掉的！」

沒錯，你猜對了，小被被是我嬰兒時期用的毯子，差不多到學走路時，我走到哪裡都拖著這條有汗漬的粉紅小毛毯，而且常常把角角放在嘴裡吸吮。

過沒多久，我就不再是學步兒了，不過我還是走到哪裡都帶著小被被。

當時，我爸媽這對緊張兮兮的新手父母，不斷把我的這種行為投射到將來我長大後會是什麼樣子，他們好像抓到小毯子現行犯似的，想像我緊抓著小被被步上紅毯，或是開工作會議時拖著那條小被被，而且還咬著角角。

一定要想辦法治一治才行。

有一天我醒來之後發現，那條心愛的粉紅小被被不見了。「媽——！」

我爸媽藉口推說是布尿布洗滌公司收走了。提示一下，布尿布洗滌公司只限於布尿布送洗，並不會偷走髒兮兮的小小孩心理安慰物，雖然這種業務在黑市一定能賣個好價格。

我心碎了，還留下心理創傷。我這個人的專長不在記憶（我曾經問一個人：「我是怎麼認識你的呀？」對方回答：「噢，我們上過床。」），但一直到我二十五歲左右，我還會打電話問我媽小被被在哪裡。

我寫這一章時，又打電話到密西根給我媽問小被被在哪裡。噢，你知道的，我只是好奇啦。

她說：「我們好像是把它藏起來了。」但她就是想不起來藏在哪裡。可惡啊。我真的了解，我媽和我爸是一片好意，畢竟是風吹草動就會嚇到的新手父母，他們已經盡力了。但是，我只是放手得比較慢，就像我直到很大才開始不尿床。最後，我不得不自己調適，忘掉那條小被被，永遠不要再想起。

當然，人生就是這樣，我們會「把孩子氣的東西收起來」，特別是等到我們開始想被男孩子親親的時候，然後才發現……哎呀……怎麼有一片破破爛爛的粉紅色倒鉤鐵絲網和地雷區，擋在我倆以及和某人長久而夢幻的調情之間，我說的不是枕頭喔。

說真的，有些小時候的東西，我還是沒有「收起來」，那就是我和別人建立關係的方式，總是擔心受怕又黏答答的。老實說，長期以來這種模式已經變成我的範本了，也就是我建立人際關係的固定模式。

當然，在我老是被欺負、總是沒有朋友的童年，這些行為已經能夠適應環境，保護我在身體上和情緒上不受到傷害。但是當我到了十七、八歲至二十出頭進入新社交圈的這段時間，我的行為範本開始適應不良，和新環境格格不入。就好比我們嗜糖的習性，在古代能夠讓我們不會營養不良，但是在現代則會讓很多人的屁股擠不進飛機座位。

遺憾的是，以前我一直看不明白，這種退縮順從的行為其實讓我的人生更不順遂，因為我根本就是在向全世界的人宣告，我是個可以不被尊重、可以踢來踢去、可以忽略的人。

現在，我認為我們都習慣性的照本來的方式做事，忘了問自己我們第一反應的行為是否還有道理。以我個人來說，以前我甚至沒有想過還有別的方法。那可能是因為我曲意奉承的樣子，似乎不只是行為而已，因為經過好幾年不斷重複，似乎就成為我這個人的天生個性了。那時候我還不知道，其實只要改變行為，然後一直保持這個改變，透過這種方式就能擺脫長久以來的社交流放生涯，過著光明美好的人生。

附言：媽，下次妳去地下室，可以幫我翻一下暖氣爐後面那些箱子嗎？

自我的輔助輪

睪固酮顯然有幾項工作，包括降低焦慮及憂鬱，以及改善空間能力。但是，睪固酮最有名的功能是鬥劍士的荷爾蒙，也就是「把他們開腸剖肚、碎屍萬段！」（又稱歡樂開膛星期五〔Casual Disembowelment Friday〕）背後的生化飲品。

前一章的一開頭，有提過一個研究宣稱權力姿勢會提升你的睪固酮，也就是那個被封為科學上的臭蟲子，「無法被實驗複製出同樣結果」的研究，還記得嗎？

讓我們來假設一下，如果有十二個不同研究團隊都做了權力姿勢研究的重複實驗，並採用最嚴格的研究方法，結果每個團隊都發現，「哇靠！這些姿勢真的會大幅提升睪固酮！」。

不過，還是有個問題：如果你本來就不是鬥劍士類型的人，那麼，這個升高的睪固酮也沒有什麼意義可言。基本上，它只是讓你成為睪固酮比較高的魯蛇罷了，你根本不知道要拿它來幹嘛。或者，就現實面來說吧，你並不會做好心理建設，要在生活中好好應用它。

為什麼會這樣呢？首先要知道，開始變得自信之前，還要投入，拖拉庫的心理準備功夫，包括透過運用理性來對付過度害怕，以及透過自我接納及自我疼惜來寬厚看待自己。為了讓別人相信你的自信，你需要展現自信的肢體語言。還有，我在第八章解釋過，因為自信是可預測的東西，也就是基於你之前的表現，隱約感覺得到你會做得怎麼樣。所以，如果你過去有一些展現勇氣而成功的經驗，就會很有幫助。這有點像如果你已經很有錢，要再賺更多錢就會比較容易。

把這些元素（以及其他元素）一件一件放在一起，應用於某些社交場合，的確是一個龐大而不易處理的工作，會吃掉你的自信。你可能會記住在某一方面要怎麼撐，就忘了要同時撐住其他幾個面向。你看著自己在好幾個前線遭到自我轟炸，接著就會自我厭惡，出現畫地自限的心態，斬斷任何剛冒出頭的自信幼苗。（歡迎來到一堆鳥事村，居民：你。）

為了要自信地踏入這個世界，你必須避免在同一時間做到所有項目。我已經幫你想到一個辦法，那就是實地上路測試一整套自信者的行為。這就是我在短暫工作期間採取的方法——「當」（being）某個人，通常是我的老闆，也就是冷靜自信的電視廣告製作人凱西。

是的，我要告訴你的是，開始轉化自己成為自信而全新的你，辦法就是花時間像某個自信的人。

這個人已經具備各種自信的元素，組合起來就是一個自信的整體。這樣做，能夠減少你的工作量，讓你在與別人互動時保持冷靜。首先，你暫時不是「你」。而且，這個自信的人本來就是冷靜的。你只需要以這個自信的人亮相幾次以獲得經驗，體驗到保持冷靜的好處，並且經歷到伴隨而來的姿態以及身體感覺。

我把這種做法稱為「自我的輔助輪」。

第二章說過，我就是使用這種「輔助輪」方法來擺脫魯蛇身分。犯罪小說作家愛爾默・李納德曾建議有抱負的作家，初期先模仿一位喜歡的作者，以此為墊腳石來發展自己的寫作風格。後來我才明白，我的方法還挺符合的，只不過我的版本不是寫作風格，而是社交風格（其實，李納德剛開始寫作時，曾經使用海明威作品的一、兩個段落，一字一句照著打字，然後再用同樣風格寫出下一段，準備就緒再來寫出自己的東西）。

我在各個場合進行這個練習，一次只做幾分鐘。例如，在快餐店和人互動，或是在公車上和霸占座位的人互動。雖然只有幾次小片段，但已經足以讓我了解走這條路是對的。擺脫我本來擔心受怕的行為模式，為自己站起來（其實是模仿別人怎麼做，這是一種心理上的安全氣囊），我開始有了以前從來沒有過的：希望。

在我模仿凱西的行為時，我發現自己被對待的方式不同了，注意到這一點，讓我生出了希望。我的感覺也不同了，而且沒有看到什麼壞事降臨。除此之外，我看清了自己一輩子的社交爛泥，這很重要：問題不是我，問題是出在我以前的行為。

我開始在想，如果我把這個角色扮演的實驗，當作一個起步的基礎來和別人交往，也就是以全力以赴、毫不畏縮的我來和別人互動，那麼，我的人生可能會非常不一樣。之後我們會講到「怎麼做」，也就是「暴露自己」，這是兩步驟程序的第二部分。但首先再說明一下第一部分，也就是「輔助輪」：如何從模仿開始，逐漸變成真正的你。

第一部分：打造暫時的新的自己

沒錯，是真的，要轉化成新的自信的自己，方法是先花點時間做舊的自信的別人。

應該模仿誰？

像我一樣，挑一個你推崇的人，你推崇這個人以自我尊重及自信來過日子。理想上，他會為自己、為自己的信念及公平的事挺身而出。

這個人可以是某個你認識的人，或是從電影上看到的人（如果你是男性，那麼喬治·克隆尼〔George Clooney〕是個明顯的選擇），或是某些虛構的電影或電視劇角色。書蟲們抱歉了，不要選小說裡的角色，因為光想像他們會怎麼說話和做動作是不夠的。你必須能在腦海裡叫出他們具體言行舉止的影片片段，才會有效。

多常模仿？

你不用一天二十四小時、一週七天都在模仿這個人。事實上，你可能只需要一週做一、兩次，每次幾分鐘就好，或者也可以一、兩週做四、五次。

也許這種頻率聽起來令人難以置信，但是，我猜你很快就會看到你的生活會變得不一樣。如果你的行為看起來像個「有點分量的人物」，別人就會那樣對待你。這種預期是基於我自己的經驗，而且，相信我，我可不是什麼情緒神童。我的樂觀預期也有研究支持，也就是在心理治療中的角色扮演，是由臨床心理學家喬治・A・凱利（George A. Kelly）在一九九五年發表的研究，現在比較不為人所知了。

凱利解釋，對於人生的事件（尤其是和別人的互動）將會怎麼展開，我們會事先有一些想法，也就是有所預期。為了回應這些事件，我們會自動做出一套已預設好的行為，凱利把這稱為我們的「角色」（roles）。

原因我已經在前幾章講過，我們的大腦是個節能專家，會自動產生某些行為，讓我們不必遇到每個狀況都要從頭想起該如何因應。我們的心智會認出某些模式，也就是某些狀況和我們以前碰到的狀況具有類似性質，心智就會引導我們去做上次做的事。

這樣的確會節省認知能量。太好了，是吧？

但是，有一個問題。凱利是這樣解釋的：我們把預設當作是正確的，沒有想過就做了。但預設可能是錯的。也許在從前有它的道理，但是現在不再如此。

凱利建議，當我們人生中有些地方不太順利時，我們應該用科學家的眼光來看它。換句話說，當我們相信某些狀況或行為會怎麼發展時，我們應該把它想成是一個假設，只是一種猜想，必須經過行動來測試。凱利建議可以透過扮演別人的角色來測試。

凱利所說的角色扮演是針對治療師和客戶。治療師寫下一個角色讓客戶來扮演，為期兩週，這個角色處理人生事務的方式比較少自我挫敗。剛開始，治療師與客戶一起練習扮演這個角色，接著進入「實地測驗」，也就是以另外一個人的行為舉止進入真實的世界，看看會發生什麼事。這個角色扮演練習讓他們像我做過的那樣，正如英國心理學教授大衛・溫特（David Winter）解釋凱利的著作時表示：「實驗新的行為……同時受到『假裝』的保護。」

凱利觀察到，當病患嘗試以另一個人的人格特徵來生活時，只要兩週，這個經驗就大大擴增他們對於未來會如何的預期。這又讓他們能夠融入對他們有幫助的新行為。

我想你可能不需要兩週，因為你採用的是真人的人格特質，而不是人工創造出來的。因為你「扮演」的是一個真實存在的人，你也模仿他們的聲音和肢體語言。這給你一個更強大的「工具」，這個工具因「心靈比頭腦更廣大」而得到力量。

總之，我在幾週之內大約有五次、每次大概一、兩分鐘，穿上我的凱西人格去面對幾個日常人生小狀況，為自己站出來。我用艾美扮凱西的模式說出意見，看到（也感覺到）自己收到的正面反應，這立刻點亮我內在的卡通電燈泡，清楚照亮了前後差異，當我的行為像個人，而不是人渣，我所受到的對待竟是這麼不同。

從這個經驗我才知道，自己好幾年來的假設都是錯的。以前別人對我這麼不好，不是因為某個法庭判決我這個魯蛇一輩子不得翻身，而是因為我自己的行為就是那樣。事實上，退縮、自我保護的行為，主要是防止我去擁抱我想要的人生。

我需要做什麼就一清二楚了：用凱西的行為舉止與別人互動，不過，是由我來做這些舉動。接著我開始這樣做——為我自己站出來，表達我的觀點和態度，還有最重要的是：我甚至還會要求別人為我做事（以前我會費盡九牛二虎之力，只為了避免和同事借支筆來用一下）。

附言：如果你屬於那些需要多練習幾次角色扮演的人，別喪氣，不要把這當成你很爛的另一個指標。如實地接受它，客觀地自我接納，這只是你需要多一點時間的指標罷了。

該找誰當你的實驗鼠？

已經認識你一陣子的人，對你的看法可能已經定型了。但透過不斷展現給他們看，你過去那個滾在地上裝死的日子已經結束了，慢慢地，你應該能夠讓其中一些人或是很多人改變他們對你的看法，以及和你建立關係的方式（某些人的觀念會比較難改變，例如你的家人，因為他們認識順從模式的你的時間實在太久了）。

但是，在輔助輪時期，你要找陌生人來做練習，這樣做的額外好處是，你的練習不會造成一些潛在的代價。例如，梅西百貨退貨部門的人不在你的社交圈裡，如果你在面對他時做了什麼討人厭的事，你可能會尷尬一陣子，但他不會出現在星期一早上的職員工作會議，一開始就告訴大家你有多混帳。

地點和時間？

當然，你可以找一天下午去購物商場，遇到不同的人就練習。但這樣也許會把它變成一件大型的家庭作業，讓人覺得很可怕，結果你就絕對不會去做了。而且一個接一個去找人練習，也無法讓你的心智有機會去思考每一次的經驗。

所以，你可以參考我的方式。通常我的狀態是本來的預設行為，但只要有機會，我會拿出凱西的人格，隨機運用在我日常生活中出現的陌生人身上，然後，哇靠，我發現別人竟然都非常尊重我。

假冒反而使你自由

也許你擔心這個「輔助輪」會把你變成一個陰森虛假的人，一個模仿者、冒牌貨。不要擔心，不會的。你的練習人格只是暫時的。你只是借用別人的行為舉止，把這些當作發射台以產出自己的行為。

技術上來說，當你用某人的人格進入世界，你的確是在欺騙別人，但這不表示你是個小人。動機很重要。你做角色扮演不是為了去詐騙笨蛋，騙光把他們的積蓄。你做這些只是為了引出長期隱藏在表面底下的你。基本上，你是為了更誠實地活著……活得有氣魄、活出完整發展的你……這是一個很值得讚許的目的，而且你應該因為這樣覺得很棒才是。

第二部分：暴露自己

在這個部分，你以自己的樣子面對世界，開始去做那些令你害怕的事。

用這種行動來挑戰你的恐懼，基本上是一種ＤＩＹ的「暴露療法」（exposure

therapy）。

正式的暴露療法就和它的名稱差不多：治療師不斷讓病人暴露在某些他們沒來由就害怕的事物，例如蜘蛛、搭電梯、社交排斥等等，因此他們就能親眼看到這種恐懼完全是杞人憂天。幫助他們去除恐懼，讓他們不再躲避本來害怕的事物，這樣他們才能搭電梯到位在第一百一十層樓的新辦公室，而不是辛苦爬上二百二十段樓梯。

暴露療法根據的是蘇聯生理學家伊凡・帕夫洛夫（Ivan Pavlov）在一八九〇年代所進行的實驗。你可能聽過最有名的案例——實驗室的狗和搖鈴。把食物（粉末狀的肉）放在狗的嘴巴裡，狗就會分泌唾液來幫助消化。接下來，帕夫洛夫給狗端上食物時也同時搖鈴，而且在給狗肉粉之前就搖鈴。重複這個過程幾次之後，光是搖鈴，狗就會分泌唾液了，因為牠們預期會有食物。

這是個非常棒的縮影，說明了學習在大腦裡如何作用。狗的大腦把搖鈴和有食物送來連結在一起，到後來只要一聽到鈴聲叮！叮！叮！就解讀成食物！食物！食物！

檢視一下你人生中的類似情形——大腦已經形成的社交預期。如果你像很多讀這本書的人一樣，那麼你的心智可能已經將你以為的自己和你預期的某種特定結果配對：某件社交上或甚至身體上的壞事會發生在你身上。

在心理上習慣性地把自己的想法與社交上（或身體上）可怕的混亂連結在一起，會導致一種行為保護模式——習慣性地以卑躬屈膝的方式為人處世。表現得乖順有時具有適應性。假設你和一個開大卡車的大塊頭搶停車位，你會選擇把車停在好幾排之後，寧願多走幾步路才能進商店，因為這樣總比下半輩子都跛著腳走路來得好。不過，如果你在每個社交互動場合都這麼乖順，對你沒有什麼好處，老實說，是對你有害。但是，只要鈴聲響起，也就是只要有社交上的艱難任務或狀況，你就馬上進入自動順從模式。

還好，帕夫洛夫想出一個方法來解除鈴聲，也就是停止自動驅動行為這個舊連結。辦法是重複響鈴，但一直都不給食物。狗的大腦一次又一次觀察到，鈴聲不會帶來食物，漸漸地，鈴聲就不會再導致唾液分泌了。這種「制約反應」（鈴聲等於晚餐）的「消退」稱為「削弱」（extinction）。（你可以這樣想：隕石使恐龍滅絕，而削弱就是讓行為恐龍滅絕的隕石。）

削弱是一種學習的形式。（心理學家定義，學習是基於經驗而來的行為改變。）最近幾年，由喬瑟夫・勒杜及其他學者所做的神經科學研究，顯示了削弱過程在大腦裡的運作。想想大腦中的威脅偵測迴路，主角是杏仁核，這個迴路是設計來提醒你有危險的事發生。它會知道有哪些事情危險，是因為你在記憶中儲存了某些事物與情況，而且它們都被標上某種大腦代號：「這些東西危險啦，你這個白癡！」

根據勒杜的實驗室研究生瑪莉亞・摩根（Maria Morgan）的研究，如果一再讓威脅偵測迴路看到它認為危險的東西其實並不危險，那麼這些事物再出現時，它就不會再發出警告。（書呆子請見以下方框內的進一步說明。）你不再被內部的嗚笛嚇得脫一層皮，就不會再把那件事物當作威脅去做出反應。

狗狗流口水、威脅偵測、用餐鈴，我們從這些事情中可以學到的是，社交上的問題並非神祕難解。而且，你可以親手結束自己這一輩子的社交障礙。

你需要的就是學習，就像帕夫洛夫的狗，後來學到鈴聲不會帶來食物，你也

修正過度恐懼反應：給書呆子的加碼大腦之旅
你的大腦對錯誤感到遺憾

首先，實話實說，大腦是個冷酷無情的王八蛋，不過它可能有改進的意願。

我們先來參觀前額葉皮質。大腦前面這塊區域的演化比較先進，用來計畫、做決定，以及做其他聰明的事。前額葉皮質的中間部位叫做內側前額葉皮質（medial Prefrontal Cortex），會參與調節杏仁核的「見鬼了！」反應。

神經科學家勒杜在《焦慮》（Anxious）中描述，杏仁核是防衛反應的「加速器」，也就是驅動力。他還指出，內側前額葉皮質偏下方的區域（腹內側前額葉皮質，ventromedial prefrontal Cortex）負責「剎車」。

神經科學家大衛．優思頓（David Euston）及共同研究者表示，內側前額葉皮質有點像辦公室經理，負責我們的「反應—學習」這組功能，「把脈絡、地點、事件和相應的適應反應關聯起來，尤其是情緒反應。」臨床心理學家理查．A．麥奈利（Richard A. McNally）回顧許多神經科學界在「暴露」這個主題的研究，他指出，內側前額葉皮質「可能儲存長期的削弱記憶，並抑制了被制約的恐懼反應表現。」

這套錯誤修正工作的參與者還有海馬迴，它主要負責記憶及判定方位，對於分辨安全及危險情境有幫助。此外還有腦島皮質（insular cortex），它把情緒脈絡應用到身體的感知上。還有前扣帶皮質（anterior cingulate cortex），它的作用是預測痛苦事件，以及在我們預期錯誤時做出修正。

可以學到，這麼多年來你認定的想法是錯的，甚至錯得離譜。透過下一章列出來的社交練習，你要讓大腦看到，它必須切斷投入社交活動與預期有生命威脅的連結。你會一次又一次看到，不會有什麼恐怖的事情發生，事實上，與別人建立關係、表達自己的意見，而不是找掩蔽躲起來，彷彿北韓剛剛發射了一顆核子彈到你家隔壁的房子裡，事情通常會進行得更順利。

17

為恐懼裝上馬鞍，把它當小馬來騎

恐懼不只是問題，更是答案

我相信，一定有一些非常關注最新研究進展的治療師，會緊追著最新發表的論文。可是，我在外面遇到的經常是另一種，這種治療師最近一次閱讀臨床心理期刊是在一九七七年，當時還是被研究所指導老師逼著讀的。

回想前一章提到，暴露療法是透過不斷接觸令你害怕的事物，來挑戰你的恐懼。目前仍然廣為治療師使用的暴露療法模式，是在一九八〇年代，由臨床心理學家艾德娜·佛亞（Edna Foa）及麥可·柯薩克（Michael Kozak）發展出來的，後來由理查·麥奈利補充。這個模式的主要目標是降低病患的恐懼程度，包括在病患會見治療師時，以及會面之間的時間。

很明顯的是，如果你對某些事物懷著莫名的恐懼，那麼降低恐懼對你而言，一定是好事一樁。恐懼，讓人感覺很糟。而且就是因為恐懼，讓你像一隻快要被壓扁的蟲那樣慌亂逃竄，而不是從容活著。

不過，根據神經科學最新研究發現，立刻降低恐懼似乎是個錯誤。事實上，勒杜實驗室進行了大腦除去恐懼連結研究，他們認為，恐懼其實是一個有力的學習工具。就是因為經驗到恐懼，才讓你明白你的恐懼其實很愚蠢，這樣才能讓恐懼偵測迴路把某件事排除在你應該害怕的事物之外。

經驗到恐懼也會讓你知道，你有能力容忍恐懼感以及其他很糟的情緒，這樣才能不讓這些壞情緒影響你。

所以，加州大學洛杉磯分校的臨床心理學家米雪兒・克拉斯克（Michelle Craske），發展出一套更新的暴露療法模式，令人感到振奮。在如何「違反」你的「預期」方面，也就是不理性地預期某個情境下會發生什麼事，克拉斯克模式和傳統模式類似，也像心理學家喬治・A・凱利應用的角色扮演。

然而，克拉斯克模式，也把近期神經科學家對於學習的研究發現納入考慮，因此，雖然最後的目標與傳統模式相同，都是為了降低你的不理性恐懼，但是最初的重心是放在學習，也就是建立一個更理性的新方式，讓你以一種新的觀點來看待你害怕的事，然後再讓這個新觀點在你的心裡發酵一陣子。

簡單來說，在傳統的暴露療法中，治療師提出的問題是：「我們怎麼做才能幫助你比較不害怕？」而克拉斯克的方法則是問：「你需要學習什麼？」才能開始過活而不是逃避？

我認為把這種學習分解成三個要點，會更有助於了解。

- 你不斷看到證據顯示，你認為某些事或情況與某個特定結果有關的想法，是錯的。
- 依此改變你的行為。
- 把新的信念及行為安裝在長期記憶中，下次時機來臨時，就可以輕易取用這種行為。

然而，新的行為要變成你的第一反應行為，有一個問題，那就是競爭——與舊觀念以及所有伴隨舊觀念的行為競爭。

舊觀念與行為已經存在一陣子了，它們有建立已久的神經網路來支持它們繼續存在。因此，任何新的學習在持久力方面，顯得相當脆弱。正因為新的學習不容易固著，所以，恐懼感以及徹底相反的經驗（也就是你害怕某件事會發生和實際上發生的事不相符）就成為強力的工具，可以教導你並協助你記得你的害怕根本毫無道理。

克拉斯克在斯德哥爾摩一場精神醫學講座上解釋：「愈是不相符的經驗，應該愈能促發學習。」

然後，是的，虛偽獵人，我對角色扮演的解釋似乎有點矛盾。在角色扮演時，以別人的角色短暫經驗了衝突，能夠大幅降低由你自己去面對的恐懼程度。但是要記得，這是兩步驟的程序：首先，扮演某個你認識的有自信的人，接下來，要由你自己去面對（相信我，你真的自己出去面對時，會嚇得屁滾尿流）。

以角色扮演為初步步驟，可以解決一個通常在暴露治療裡出現的問題：中斷治療。有許多病患沒有繼續做完暴露治療的療程。這也不完全令人驚訝，因為在實務上，它等於是說：「好的，幽閉恐懼症女孩，請在星期二下午三點來被關在一個小櫃子裡。」

回想第十三章及第十四章提到的意志力，大腦在面對認知或情緒繁重的工作時，會產生研究者所謂的「厭惡感」，也就是「感覺糟透了」。那麼，為了做這些暴露練習，你得把臉湊近大黑蜘蛛的巢穴等等，幾乎快讓你他媽的心臟病發作，這一切到底是為什麼？

答案是，堅持「暴露自己」的誘因，剛好就來自於角色扮演時發生的小插曲，因為人生有始以來第一次，你有了希望。你看到如果能開始改變行為舉止，事情可能會有所改變，而且是從來沒有過的改變。另外，假如你像我一樣說過好多次（可能是六萬五千三百二十六次）只要能受到歡迎，你願意「不惜一切」。那麼，偶爾忍受一點點恐懼，不就是「不惜一切」嗎？

別想太多

恐懼和焦慮並不是同一回事。不過，在本書中，我常常交互使用這兩個詞，還有「情緒」及「感覺」也是（第四章解釋過，我假定這本書的讀者是想要更有自信，而不是想拿到神經科學博士學位，或是想在後院開設一家大腦診所）。

但是，談到恐懼和焦慮之前，我們應該再回頭看看情緒和感覺，情緒是大腦對環境的潛意識反應，而感覺是對周遭環境有意識的思考。

回想第四章，嚴格來說，情緒是身體的經驗，是透過感官接收到環境訊息，並使你的身體立刻閃現的潛意識經驗。由感官接收到訊息（例如瞥見一排尖牙）會啟動大腦中的幾個部位，甚至就在你還沒意識到看見什麼以前。這個訊息觸發神經化學反應，促使你準備出擊，免得被當成午餐吃掉了。

另一方面，感覺，是意識層面的思考，也就是在你的想法中，對於輸入大腦的環境資訊的解讀：「不是啦，笨蛋……那不是牙齒。只是太陽照到木頭，看起來怪怪的而已。不過，難道真的是嗎？這下子太棒了，可能要被鱷魚吃掉了。真希望我有跟羅伯特說我愛他。真希望我有去追求百老匯歌星夢。」

了解情緒與感覺的本質，有助於了解恐懼及焦慮的差異。

神經科學家喬瑟夫・勒杜解釋，恐懼是當我們面對危險時的經驗。它始於意識層面之下，訊息從我們的感官傳送到杏仁核以及其他威脅偵測迴路的大腦區域。我們的身體會做出自我防衛反應，但是有時候，我們並沒有意識到自己在害怕。

勒杜解釋，焦慮是對潛在威脅有意識的反應，包括未來可能面對的威脅。所以，恐懼是針對現在的威脅，而焦慮則是預期性的，有意識地擔憂未來可能會發生什麼事。

對於恐懼，我們的確會漸漸意識到它，表達出來的是「超可怕的！我都嚇傻了！」。但是，這是由身體對威脅的反應所喚起的情緒（沒錯，想起出現在第三章的老朋友威廉・詹姆斯了）。

恐懼和焦慮確實是我們的保護者，好讓我們活著，不會四肢不全、沒有被吃掉，能熬過身體上與社交上的傷害，所以我們不想完全撇開它們。但是，如果恐懼與焦慮習慣性地被一些不是真的危險的事物所驅動，對我們也不好，會讓我們一味躲避（逃避模式！），而不是向前（沒錯，趨近模式）。太過敏感就像每次有人拿著燒焦的吐司進會議室時，煙霧偵測器就會響起，害得整棟樓都要疏散。

因此，為了向前進，而不是往後躲開，你需要重新校正你的恐懼和焦慮，讓它更精準、不要出錯。然而，基於神經科學研究，勒杜和克拉斯克都認為，必須分開看待大腦的「內隱」及「外顯」處理程序。這聽起來似乎很複雜，其實「外顯」處理程序是指有意識的部分，產生出來的想法是你可以用詞彙表達的，而「內隱」則是沒有意識到的、自動的部分。

區分這兩者有一個重要原因。勒杜解釋，內隱及外顯系統使用的是大腦內部的共同資源，因此兩種處理形式同時啟動時，彼此會競爭資源，導致缺乏效率。他舉例解釋，「如果你嘗試改變某些正在消逝的想法（也就是，嘗試削弱某些反應），就是在要求大腦以一種可能不太理想的方式學習並儲存記憶。」

根據克拉斯克的研究，這種「分而治之」的方式，應該會漸漸放大暴露的效果，使它更有持久力，而且是在各種不同的情境脈絡下（這部分下面會進一步解釋）。

心理生理學家彼得・J・朗（Peter J. Lang）觀察到，把做法和想法分開，也可以讓你以最強火力去攻擊三個不同的「反應領域」：有意識的評估（可以用詞彙表達感覺的事物）；你的行為（例如撤退或逃避）；以及你的生理反應（像是心跳加速、臉孔冒汗）。這三個「反應領域」組成了我們心智中的恐懼（或任何情緒的）「資料庫」。這個三領域模型再度顯示了「心靈比頭腦更廣大」，並且指出，光是談話治療既沒有效率，也不足以處理莫名的恐懼。

如何加速轉化

要重新校正恐懼與焦慮，以下建議應該可以幫助你，在校正時力道更強、速度更快、效果更持久。

但是，首先我要承認，如果一本書裡說「寫下這些要點！」，我就是那種不去拿筆還會抱怨的人。萬一你也是這種人，那麼我提供你兩個方法來進行暴露療法，一個是懶惰蟲艾美・奧康的辦法，另一個是比較有威力又有效率的辦法（給願意拿筆記本寫下難堪事的人）。

給懶惰蟲的暴露療法

之前我盡全力進行轉化的時候，從來沒有正式寫下我需要面對與處理的特定事項。不過，這也不令人意外就是了（我要為自己辯護一下，我對什麼事情都很膽小嘛）。所以，即使不再角色扮演，基本上我還是用「凱西會怎麼做？」的模式，來檢驗勇敢的行為在某個情境中是否恰當，然後我就咬緊牙關去做。

你也可以這樣。只要看看四周有沒有什麼社交挑戰，那些你沒有膽量去做的事，然後就豁出去吧。在人多的咖啡店裡，要求占據多個位子的傢伙挪開東西，讓你有位子可坐。去和那個女孩聊天，或者至少試試看……像艾爾博特・艾利斯那樣。一次，又一次。

已過世的艾爾博特・艾利斯是認知治療的共同創立人，年輕時骨瘦如材，社交方面極度笨拙，部分原因是他年輕時因糖尿病住院了好一陣子。他想交女朋友，但是非常害怕被拒絕。最後，他為了挑戰自己的恐懼感，花了整個八月在布朗克斯植物園裡搭訕女性，或者說試著搭訕女性。他總共接觸了一百三十個人，其中一百人和他說了話，當中只有一人同意和他出去，但她爽約了。但是，整個經驗就是練習違反他的預期——他的預期是，如果被女性拒絕，他就會發生糟糕透頂的事。她們拒絕他，感覺當然很糟沒錯，但他明白了自己還是可以忍受「很糟」。艾利斯是我的朋友，後來他還頗受女性歡迎呢。

給願意寫下難堪事的人的暴露療法

以科學為基礎的方法，就像聖誕老公公或是辛德勒（Schindler）[34]，會先做一份清單。

做一份清單，列出令你害怕的社交事項，這些是你不想再退縮逃避的事。這能讓你一項一項分別鎖定各個問題，並且一次一次不斷處理。像這樣集中精神去對付的方法，威力比我那樣隨性的方式更強，也是更聰明的做法（我聽到什麼聲音了？我們懶惰蟲裡也有人去找筆了嗎？）。

以下是幾個可能的例子，可以放在你的待處理清單上：

• 能夠說不。對你不想做的事，對不公平的事，或者他媽的就只是因為你終

34. 奧斯卡・辛德勒（Oskar Schindler，一九〇八—一九七四）在二戰時期為實業家，在波蘭開設工廠並僱用許多猶太人，屢次透過賄賂請求納粹軍官不要將其猶太工人轉送集中營，這段故事曾改編成電影《辛德勒的名單》。

於能夠說不。

- 能夠開口要求幫忙。
- 表達你知道或你懷疑別人不會說的意見。
- 讓別人認識真正的你，即使是不夠酷或不好意思讓人知道的部分。
- 爽快承認你不知道某個字的意思。
- 會求助。
- 承認你錯了，而不是否認或掩飾。
- 與陌生人交談，要把自己當作值得認識的人，好像你提供的是有價值的資訊，而不是病毒性腸胃炎。
- 收受禮物或是讚美，回應是「謝謝！」，而不是捶人家一記，講一堆原因說你不值得，你真的只是個臭水溝裡的爛貨。

列出清單，只是第一步。

根據克拉斯克研究出來的暴露模型，你總共會經歷四個階段。為這四階段取名字有點怪，但是能夠幫助你記得：清單、考慮、行動、檢討（又及：這是我想的，不是克拉斯克）。

清單：

1. 列出你想做但卻不敢去做的事（你可以只列出兩件或三件事，剛開始甚至只要列出一件事）。

考慮：

2. 寫下一行字，如果你做這些事情，你預期會發生什麼事，別人對你會怎麼反應。
3. 以零到一百為量尺，寫下真的會發生的可能性（這一項是某些讀者會跳過的，但它能協助你看到自己的恐懼和真正會發生的事情之間有多大的落差）。

行動：

4. 去做你害怕的事，至少要做個幾次，也許幾天或一週內要做三到四次。這樣就能看到你得到的反應，不只是僥倖。

檢討（最好是用寫的，至少要在腦海中想過）：

5. 檢討到底發生了什麼事，你預期的事是否真的發生。
6. 檢討你從這段經驗中學到什麼，是否違反你的預期。

至於這幾個步驟如何奏效，在克拉斯克的研究中，有一個人非常害怕社交上的拒絕及羞辱，我們來看看他的例子：

清單：

1. 他說他害怕對同事表達專業意見。

考慮：

2.他預期同事會「瞪大眼睛……瞧不起他」，並且「沒說什麼就走開了」。

3.至於發生的機會是多少，從零到一百，他百分之九十五確定對方會這樣做。

行動：

4.暴露練習進行為期一週，期間有四次表達意見給同事。

檢討：

5.他回報，事情進展並不像他預期的那樣。實際上發生的一個例子是：「同事立刻回應，並同意我的意見，我們還繼續交談下去。」

6.當被問及學到什麼，他寫道：「同事並不是都不理會我的意見。」

真是太讚了。

你的意志里程當然會變

抱歉這聽起來有點像汽車廣告，告訴人們某款汽車每加侖可以多跑幾公里之類的，然後下面有一行小字：「只有在核爆酷寒過後早上三點的高速公路上。」

這種暴露治療要做多少、做多久，幾週或幾個月，完全因人而異。做練習時，要針對某一個特定問題，可能是一週或是兩週，看看是不是有助於你每天面對人事物時的行為。要是你覺得暴露療法對你有益，可以多做幾次。

如果你有嚴重的社交焦慮，嚴重到例如甚至無法忍受陌生人投射眼光在你身上，那麼，按照克拉斯克的神經科學研究回顧，這表示你的大腦從暴露療法學習的速度比一般人慢一些（基本上，回到上一章，寫給書呆子的大腦知識方框內所說的，你大腦中的焦慮「煞車」，也就是腹內側前額葉皮質，可能比大部分的人弱。）

因此，如同我在前一章的角色扮演練習中所說，如果你覺得自己需要多做的暴露練習比別人還多，不要因此覺得很糟。我們都有長處和短處。記得，重要的是這些「小贏」，面對每一次恐懼時，你對它吐舌頭、扮鬼臉，就能多削弱一點它的力量，阻止它讓你和你的人生愈活愈小。

做時不要想，想時不要做

同時進行許多工作，對學習有害。回想一下神經科學家勒杜的觀察，同時讓你的大腦做兩個不同任務，處理每件工作的效率就會比較低。

勒杜以及暴露研究者克拉斯克建議，你必須將「暴露自己」的「行動」與意識思考分開，也就是在做的時候，不要去想發生了什麼事，以及這些主導你人生的恐懼帶來什麼啟示等等。

基本上，這表示在做違反預期的暴露練習時，你要傻傻地去做。我的意思是，某些情況下，你會去想你在做什麼、為什麼要這樣做，或是這代表什麼，你不要進入這種處境。做了再說，以後再來想（也許是一天之後），為什麼擅長社交的兇猛大狗卻變得像三流明星手提包裡昏昏欲睡的嬌小約克夏。

學到就要留下來

雖然艾爾博特・艾利斯知道對女性暴露自己（呃……）的結果，但是他並不知道現在神經科學對學習的研究。如果知道的話，為了學習並保持學習效果，他每天可能會比理想上再多做幾次暴露練習，至少是剛開始的時候。

學習的一個重要部分是記憶。畢竟，即使是全世界最明智的洞見，如果無法保留下來，也沒有意義。就好像你有時候在半夜忽然靈光乍現，你發誓你一定會記得，但是醒來之後從來就不記得（早安，愛因斯坦小姐，E＝mc下次請拿支筆記下來！）。

心理學家羅伯特・比約克（Robert Bjork）研究保存訊息，他發現「分散學習」（spaced learning），也就是隔一段時間之後再密集學習，這種方式比「集中學習」（massed learning，即所謂的大量填鴨）來得有效率。因為我們將訊息編碼到記憶中的方式是先稍加探究，過一段時間之後再回去把它從記憶中提取出來，然後不時重複提取。比約克解釋，提取是一個「學習事件」。每一次提取某個東西，它就會在你的記憶中再擦亮一點。

反對填鴨的主張，不只是針對學校功課。米雪兒・克拉斯克和共同研究者發現，分散學習能夠促進暴露治療的效果——增進學習效果的保持，並降低恐懼再次來襲。神經科學家勒杜解釋，分散學習能夠形成「記憶凝固」（memory consolidation），透過蛋白質合成將短期記憶轉化成持久的長期記憶。另一方面，填鴨學習方式則會耗盡某種酵素：CREB（環腺苷單磷酸反應結合蛋白），是形成長期記憶的關鍵蛋白質。

所以，為了盡可能利用你的「輔助輪」角色扮演方法，以及最初幾次以你本尊出場亮相的暴露練習，也許剛開始時挑一個星期六來做兩、三次小練習（等到星期日再來反省回顧），每一次練習之間要有間隔，並且在這一天內不要做太多需要用大腦的事。我想每次練習後乾脆就放空發呆，或甚至是睡覺。勒杜解釋，在經驗某事件後幾個小時內，記憶的形成最容易被干擾，但也最容易被凝固。睡眠時最容易讓記憶小矮人進來工作，開始敲打出一些空間，並將你新學到的東西放進長期記憶中。

你可能會想：「還要等一天才能好好思考我經歷到什麼，這不是很白癡嗎？」

但是，心理學家史提方・G・霍夫曼（Stefan G. Hofmann）解釋，神經科學研究指出，比起以前研究者所了解的，這種暴露方式是一個更「細緻的認知過程」。在神經科學的洞見出現之前，從前的研究者假設，暴露練習只是「牽涉到原始的、自動的以及低層次的處理」，並且和「更高層次的認知過程分開」。這是不正確的假設。不過，霍夫曼表示，有六個經過控制的臨床研究發現，不用談話治療，光是暴露練習，就會造成想法上出現戲劇性的改變。

這表示，在減少被恐懼控制的過程中，意識處理確實是一個重要部分。但是，如果你讓大腦利用晚上時間跑背景處理程序，那麼隔天你就不用再從頭想起，可以利用已經做好的基礎。

讓驚喜源源不絕

第一次暴露練習過後，間隔幾天再做下一回合的練習。不要每隔一天就做，而是變化間隔的天數。如何安排時程，也許可以參考米雪兒・克拉斯克給受試者做的蜘蛛暴露研究，間隔天數模式是一、二、四、八天。舉例來說，星期一你做了一些暴露實驗，過了兩天，再做一些。然後間隔四天再做，接著間隔八天再做。之後把這些數字丟到一個袋子裡隨機拿出一張，看你下一次要做暴露實驗是間隔幾天。

當然，克拉斯克的一、二、四、八天間隔的暴露練習模式，對我們來說並不自然，但這就是重點。因為大部分人會挑較簡單的時程做，每隔一天或甚至每一天就做。

重點在於，注意力是學習的關鍵，我們會特別注意新奇和難以預測的事物。這些事物引起我們的好奇心。相對地，如果事物一成不變，因為知道會發生什麼事，我們就不會再注意。

克拉斯克解釋說，做暴露練習的重點是一定要提高實驗目標，要記得，因為你必須相信即將有個威脅，才能違反期望。克拉斯克在一個播客節目中與臨床心理學家賈桂琳・柏森斯（Jacqueline Persons）對談，她說有個提高預期程度的辦法是，在暴露練習過程中引進「變化性」，也就是改變暴露練習的時間長度，改變做練習的地點，以及改變暴露的事物或事件。

舉例來說，如果你害怕蜘蛛，克拉斯克會給你看不一樣的蜘蛛。因為如果你只看到一種蜘蛛，你可能會比較不害怕那種蜘蛛，但是其他種類的蜘蛛還是會嚇到你。克拉斯克還會改變你碰到蜘蛛的地點，可能在她的沙發上碰到狼蛛狄托，可能會和長腳蛛露西一起坐電梯。克拉斯克解釋說，改變暴露地點會幫助你將學習到的經驗「一般化」，這樣當你在新的地點遇到新的蜘蛛，你就可以運用這些經驗。借用蘇斯博士（Dr. Seuss）的童詩，「我不怕牠們在箱子裡。我不怕牠們和狐狸一起。」諸如此類。

特別是在你做初步的違反預期行為時，要特別注意去變化這些事物。在這段時間，你只做少數的練習，如果可能的話，做完就回家睡覺。克拉斯克和她在加州大學洛杉磯分校的共同研究者給社交焦慮者的一項作業，是變化事物的一個例子：把受試者派到校園裡，要他們接觸三十個「不一樣的人，要屬於不一樣的類型，然後要問他們各種不同問題，而不是只接觸同一類型的人，不斷問同一個問題。」

克拉斯克解釋說，像這樣改變相遇的方式，會「強化儲存新的學習」，讓大腦的編碼程序更有力，當事人以後要提取就更容易。基本上，變化的練習會幫助你把這件事「不，你預期中的可怕事物不會發生」，以不同的角度用力捶進你的心智中。還有一個很棒的方式可以檢視現實狀況，那就是要做很多次，例如要找三十個人來接觸，而不是只找一個。

你應該很清楚，有時候當然會被拒絕或是被抱怨，但並非總是如此。透過自己的經驗，這個方式能夠最有效地讓你明白，追求你想要的東西要付出代價，沒錯，雖然被拒絕的感覺很糟，但這種爛感覺很快就會過去。

自在於不自在

逃開你所恐懼的事物，就是讓恐懼有能力去統治你的人生。當你面臨某些害怕的事，例如在工作上發言，或是在派對上要和某人聊天，你就會感到焦慮。這令人不自在。你會做一些事來停止焦慮，例如不把意見講出來，或是在派對上埋頭滑手機。

心理學家史提方・G・霍夫曼解釋：「這就叫做逃避。我們給逃避的定義是，你做某事或不做某事，以避免面對你的焦慮。」他說，逃避會造成兩個後果。「第一個後果是你從焦慮中鬆了一口氣。但是，逃避也有長期的負面後果：將來面對這個特定情況時，你都會焦慮。逃避，使你的焦慮長期留存下來。」

對於有社交焦慮的人，霍夫曼有一個很棒的挑戰逃避的暴露練習：買一本書，然後立刻退貨。哎呀，真糟糕，其實我很愛書店，我不希望書店老闆恨我，所以，我們把他的點子換成超市好了。去超市買一盒早餐穀類，然後走向出口，再回頭退貨。就這樣一下子就去退貨，不要道歉，只說：「我要退貨。」如果店員問為什麼，就說「個人因素」。其他什麼都不用說。

這是第一個暴露練習。但是，米雪兒・克拉斯克建議要做「深入的削弱」練習，提升複雜度，以及違反預期的目標設定，並且讓自己看到，如果事情進展不順利，你有能力容忍不自在的感覺。

那麼，我們就再來做霍夫曼的練習吧！下次你還是去買早餐穀類，還是一樣退貨，不用道歉。只在被問到退貨原因時，你可以改說：「我聽到裡面有聲音，顯然這盒子裡面住著什麼東西。」（改編自我那位古怪的治療師朋友艾爾博特・

艾利斯給社交焦慮患者的指示，他要患者中午時去洛克斐勒中心對人說：「我剛從精神病院出來，請問現在是幾月？」）

所以，如果你被視為瘋子，會有什麼災難呢？在超市幫你裝袋的小夥子會對你電擊嗎？超市廣播會說「嘿，大家快來退貨櫃檯看看這個瘋子魯蛇！」嗎？或者最有可能是被退貨櫃檯人員翻白眼？

當然，你寧願得到掌聲，或者最好沒有引起任何注意。但是你會了解到，接收到小小的負面反應並不會殺了你，或者立刻少一隻手臂。透過這個練習，你會看到自己本來的想法是錯的，根本不會超級恐怖！或是糟糕透頂！甚至如果有人的反應是不喜歡你，那你的不自在也只是一時的而已。你會看到自己其實有能力處理暫時的不自在，尤其是想想你會從中得到什麼：臨死的時候不必對別人說：「我想要盡情活出人生，但是有人曾經對我翻白眼，所以我在床底下躲了八十七又二分之一年。」

別忘了改變中的思考

透過理性思考的視角評估你的暴露經驗顯示了什麼，這是學習中有意識的部分。做過暴露練習之後幾天或幾週，想一想這段經驗，甚至可以寫下來或告訴別人你從中學到什麼。克拉斯克及勒杜解釋，這樣做可以幫助我們「鞏固」新的學習經驗，也就是讓它在你的心裡占有更穩固的位置，讓它更能夠成為你的第一反應。

在你反省檢討時，想一想演化的觀點會很有幫助。想想你各式各樣的恐懼，以及因恐懼而做的行為，可能和目前的環境不搭調，那可能已經是幾百萬年以前的事了。採用人類學家唐諾・席蒙斯所說的話，「人類求偶的顯著特色」就是：害怕被拒絕。

席蒙斯表示，這種害怕對行為具有一種強烈的影響作用。這個說法有道理，因為「性／愛情方面被拒絕，使人受傷；被拒絕的回憶，使人受傷；想到被拒絕，也使人受傷。」事實上，我們就是因為演化所以被拒後覺得受傷。席蒙斯推測，而我也認為，在「人類演化過程中的大部分時間」，可能這種恐懼就漸漸適應內化了。

在人類演化史上，我們的祖先大部分的時間是生活在狩獵採集小團體中。每個人都認識彼此，每個人都知道彼此的事。席蒙斯的說法是，「當採集者安妮拒絕了獵人安迪的求愛，可能沒多久社群裡面的每個人都知道了。」

席蒙斯解釋，「安迪被拒絕」這個消息可能會降低他的交配價值。這可以解釋，為什麼我們經過演化之後會覺得被拒絕令人非常痛苦，因為這樣才能保護我們的繁殖利益。

但是，看看四周。我在《好人偶爾飆髒話的禮節指南》中寫道，我們本來是演化來住在每個人都認識彼此的「鄰里社區」中，但是在現代社會，我們住在誰都不認識誰的超大社區裡，有些人可能一天下來或幾天下來，都不會碰到認識的人。

所以，席蒙斯解釋，現今看待被拒絕的合理方式是：「在一座現代的大學校園中，就有幾千個學生，所以匿名的程度非常大」，某個男生愛上某個女生，「沒什麼好恐懼的，除了恐懼本身。」

不要保持安全

在做暴露練習時，你應該去除研究者所謂的「安全行為」，也就是降低焦慮的對應技巧。例如，克拉斯克的研究中有一個人非常害怕社交排拒。克拉斯克解釋，他「被要求不要扭手指頭，不要戴耳機，不要帶任何雜誌去讀，因為這些都會讓他在暴露練習中分心。」

記得，在暴露治療中，感到不自在就是重點，不自在才能幫助你看到，其實你可以忍受那些你想逃避的事物。這是以最明顯的方式來讓你知道，一直把你拖住的恐懼其實很愚蠢。簡單說，你覺得愈糟，之後就愈可能表現得有自信，而且可能也會比較快達到目標。

拐杖隨後就來

一旦你不再做暴露練習（也許只在需要加強明白你的恐懼是愚蠢的，而偶爾做個補強練習），那麼接下來就是以你的面貌勇敢出去面對世界了。這個時候，你可以使出第六章及第七章（儀式部分）的「冷靜下來」小幫手，以及第十一章的認知重估，包括把你的焦慮重新定位成興奮，以及詹姆斯．潘尼貝克的「表達性書寫」練習。

不過，有時候你會需要立刻安撫你的恐懼，例如在十或十五秒之內，不然那個你必須說上話的人就去和別人說話了。針對這個情況，以下這個技巧特別有用，這是出自神經科學家馬修．李伯曼的研究，就是把你正在經歷的情緒變成文字，以降低焦慮（第四章提到這個技巧，也就是把你的情緒標上標籤）。

至於如何做：

- 你可以在從屋子這邊走過去時，對自己說出你的感覺：「啊，我是不是在害怕和這個人說話。」
- 更好的辦法是，結合伊森．克羅斯的研究，用第三人稱對自己說話：「好，阿米斯，你害怕和這個人說話。反正你一定要去就對了，站起來，走過去！」
- 甚至更好的辦法是，結合理查．史帝芬斯的研究發現，講髒話來增加痛苦忍受度：「好，阿米斯，你害怕和這個人說話。反正你一定要去就對了。抬起你他媽的大屁股，快點給我過去！」

為什麼這樣會奏效，似乎是因為大腦裡有某種翹翹板作用。將想法變成文字表達，會提高大腦前額葉皮質的活動，如此一來就會降低杏仁核的活動，因此（噗哧！）會減低你的焦慮反應。李伯曼及團隊發現，比起只是透過重估技巧，用理性思考為你的害怕找原因，把感覺貼上標籤更能有效降低身體的害怕感受（大腦特定部位如何運作這件事，請見上一章的解釋方框「給書呆子的大腦加碼之旅」）。

邀請你的身體加入

當你沒有在做暴露練習，而是以你的模樣進入這個世界，記住，你不只是一顆去掉身體的大頭。

往下看，是的，你的身體就在那裡，要它一起工作。當你面對一些社交挑戰，要運用「共用水槽」，也就是研究者史派克・李所說的身體和心智共用的水槽。你要採取一些行動，而且是讓身體實際上去做些什麼，以減輕你的壓力。運用你的祕密儀式。對自己說焦慮其實是興奮。然後，記得要深呼吸。

神經科學家勒杜解釋，緩慢而深長的呼吸能夠牽引副交感神經系統，以對抗負責戰逃反應的交感神經系統。我記得副交感神經系統是「降落傘」系統，因為當你因恐懼而貼在體育館圓頂時，是它把你救下來的（我第一次提到它是在第七章的持咒靜心，我稱它為身體的冷靜放鬆部門）。

我們大部分的人可能知道要深呼吸，但是有一個冷靜技巧你可能從來沒有聽過：坐下，如果情況允許的話。神經科學家羅伯特・薩波斯基（Robert Sapolsky）表示，坐下來是「減慢腎上腺素流動」的一種方式。在他的著作《猴子之愛》（*Monkeyluv*）中，他建議當你和妻子吵架時要坐下來（「給自己定一個規則，吵架時一定要坐下」），但是如果你是和自己的焦慮吵架，坐下來也會有用。

要有復發的心理準備

我不會跟你唬爛。雖然我現在的自信程度已經達到百分之八十這種超人等級，但是過去那種「討厭自己：我爛透了」的日子，留下的舊有心態仍然存在。

我們的舊有連結還是會復發，真令人沮喪。勒杜解釋，特別是如果沒有把學習到的事物深深植入長期記憶中，隨著時間過去，以前的行為還是會發生。他還說，尤其是某些經驗包含了強烈暗示過去的行為，就特別容易復發。例如，也許你碰到某個很久沒見的人，而那個人總是待你如糞土。

如果你過去的退縮內在又跑回來拜訪的話，其實不需要嚇到。記得，你有一整座軍火庫。把你的恐懼放在理性的研磨罐裡，也許拿暴露練習的結論來提醒自己，要運用你的身體（寶貝，記得呼吸！），並且使用認知重估（把你的焦慮塑造成興奮）。

縮起來，還是游出去？未來會如何呢？

　　堅持下去一定不是容易的事。所以，要有心理準備，而且也要對自己有一點疼惜心。但是，堅持下去一定會有回報，這一點也是可以期待的。每當有一個小小的成功，別忘了鼓舞自己，總有一天，這些小成功會累積為真正的大成功。就像角色扮演研究者喬治・A・凱利說的：「沒有人必須成為自己過往人生的受害者。」

18 不能被作賤的你

如果人生是公平的，那麼高中時的惡霸女生就會全身長滿青春痘了。

但很顯然，人生什麼都有，就是沒有公平。不過，記得這本書的重點：你可以讓事情的發展對你更有利，方法就是選擇你想成為什麼樣的人，而不是順著以前是什麼樣，現在就是什麼樣。

有時候，「過去的你」還是有可能跑回來，你腦袋裡面那個白癡小陰謀集團會悄悄出現，小小聲說：「噢，好了啦，回家吧。他們全都覺得你是個大草包。」

但是，你已經知道你也可以選擇如何處理這種事。你可以決定，你不要因為追求你想要的事物而被霸凌。你可以對自己說，不自在、尷尬或是被拒絕，的確感覺很差，但比起過去沒有盡情活著的人生，實在好太多了。

混亂是一定會的。你會害怕。你會犯錯。但重要的是，你要堅持下去，選擇以最有骨氣的自己，面對外界。

當你這樣做的時候，試著記住一件事。勇氣，並不是不害怕任何事情。勇氣是：「幹，我怕得像個小女生……但我還是會去做。」

堅持不作賤自己

以下是最後一些小技巧，能幫助你維持看事情的眼光，並在前往改變村（Changeville）的路上一路順暢：

若人生給你的是屎，那就做成肥料。

悲慘是我的人生教練，這是好事一樁。

這聽起來好像油嘴滑舌，在放馬後炮。事實是，我過去確實有一段時間寂寞得不得了，好像行屍走肉一樣，尤其是小時候困在中西部城郊的某個小角落時。

但是，我想我人生中的前十五年連一個朋友都沒有，而且我很清楚那種被撇下、被踢來踢去、被利用的滋味，這些最後都讓我成為一個比較有疼惜心的人。而現在的我，或許比較像一個完整的人了，我變得更強壯、更有創造力、更獨立，都要感謝童年時期在坎特伯里綠地社區被排擠的經歷。

用逆境當作成長的手段是有條件的，那就是所謂的「反脆弱」（antifragile）。這是納西姆・塔雷伯（Nassim Taleb）創造的詞，塔雷伯是風險研究學者，他過去曾是衍生性金融商品的交易員。塔雷伯解釋，反脆弱是「脆弱的確切反義詞」，但反脆弱的力量超越堅韌（resilience）或強固（robustness）。「反脆弱」描述的是生物因壓力源而進步，變得更強壯且更能適應突然出現的困難、不愉快、無法預期的事物。

所以，一個反脆弱的人不會避開批評，而會尋求批評，因為那可能是通向進步的道路，前提是批評來自明智的人，而不是網路上匿名的爛人。那麼，何必限制自己呢？在我的經驗中，如果你對批評保持開放的態度，把批評當作進步的手段，那麼即使是從網路敗類身上，也能得到有用的點子。

我在《我看無禮之徒》（*I See Rude People*）這本書裡寫到一群網路暴民匿名霸凌我，在我的網站上貼出許多惡毒留言（「妳是男人嗎？」、「妳看起來好像有陰莖喔！」），而且還在他們自己的網站上貼出惡意攻擊我的貼文。

那些貼文中有一張我的照片，嘲笑我的牙齒有多黃。一陣羞恥感湧上來，我馬上跑到浴室鏡子前。沒錯，我的牙齒還真的像繪兒樂蠟筆的金黃色，我想是因為如果把咖啡當作食物分類的一種，就會有這種牙齒顏色。不過，我沒有哭。我立刻穿上外套出門去漂白牙齒。謝謝你們，大爛人！

能夠尋求批評，一開始要能和犯錯和平共處。我指的不是無心小過失，但是這種過錯也可以當我們的老師。塔雷伯解釋，反脆弱牽涉到「喜愛……某種等級的錯誤」，這種錯誤能讓我們糾正自己、讓自己更好，而且更能處理人生的不確定。

批評通常是來自其他人，不過你也可以用健康的方式批評自己。我很佩服艾美・崔絲納的一個做法，她每天早上都做。這是從匿名戒癮者協會學來的，就是從一疊自我改進的卡片「性格缺點卡」中抽出一張。這些卡片都是她自己做的，她列出認為自己應該改變的地方，並寫在索引卡片上。卡片正面是性格缺點（例如太過戲劇化、過度反應、小心眼），背面是那些缺點的相反（例如理性、均衡、容忍）。每天的任務是在想法和行為中找出那個缺點，然後用相反的特質來取代。

崔絲納有時候會成功，有時候不行。回顧過去如何處理每天的那張卡片，她說：「我對自己不太客氣，我會想『哇，我是個混蛋！』或是『我今天本來不應該反應那麼大的，而且我對那個爛駕駛尖叫就像報凶訊的女妖精。』但我必須記得，改變是緩慢的，我是凡人，我正在努力試。」

使用這些卡片真正有幫助的一點，是我們大部分人可能不會去做的，那就是好好檢討我們的缺點。拿聚光燈來照這些缺點，是改變缺點的第一步。你當然可以不用卡片就能這樣做。我把檢討缺點當作理所當然，每天或每隔幾天，就會看看自己不夠棒的行為，並對自己許諾要做得更好（然後盡力持續下去）。但是我認為，做卡片是個很棒的點子，尤其是如果你想試著大幅改變自己。

我們經常忘記一件事（尤其是在這個年頭，校園的小屁孩鑄下大錯後抽抽噎噎哭著說都是被柏拉圖給「激」出來的），我們其實是有韌性的。我們會復原。

事實上，悲傷研究者喬治・波納諾（George Bonanno）解釋說，和許多人認為的正好相反，韌性其實是人之間的常規，大部分人並沒有那麼脆弱，經歷棘手甚至糟糕透頂的狀況之後，並不是不會復原。經歷悲傷而去尋求治療師幫忙的人，是少數沒有辦法靠自己就復原的人。治療師從這些患者的角度寫文章談悲傷，我們卻因此誤以為被無窮無盡的悲傷打倒，是很普遍的狀況，實際上並非如此。

如何活得更有韌性，也就是如何能夠把我們自己從悲慘處境拉出來繼續生活，真正有幫助的是「堅毅」（hardiness）。臨床心理學家薩伐多・馬蒂（Salvatore Maddi）解釋：「堅毅……提供了勇氣和動機，去做困難的策略性工作，把充滿壓力的情況從潛在災難轉變為成長的機會。」在他的研究中，他發現堅毅是由三個「相互關聯的態度」組成，他稱為三個C：

- 承諾（Commitment）——想要與人連結、投入生活（而不是疏離，把自己隔開）。
- 控制（Control）——具有讓你的生命更美好的行動動機，「而不是耽溺於消極態度及無力感」。

• 挑戰（Challenge）——願意面對讓人感到有壓力的事物，並且以它作為學習經驗，「而不是凡事保險起見，避開任何不確定性和可能的威脅」。

看著馬蒂的三個C，我想起另一個C：選擇（Choice）。即使你並不是天生就具有這些態度，還是可以選擇去做出那樣的行為，好像你天生就是那樣。

我想順便再加上一個C：喜劇（Comedy）。

對我來說，具有韌性很大一部分是要有幽默感。對於發生在我身上的事，我會大笑，甚至公開嘲笑自己。我還試著把它變成一種習慣。令人驚訝的是，如果不要越界變成自憐自艾的話，對別人說你是個什麼樣的爛咖，似乎能讓你交到朋友，也可以在雞尾酒派對上娛樂大家而贏得高分。事實上，能夠放低自己的身段，或是講講讓自己難堪的羞辱經驗，這是一個「高成本訊號」，表示你有足夠的社交及情緒資本，才能熱烈開放自己的悲慘人生。

難道你不喜歡說NO嗎？

活出真我，需要的是設下界線，意思是說，你的行事要根據你相信什麼是對的，也就是根據你的價值觀，而不是憑感覺，看感覺要做什麼，你就做什麼。

這就是站穩立場，對此你不會十分自在，尤其是剛開始的時候。好消息是，你愈這樣做，就愈感到自在。（沒錯，又是神經元「一起激發就一起……」等等等等。）以下這些訣竅也會有幫助：

回答問題時慢慢來

除非那個問題是「要錢還是要命？」，否則你通常可以不用急著回答。你可以說：「我得仔細研究一下。」或是「嗯，稍候我再跟你說。」你要知道，當了一輩子的好好先生／好好小姐，人家問你什麼，你的傾向就是立刻回答「好啊!!!」、「當然!!!」、「不管你要什麼都可以!!!」、「要不要順便來個免費招待的足浴!?」但是，不要馬上回答能讓你有個重要的緩衝——時間。讓你有時間決定是不是應該做這件事，或是想出比較好的辦法對別人說不行。

練習說不

你做得到。現在就說。「不行」。「不要」。「不可以」。現在去鏡子前面說，好像著了魔那樣，然後再出去外面找人練習。剛開始不必太大張旗鼓。例如有人問你：「有時間嗎？」你就說：「沒有。」然後就從這句話逐步展開練習。

當你對別人說不，最好避免放入很多文字，也就是不要拿別的話來填塞。我讀過一句話，出自人身安全專家蓋文・德貝克（Gavin de Becker）的《求生之書》（*The Gift of Fear*）：「『不』本身就是一個完整的句子。」意思是說，你不需要一直解釋，那樣做會讓你看起來優柔寡斷、氣勢很弱，和你講話的人會覺得只要再使點勁，你說的「不」就會變成「好」了。

講到這裡，你要有心理準備，應該說不的時候，你會不小心說成好。如果發生這種情況，不要苛責自己，畢竟你長久以來已經習慣說好。只要決心下次一定要做得更棒就行了。

練習發出怒氣

憤怒通常是某人對我們不公的訊號。

有自尊地活著，必須要有界線——針對別人對待你的方式，要建立可接受或不可接受的標準。如果對方越界，說出來是你對自己的責任。第一次或剛開始幾次最可怕，但漸漸地，你對這世界上只會利用別人、占人便宜的人，就會開始不再習慣卑躬屈膝。

願意不受歡迎

我在加州威尼斯是公開的自由意志主義者（libertarian），那就像穿著沾血圍裙的屠夫漫步在善待動物組織（PETA）的年度大會一樣。我們附近的艾伯肯尼大道已經變成潮男潮女展示場，訪客會在我們的圍籬和花壇上撒尿，害整個社區在下雨時聞起來就像個大型小便斗，我對這件事非常生氣。要是我站在門廊看到有人正要拉褲子拉鍊，我會拿一支在飛機工廠巡夜用的探照手電筒照他們，讓他們像蟑螂一樣慌忙逃竄。我還會對他們大喊：「要尿去你媽的門前草坪尿！」

如果你開始為你相信的事站出來，你要有心理準備，這會改變你的人生。你可能會被某些利用你的「朋友」拋棄，或甚至被不喜歡你的政治取向的真朋友拋棄。這種感覺很糟。但是當這件事發生在我身上時，我發現自己已經把這些朋友換掉了，換成尊重我的觀點的朋友，或是器量大到能夠和不同意見的人相處的朋友。

敢於表達意見，而不是委曲求全，活出盡情、完整的人生，要是有人不喜歡你這樣，就別理他們。這樣活著終究還是值得付出那個代價。美國小說家與社會評論家詹姆斯・鮑德溫（James Baldwin）說得很好：「你必須對世界說該怎麼對待你。如果是讓世界告訴你要怎麼對待你，那你就麻煩大了。」

不，不是「吃掉獵物，我的愛」

想想「物以稀為貴」這個原則。心理學家羅伯特・喬迪尼（Robert Cialdini）描述，我們渴望的事物是稀有的、特別的，而且位在有一點搆不到的地方，也就是很難拿到，而不是很難擺脫。

這個原則在做生意和交朋友方面很有道理，不過特別重要而且一定要記得的地方是在約會和男女關係。

我在這本書的其他部分已經指出，只是表現得不容易追到手，終究還是不夠（如果你真的不是那種人，你的迫切渴望有時候就會顯露出來）。然而表現得不容易追到手，**確實**是好的開始。它會讓你看到所有的好處，這應該就有助於你開始成為難追的人。

而在同時，了解「物以稀為貴」原則會讓你避免誘惑。例如當你真的好想投入那個人的懷抱……打那通你知道你不應該打的電話……想發那一則簡訊，這個原則就可以提醒你（好啦，我們是在和誰說話呀？約會之前傳一封、兩封、三封訊息，透露出的渴望愈來愈高，這種行為早就已經不是你會幹的事了吧）。

如果你是異性戀者，物以稀為貴的原則是以稍微不一樣的方式展現，這要看你是男性還是女性。我知道這個觀念現在有點過時了，尤其是某些人堅持我們在人類行為看到的性別差異是肇因於「父權體制」以及電視（顯然，靈長動物學家理查・藍翰（Richard Wrangham）和宋雅・卡蘭堡（Sonya Kahlenberg）觀察到，野外的雌性大猩猩用棍棒玩洋娃娃，牠們或許應該少看一點星期六早上的卡通）。

然而，這是真實情況：演化心理學家大衛・布思（David Buss）、大衛・舒密特（David Schmitt）等等學者研究發現，在約會時誰應該做什麼，確實有明顯的性別差異。或者說，誰應該做什麼，並且保留這方面的可能性，對約會的男女雙方都好。

研究結果顯示，在異性戀的約會中，哪個性別擔任追求的角色，並不是隨意之舉。一九七二年，演化生物學家羅伯特・崔佛斯（Robert Trivers）把這種現象稱為「親代投資」（parental investment）。他的理論來自對人類、昆蟲及其他動物的研究，因為性活動而付出最

高代價的性別（也就是雌性，幾乎所有物種都一樣），比較會精挑細選要和誰交配，而不是由投資比較少的那一方（幾乎都是雄性）來挑選。

當然，在人類社會裡是女人被拖住，因為生小孩，要跟前跟後，還要餵小孩吃東西，而男人只要，呃，射了就跑。所以女人演化為挑選的一方，男人也跟著演化成接受這個預設，這表示男人是追求與說服的角色。

這些性別差異，至今對我們仍是一個驅動力，這一點，有時候很難讓某些人接受。

我在建議專欄裡解釋親代投資，有個住在科羅拉多州的傢伙認為這是「演化心理學的胡說八道」，他在電子郵件裡嗤之以鼻：「說真的，幾代以來在性別角色方面的文化修補，難道沒有讓生物法則顯得比較沒那麼有解釋力了嗎？」

說真的，並沒有。我在下一期專欄文章中解釋，我們雖然活在現代，但是心理運作系統還是沒有那麼現代：

女人沒有辦法對她們的基因大喊：「嘿，現在是二〇一六年了，我可是一個成功新創企業的總裁！」人類學家唐諾·席蒙斯解釋，改變任何「複雜的適應機制」，例如驅動交配心理，要經過「幾百或幾千個世代」。

這對今天的我們帶來以下啟示。

給異性戀女性的「物以稀為貴」原則

給女性的建議，一句話：不要追男生！

男人可能會告訴妳他們其實喜歡被追求，當然他們可以這樣說。畢竟，那是一種被吹捧的感覺。而且什麼都不用做，輕輕鬆鬆，這樣很好啊。

但是……這不表示妳去追男生是明智的做法。

因為經過共同演化，男性預設女性是挑選的一方，如果被女性追，男性的情緒機制潛意識反應會是：「兄弟，現在是什麼鬼？她煞到你了也不能這樣啊。」

女性會抗議說：「但是我朋友約這個男的出去，現在他們結婚了啊，而且……」好。沒錯，有些女人約男人出去，從此以後過著幸福快樂的日子。重點是，這樣做是有風險的。妳可以決定要冒這個險，但是妳應該在知情的前提下做，願意接受可能的代價。有很大的可能性是，妳的追求行為會被他們潛意識地、或是有意識地解讀成急迫渴望要個男人，而不是大膽地挑戰「落伍的」習俗。

身為女人，妳應該做的是調情，這會傳送信號給男人，讓他們知道可以約妳出去。事實上，妳甚至可以用力打情罵俏（如果他似乎有點沒頭緒或傻傻的，這可能是個好辦法）。但是，關鍵是不要做任何像是想約他出去的動作（就連約他出去沒幹嘛也不行）。也不要偷偷做什麼手腳。不要為了邀請他或打電話給他而辦派對，不要找他借生物學筆記，即使妳六歲就贏得初中科展，而他是勉強才過關。

沒有錯，像這樣限制自己，感覺很糟。記得意志力會被什麼東西侵蝕嗎？「嫌惡感」。你真的很想打電話給某人，卻要盡全力克制自己不要這樣做，那種糟糕的感覺就會油然升起。

但是，這裡要引進一個小觀點：雖然限制自己很難，感覺很差，但是，這些感覺一下子就過了。也許只要一個小時或幾個小時，就像電梯裡的屁味，最後會消散的。

如果妳要等感覺消散有困難，記得意志力研究說什麼東西可以緩解這種爛感覺：獎賞。妳可以和自己約定，有點像交換條件，如果不打這通電話，就可以得到一個妳想要的東西（要立刻給自己）。

分心是另一個有幫助的工具。在妳自己的世界中享樂，可以緩解一些緊張感，也許妳就會覺得不太需要拿起電話求人家帶妳出去了。

給異性戀男性的「物以稀為貴」原則

至於男性，我的建議就不一樣了：要去追女生，做法要堅定有力，而不是發抖渴望的模樣。

健康的追求必須坦率。開口邀女人出去，而不是在她的生活周圍磨磨蹭蹭，只盼望來個什麼嚇人的爆炸，把她吹到你的懷抱裡。噢，我再說清楚一點：「邀請女人出去」時，不是把一張寫著你電話號碼的皺巴巴紙條塞到她手上，然後結結巴巴對她說可以打電話給你。你可以認為這只是禮貌，但這並不是禮貌，而是裝成禮貌的膽小鬼行為。邀請女人出去的正確方式是，好好地邀請。問她的電話，然後打電話或發簡訊給她，邀她出去。如果她說在忙，再邀幾次，因為很可能她真的在忙，而不是要打發你。

第一次約會，以及也許第二次約會，應該要做到下列三件事：便宜、快、在當地。不，不要帶她去吃晚餐。不要請陌生人上餐廳吃昂貴料理，在你們更進一步認識彼此之前，她仍然算是陌生人。約會的目標是看看她是否喜歡你，而不是賄賂她和你交往。

約會時間短是明智的，因為這樣比較不用撐那麼久。如果你一輩子經常遭到社交拒絕，那麼第一次從怪獸洞穴裡放出來，你別預期自己變成魅力先生。因此，與其計畫一個長達八小時的世紀之約，只要約一小時左右喝杯飲料或咖啡，接著再去別的地方（或是就說好一小時，不管怎麼樣，時間差不多了就走）。

如果你特別不會說話，你可以帶約會對象去某個地方或活動，例如封街嘉年華、博物館、音樂會、看鱷魚摔角之類的。這樣一來，沉默就不會顯得很沉重，不會像在星巴克的時候，你的心裡尖叫著：「魯蛇！你竟然沒有什麼話可以說！」

要注意，「交談」和「二手車買賣」這兩者的差別。你的目標應該是多了解她，而不是硬要她買你的單。聽她說什麼，並投入在對話中。這需要轉換你平常的思緒。不要一直擔心她會不會喜歡你，你應該想的是你喜不喜歡她。是的，沒錯，就是這樣，即使這可能會讓你覺得很怪或是不對勁。像這樣轉換焦點可以讓你顯得有興趣，而不是迫切渴望。

話雖如此，你還是要避免顯出急切感興趣的樣子。你可以對她說的話表示興趣，甚至讚賞她做的事，這和不管三七二十一就讚美她是不一樣的。不，討好女人不是通向性愛的黃磚路[35]。事實上，討好女人的行為強烈顯示出，撇開用Venmo（按：一種手機支付程式）預付或是褻瀆屍體，她是你最後一個上床的機會。

約會過後，是的，要打電話或發簡訊給她。在隔天下午打一次，而不是送她回家之後二十秒（請參見上述意志力及抑制的章節）。

這樣做是基於什麼原則？讓她更想要，而非更不想要。讓她猜測你是不是喜

35. 黃磚路出現在美國兒童文學名著《綠野仙蹤》，主角桃樂絲循著黃磚路出發去翡翠城尋求巫師的協助，因此這個詞被後人用來比喻通向美好未來的道路。

歡她，而不是讓她覺得應該去下載申請表，以禁止你出現在她一百呎範圍內。

給每個人的「物以稀為貴」原則

簡單說，不管你是同性戀、異性戀還是其他性傾向的人，當你希望某個人重視你，那麼少即是多，非常非常多。

噢，還有，你要靠自己去揣摩這件事，到了某個時候，你追求愛情的精妙手法就會直逼巨蟒纏住一隻山羊的技巧。

要是搞砸了而被拋棄，就把這段紀錄塗銷，繼續前進吧。不要愁眉苦臉，或是立志試圖力挽狂瀾。記得前一章引述了人類學家唐諾．席蒙斯的說法，你並不是活在遠古時代，整個採集狩獵團體裡只有三個可能伴侶。你只要再站起來，把屁股挪動到另一個酒吧、另一個城市、另一個交友網站或是其他等等之類的地方就好。

重點是什麼？俗話說，別離情更深，但可不要別了你的自尊。

梭羅他媽有時會幫他洗衣服

孤獨的生活常常被浪漫化。但是，假裝自己不需要任何人是弱者的手法。

作家亨利・大衛・梭羅（Henry David Thoreau）是隱居及自給自足的象徵人物。但是研究梭羅的專家伊莉莎白・魏瑟瑞爾（Elizabeth Witherell）解釋，梭羅不在華爾騰湖畔小屋隱居及融入大自然時，其實他頗能與人交往，而且也是社群中的重要人物，參與了社區鄰里事務以及地下鐵路運動（Underground Railroad）[36]。事實上，他在《湖濱散記》（*Walden*）中寫道：「我想我和大多數人一樣熱愛社交，如果碰到任何精力旺盛的人，我準備像水蛭那樣牢牢吸住不放。」

經過演化，我們人類互相依賴，這表示我們需要別人，我們彼此依靠。所以，做個完整圓滿的人，並不代表你要把自己孤立起來，從不去要求別人做任何事。有時候你會需要某人幫你丟一堆襪子去洗，就像梭羅，他真的要媽媽為他洗衣服。

36. 地下鐵路（Underground Railroad）是十九世紀上半葉在美國串聯形成的祕密路線及安全避難民宅，由支持廢奴的民間人士組成，提供給黑奴逃亡到廢止奴隸制度的自由州及當時的英屬北美（即現在的加拿大），據估計大約有十萬黑奴藉由這條路線脫逃。

快去找人幫忙

為某些事情求人，顯示你是個有價值的人；讓別人幫你忙，會讓對方覺得與你更親近（在親密關係中做出要求，特別重要，例如嚴重感冒動彈不得時，請你的伴侶去藥局幫你買一份感冒糖漿特製雞尾酒）。你要提醒自己，請別人幫忙不代表軟弱，而是代表你的心理強大，足以承認你沒辦法自己做所有的事。而且你也不應該樣樣一手包辦。

大大感謝別人

悲慘可能「喜歡有人陪伴」，但是陪伴通常不想和悲慘扯上任何關係。人生跌到谷底時，你很容易就會拖著重重的步伐，愁容滿面，對於鑄下滔天大錯的人大吼大叫，例如出現在你上班路上的人。但真相是，無論你的人生多麼糟糕，還是有一些事情值得感恩，即使只是為了你沒有和一群到處亂竄的蟑螂關在黑漆漆的洞裡。

心中充滿感恩的人似乎比較快樂。社會心理學家索妮亞・柳波莫斯基及共同研究者發現，定期盤點人生中的好事，並且為此表達感謝（即使只是感謝自己），這樣的人似乎會比較快樂。另外有一個心理學家羅伯特・艾蒙斯（Robert Emmons）及共同研究者所做的研究顯示，心懷感謝的程度比較高的人，怨恨及嫉妒的程度比較低，而這兩種感覺完全不是社交上的潤滑劑。

此外，社會心理學家莎拉・奧歌（Sara Algoe）以及強納森・海特（Jonathan Haidt）發現，表達感謝，不管是在你的想法中或當面感謝為你付出的人，似乎能夠強化人們彼此的情感連結。感激之情的作用就好像情緒便利貼，可以提醒親密關係中的雙方，他們所擁有的這段關係有多麼美好，這也會讓雙方繼續投入感情、繼續心懷感恩。

做善事就從隔壁開始

想改善人生、對自己的感覺更好，最快速且最容易的方法就是去幫助別人。柳波莫斯基解釋，幫助別人對你個人及社交層面的好處「源源不絕」，包括對自己了解更深入、欣賞自己有能力幫助別人、交到新朋友、暫時不去煩惱自己的問題，甚至會增加快樂研究者所謂的「幸福感」（well-being）。

增加「幸福感」有個驚人的例子，來自行為醫學研究者卡洛琳・E・舒瓦茲（Carolyn E. Schwartz）的研究。五名患有多發性硬化症的女性接受「積極聆聽與不給指示的支持」訓練，也就是提供和善的耳朵，只對別人講的話給回應，但不做建議。接著這些病患固定每個月花十五分鐘，打電話給其他多發性硬化症病患（總共六十七位），基本上就是聆聽他們抱怨。

不令人意外，接到電話的病患感覺好多了，然而，真的感覺更好的卻是打電話的人。她們發現自己比較能夠輕鬆看待那些困擾的事，並且在自己的症狀發作時能夠平和面對。但真正驚人的發現是，以整體「生命滿意度」來說，聆聽別人的女性比她們幫助的病患更快樂七倍。

所以，當你發現自己處於長期低潮，感覺好像深陷在你自己這灘泥沼裡時，這樣做似乎會產生相反效果。我在TED演講中說過，如果想把自己的問題縮小，方法也許是不要理會自己的問題，給自己一個小時或一個下午，去找其他有問題的人，讓自己忙著幫助他們吧。

抬頭挺胸地擁有它

人生苦短，這句話已經流傳了幾百年。

但斯多噶學派的哲學家辛尼卡（Seneca）說，這種觀念是胡扯。辛尼卡解釋，不是這樣的，人生其實不短，「如果你知道怎麼使用它，人生是長的」辛尼卡說，問題在於我們虛擲人生，沒有把時間花在真正活著。

「真正活著」不表示做什麼事都成功。它的意思是，你不會不敢去追求你想要的事物。

所以，與其害怕你的不足，害怕你不夠格，不如勇往直前吧。你也許不足，也許不夠格，但就去試試看，這個經驗能讓你知道，你必須轉換跑道或是重新分組，然後再試一次。

換句話說，你應該問自己的問題不是「如果我失敗怎麼辦？」，而是「如果我沒有去試怎麼辦？」

演化心理學家大衛・布思曾經給他的研究生巴瑞・X・庫赫雷（Barry X.

Kuhle）一個很棒的建議（庫赫雷現在也成為教授了）：「再大膽一些，要比你認為有資格大膽的程度更大膽！」

大膽，是做出來的。你可能不覺得自己有多大膽，那就直接承認這一點，但接下來還是要去做，不管做什麼，要大膽地做。

我希望你從這本書得到的最主要訊息就是——想要成為什麼，行動是關鍵。改變自己，變成你想成為的樣子，並且透過這個改變，盡情活出最恢宏的人生。

所以，與其允許自己再花時間逃避人生，還盼望事情會好轉……

嗯，我就用這種刺繡抱枕樣式來告訴你吧：

Today is the first day of the rest of your balls

今天是你未來餘生的第一天

參考書目

方便讀者閱讀的簡短版本。完整出處及參考書目請上網。

艾美・崔絲納對於本書的初稿給予非常寶貴的意見，她建議體現認知及譬喻那些篇章應該要附帶這個小小的警告：

請注意：如果你得了創傷性腦損傷，或曾經進入精神療養院三次以上，或者只是腦袋不太靈光，你可以直接跳到做法部分，從第六章開始。

在艾美的建議之下（她抱怨說，讀到威廉・詹姆斯那段讓她幾乎快中風，我一笑置之），我想我已經把這本書裡的科學部分翻譯到普通人也能了解的程度。

請注意，這本書並不是學術書籍，我並不想要這本書附上所有我引用及參考的書目，那總共會有一百多頁，所以我在這裡只列出一部分資料來源，選列出來的是讓每個人都能讀的資料。我也在每章書目之下納入幾本科學書籍及論文。你可以從 Google Scholar 找到這些論文，或是通常在論文作者教授的網頁上可以找到，往往不用付費即可閱讀。

這本書的寫作，完整參考書目總共超過一千一百筆，可以在我的網站上找到：advicegoddess.com。

Architecture of Sustainable Change." *Review of General Psychology*.

- Maddi, Salvatore R. 2006. "Hardiness: The Courage to Grow from Stresses." *The Journal of Positive Psychology*.
- Mead, Margaret, and James Baldwin. 1971. *A Rap on Race*. Lippincott.
- Schwartz, Carolyn E., and Meir Sendor. 1999. "Helping Others Helps Oneself:Response Shift Effects in Peer Support." *Social Science & Medicine*.
- Seneca, Lucius Annaeus. 2005. *On the Shortness of Life*. Translated by Charles Desmond Nuttall Costa. Penguin Books.
- Taleb, Nassim N. 2012. *Antifragile: Things That Gain from Disorder*. Random House.
- Thoreau, Henry David. n.d. *Walden*.

Relationships.

- Bonanno, George A. 2004. "Loss, Trauma, and Human Resilience: Have We Underestimated the Human Capacity to Thrive after Extremely Aversive Events?" *American Psychologist*.
- Bonanno, George A. 2010. *The Other Side of Sadness: What the New Science of Bereavement Tells Us about Life after Loss*. Basic Books.
- Buss, David M. 2003. *The Evolution of Desire: Strategies of Human Mating*. Basic Books.
- Buss, David M. 1989. "Sex Differences in Human Mate Preferences: Evolutionary Hypotheses Tested in 37 Cultures." *Behavioral and Brain Sciences*.
- Cialdini, Robert. 1993. *Influence: The Psychology of Persuasion, Revised Edition*. New York: Quill.
- Buss, David M., and David P. Schmitt. 1993. "Sexual Strategies Theory: An Evolutionary Perspective on Human Mating." *Psychological Review*.
- Becker, Gavin de. 1997. *The Gift of Fear*. Little,Brown and Company.
- Emmons, Robert A., Michael E. McCullough, JA Tsang, and JA Tsang. 2003. "The Assessment of Gratitude." In *Positive Psychological Assessment: A Handbook of Models and Measures*,edited by Shane J. Lopez. American Psychological Association.
- Heitman, Danny. 2012. "Not Exactly a Hermit." *Humanities*.
- Hohn, Donovan. 2015. "Everybody Hates Henry David Thoreau." *New Republic*.
- Kahlenberg, Sonya M., and Richard W. Wrangham. 2010. "Sex Differences in Chimpanzees' Use of Sticks as Play Objects Resemble Those of Children." *Current Biology*.
- Lyubomirsky, Sonja, and Kennon M. Sheldon. 2005. "Pursuing Happiness: The

Construct." *Research in Psychotherapy Conference, 3rd, May-Jun*.
- LeDoux, Joseph. 2015. *Anxious: Using the Brain to Understand and Treat Fear and Anxiety*. Viking.
- LeDoux, Joseph E. 2015. "Psychotherapy as a Learning Experience." *Psychology Today*.
- Morgan, MA, and JE LeDoux. 1999. "Contribution of Ventrolateral Prefrontal Cortex to the Acquisition and Extinction of Conditioned Fear in Rats." *Neurobiology of Learning and Memory*.
- Morgan, Maria A., Lizabeth M. Romanski, and Joseph E. LeDoux. 1993. "Extinction of Emotional Learning: Contribution of Medial Prefrontal Cortex." *Neuroscience Letters*..
- Sapolsky, Robert M. 2005. *Monkeyluv: And Other Essays on Our Lives as Animals*. Scribner.
- Tharp, Twyla., and Mark. Reiter. 2006. *The Creative Habit : Learn It and Use It for Life : A Practical Guide*. Simon & Schuster.
- Tsao, Jennie C.I., and Michelle G. Craske. 2000. "Timing of Treatment and Return of Fear: Effects of Massed, Uniform-,and Expanding-Spaced Exposure Schedules." *Behavior Therapy*.
- Winter, David A. 2017. "Fixed-Role Therapy." *Pcp -Net.org*.
- "Interview With Peter Lang." 2005. *Society for Psychological Research*.

第十八章　不能被作賤的你

42 篇引述資料中的 19 篇（其餘的請參見我的網站）

- Algoe, Sara B., Shelly L. Gable, and Natalya C. Maisel. 2010. "It's the Little Things:Everyday Gratitude as a Booster Shot for Romantic Relationships." *Personal*

- Foa, Edna B., and Michael J. Kozak. 1986. "Emotional Processing of Fear: Exposure to Corrective Information." *Psychological Bulletin*.
- Fransella, Fay, Peggy Dalton, and Grant Weselby. 2007. "Personal Construct Therapy." *Of Individual Therapy*.
- Geisel, Theodore. 1960. *Green Eggs and Ham, Dr. Seuss*. Random House.
- Hofmann, Stefan G. 2008. "Cognitive Processes during Fear Acquisition and Extinction in Animals and Humans:Implications for Exposure Therapy of Anxiety Disorders." *Clinical Psychology Review*.
- Hofmann, Stefan G., and Michael W. Otto. 2008. "Session-by-Session Outline." In *Cognitive Behavioral Therapy for Social Anxiety Disorder : Evidence-Based and Disorder-Specific Treatment Techniques*, 216. Routledge.
- Kelly, George. 1955. *Personal Construct Psychology*. Norton.
- Kelly, George A. 1963. *A Theory of Personality: The Psychology of Personal Constructs*. 2013thed. W.W. Norton & Company.
- Kelly, George, and Brendan A. Maher. 1969. *Clinical Psychology and Personality; the Selected Papers of George Kelly.* Wiley.
- Kircanski, Katharina, Matthew D. Lieberman, and Michelle G. Craske. 2012. "Feelings Into Words Contributions of Language to Exposure Therapy." *Psychological Science*.
- Kleim, Birgit, Frank H. Wilhelm, L Temp, and Jurgen Margraf. 2014. "Sleep Enhances Exposure Therapy." *Psychological Medicine*.
- Lang, Ariel J., Michelle G. Craske, and Robert A. Bjork. 1999. "Implications of a New Theory of Disuse for the Treatment of Emotional Disorders." *Clinical Psychology:Science*.
- Lang, Peter J. 1968. "Fear Reduction and Fear Behavior:Problems in Treating a

- Bjork, Robert A. 1988. "Retrieval Practice and the Maintenance of Knowledge."
- Bjork, Robert A., and Elizabeth Ligon Bjork. 2006. "Optimizing Treatment and Instruction: Implications of a New Theory of Disuse." In *Memory and Society: Psychological Perspectives*, edited by Lars-Goran Nilsson and Nobuo Ohta. Psychology Press.
- Brewin, Chris R. 2001. "A Cognitive Neuroscience Account of Posttraumatic Stress Disorder and Its Treatment." *Behaviour Research and Therapy*.
- Cable, Daniel M., Francesca Gino, and Bradley R. Staats. 2013. "Breaking Them in or Eliciting Their Best? Reframing Socialization around Newcomers' Authentic Self-Expression." *Administrative Science Quarterly*.
- Cote, Raymond L. 1995. "George Kelly: The Theory of Personal Constructs and His Contributions to Personality Theory."
- Craske, Michelle G., Katharina Kircanski, and Moriel Zelikowsky. 2008. "Optimizing Inhibitory Learning during Exposure Therapy." *Behaviour Research and Therapy*.
- Craske, Michelle G., Michael Treanor, Christopher C. Conway, and Tomislav Zbozinek. 2014. "Maximizing Exposure Therapy: An Inhibitory Learning Approach." *Behaviour Research and Therapy*.
- Craske, Michelle, and Jacqueline Persons. 2014. "Society for a Science of Clinical Psychology -Maximizing Exposure Therapy for Anxiety Disorders."*Recording*.
- Didion, Joan. 2008. *Slouching towards Bethlehem*. Farrar, Straus and Giroux.
- Foa, Edna B., Elizabeth A. Hembree, and Shawn P. Cahill. 2005. "Randomized Trial of Prolonged Exposure for Posttraumatic Stress Disorder with and without Cognitive Restructuring: Outcome at Academic and Community Clinics." *Journal of Consulting*.

by John R. Absher and Jasmin Cloutier. Elsevier.

- Navarro, Joe, and Marvin Karlins. 2008. "What Every Body Is Saying." *New York, NY:* Harper Collins.
- Ranehill, Eva, Anna Dreber, and Magnus Johannesson. 2015. "Assessing the Robustness of Power Posing No Effect on Hormones and Risk Tolerance in a Large Sample of Men and Women."*Psychological Science.*
- Trafimow, David, and Brian D. Earp. 2016. "Badly Specified Theories Are Not Responsible for the Replication Crisis in Social Psychology: Comment on Klein." *Theory & Psychology.*
- "Neural Connections: Septo-Hippocampal System -Gray;McNaughton." 2011.

第十六章　搖滾吧！

該是變身成更自在的人的時機了

和

第 17 章　為恐懼裝上馬鞍，把它當小馬來騎

恐懼不只是問題，更是答案

100 篇引述資料中的 33 篇（其餘的請參見我的網站）

- Arch, Joanna J., and Michelle G. Craske. 2009. "First-Line Treatment: A Critical Appraisal of Cognitive Behavioral Therapy Developments and Alternatives." *Psychiatric Clinics of North America*.
- Arch, Joanna J., and Michelle G. Craske. 2011. "Addressing Relapse in Cognitive Behavioral Therapy for Panic Disorder: Methods for Optimizing Long-Term Treatment Outcomes." *Cognitive and Behavioral Practice*.

- Greenland, Sander, Stephen J. Senn, Kenneth J. Rothman, and John B. Carlin.
- 2016. "Statistical Tests, P Values, Confidence Intervals, and Power: A Guide to Misinterpretations." *European Journal of Epidemiology*.
- Hudson, Nathan W., and R. Chris Fraley. 2015. "Volitional Personality Trait Change: Can People Choose to Change Their Personality Traits?" *Of Personality and Social Psychology*.
- Ioannidis, John P.A. 2007. "Why Most Published Research Findings Are False:Author's Reply to Goodman and Greenland." *PLoS Med*.
- Ioannidis, John P.A. 2005. "Why Most Published Research Findings Are False." *PLos Med*.
- Jay, Timothy, and Kristin Janschewitz. 2008. "The Pragmatics of Swearing." *Journal of Politeness Research. Language,*.
- Junkcharts. 2016. "Reader's Guide to the Power Pose Controversy 3 | Stats-Blogs | All About Statistics." *StatsBlogs*.
- Keltner, Dacher, Deborah H. Gruenfeld, and Cameron Anderson. 2003. "Power, Approach, and Inhibition." *Psychological Review*.
- Mazur, Allan, and Alan Booth. 1998. "Testosterone and Dominance in Men." *Behavioral and Brain Sciences*.
- McCook, Allison. 2017. "'I Placed Too Much Faith in Underpowered Studies:' Nobel Prize Winner Admits Mistakes." *Retraction Watch*.
- McNaughton, Neil, and Philip J. Corr. 2008. "The Neuropsychology of Fear and Anxiety: A Foundation for Reinforcement Sensitivity Theory." In *The Reinforcement Sensitivity Theory of Personality*, 44–94.
- McNaughton, Neil, Colin G. DeYoung, Philip J. Corr. 2016. "Approach/ Avoidance."In *Neuroimaging Personality, Social Cognition, and Character*, edited

of Applied Psychology.

- Depue, Richard A., and Paul F. Collins. 1999. "Neurobiology of the Structure of Personality: Dopamine, Facilitation of Incentive Motivation, and Extraversion." *Behavioral and Brain Sciences*.
- Elliot, Andrew J., and Todd M. Thrash. 2010. "Approach and Avoidance Temperament as Basic Dimensions of Personality." *Journal of Personality*.
- Fowles, Don C. 2006. "Jeffrey Gray's Contributions." In *Biology of Personality and Individual Differences*, edited by Turhan Canli.
- Gable, Shelly L. 2006. "Approach and Avoidance Social Motives and Goals." *Journal of Personality*.
- Gelman, Andrew. 2017. "Low-Power Pose Update: Ted Goes All-in -Statistical Modeling, Causal Inference, and Social Science." *Statistical Modeling, Causal Inference, and Social Science*.
- Gelman, Andrew, and David Weakliem. 2009. "Of Beauty, Sex and Power: Too Little Attention Has Been Paid to the Statistical Challenges in Estimating Small Effects." *American Scientist*.
- Gibson, James J. 1954. "The Visual Perception of Objective Motion and Subjective Movement." *Psychological Review*.
- Goodman, Steven, and Sander Greenland. 2007. "Why Most Published Research Findings Are False: Problems in the Analysis." *PLoS Med*.
- Gray, Jeffrey A. 2000. *The Neuropsychology of Anxiety*. 2nded. Oxford University Press.
- Gray, Jeffrey A., and Neil McNaughton. 2000. "Fundamentals of the Septo-Hippocampal System." In *The Neuropsychology of Anxiety: An Enquiry into the Functions of the Septo-Hippocampal System*, 204–32. Oxford University Press.

Posing." *Why Evolution Is True*.

- Bernhardt, Paul C., James M. Dabbs Jr., Julie A. Fielden, and Candice D. Lutter.1998. "Testosterone Changes during Vicarious Experiences of Winning and Losing among Fans at Sporting Events." *Physiology & Behavior*.
- Carney, Dana R., Amy J.C. Cuddy, and Andy J. Yap. 2010. "Power Posing:Brief Nonverbal Displays Affect Neuroendocrine Levels and Risk Tolerance." *Psychological Science*.
- Carney, Dana R., Amy J.C. Cuddy, and Andy J. Yap. 2015. "Review and Summary of Research on the Embodied Effects of Expansive (vs. Contractive) Nonverbal Displays." *Psychological Science*.
- Carver, Charles S. 2006. "Approach, Avoidance, and the Self-Regulation of Affect and Action." *Motivation and Emotion*.
- Carver, Charles S., and Teri L. White. 1994. "Behavioral Inhibition, Behavioral Activation, and Affective Responses to Impending Reward and Punishment: The BIS/BAS Scales." *Journal of Personality and Social Psychology*.
- Cashdan, Elizabeth. 2003. "Hormones and Competitive Aggression in Women." *Aggressive Behavior*.
- Cesario, Joseph, and Melissa M. McDonald. 2013. "Bodies in Context: Power Poses as a Computation of Action Possibility." *Social Cognition*.
- Cooper, Morton. 1984. *Change Your Voice; Change Your Life*. Macmillan.
- Cuddy, Amy J.C., Caroline A. Wilmuth, and Dana R. Carney. 2012. "The Benefit of Power Posing before a High-Stakes Social Evaluation" (working paper,Harvard Business School).
- Cuddy, Amy J.C., Caroline A. Wilmuth, and Andy J. Yap. 2015. "Preparatory Power Posing Affects Nonverbal Presence and Job Interview Performance."*Journal*

- Kruglanski, Arie W. 2003. "Goal Systems Theory: Integrating the Cognitive and Motivational Aspects of Self-Regulation." *Motivated Social Perception: The Ontario*.
- Lara, Tania, Juan Antonio Madrid, and Angel Correa. 2014. "The Vigilance Decrement in Executive Function Is Attenuated When Individual ChronotypesPerform at Their Optimal Time of Day." Edited by Virginie van Wassenhove.*PLoS ONE 9* (2): e88820.
- Markman, Arthur B. 2014. Smart Change: *Five Tools to Create New and Sustainable Habits in Yourself and Others.* Perigee.
- Nedergaard, M. 2013. "Garbage Truck of the Brain." *Science.*
- Schelling, Thomas C. 1978. "Egonomics, or the Art of Self-Management."*The American Economic Review*.
- Schwartz, Barry. 2004. The Paradox of Choice: *Why More Is Less*. Ecco.
- Smith, Jacquelyn. 2012. "Steve Jobs Always Dressed Exactly the Same. Here's Who Else Does." *Forbes.com*.
- Xie, Lulu, Hongyi Kang, Qiwu Xu, Michael J. Chen, and Yonghong Liao. 2013.
- "Sleep Drives Metabolite Clearance from the Adult Brain."

第三部　組合起來

第十五章　背脊挺起來

長出背脊，好好利用它

110 篇引述資料中的 36 篇（其餘的請參見我的網站）

- Amir, Dorsa; Coyne, Jerry A. 2015. "Guest Post: Pulling the Plug on Power

- Diamond, Adele. 2013. "Executive Functions." *Annual Review of Psychology*.
- Duckworth, Angela L., Tamar Szabo Gendler, and James J. Gross. 2016. "Situational Strategies for Self-Control." *Perspectives on Psychological Science* 11 (1): 35–55.
- Francis, Zoë, and Michael Inzlicht. 2015. "Proximate and Ultimate Causes of Ego Depletion." *Self-Regulation and Ego Control*.
- Hung, Iris W., and Aparna A. Labroo. 2011. "From Firm Muscles to Firm Willpower: Understanding the Role of Embodied Cognition in Self-Regulation." *Journal of Consumer Research*.
- Inzlicht, Michael, and Brandon J. Schmeichel. 2013. "Beyond Simple Utility in Predicting Self-Control Fatigue: A Proximate Alternative to the Opportunity Cost Model." *Behavioral and Brain Sciences*.
- Inzlicht, Michael, Elliot Berkman, and Nathaniel Elkins-Brown.2016."The Neuroscience of 'Ego Depletion' or: How the Brain Can Help Us Understand Why Self-Control Seems Limited." *Social Neuroscience.*
- Jay, Timothy, and Kristin Janschewitz. 2012. "The Science of Swearing: Association for Psychological Science." *Association for Psychological Science*.
- Jessen, Nadia Aalling, Anne Sofie Finmann Munk, Iben Lundgaard, and Maiken Nedergaard. 2015. "The Glymphatic System: A Beginner's Guide." *Neurochemical Research* 40 (12): 2583–99.
- Karpowicz, Phillip, Yong Zhang, John B. Hogenesch, and Patrick Emery. 2013."The Circadian Clock Gates the Intestinal Stem Cell Regenerative State." *Cell Reports*.
- Kross, Ethan, Emma Bruehlman-Senecal,and Jiyoung Park. 2014. "Self-Talk as a Regulatory Mechanism: How You Do It Matters." *Journal of Personality*.

Little,Brown and Company.

- Reimann, Martin, Antoine Bechara, and Deborah MacInnis. 2015. "Leveraging the Happy Meal Effect: Substituting Food with Modest Nonfood Incentives Decreases Portion Size Choice." *Journal of Experimental Psychology:Applied.*
- Schultz, Wolfram. 1998. "Predictive Reward Signal of Dopamine Neurons." *Journal of Neurophysiology.*
- Sharot, Tali. 2011. "The Optimism Bias." *Current Biology.*
- Tice, Dianne M., Roy F. Baumeister, and Dikla Shmueli. 2007. "Restoring the Self: Positive Affect Helps Improve Self-Regulation Following Ego Depletion." *Journal of Experimental Social Psychology*,no. 43: 379–84.

第十四章　有意志力的地方，就有被餅乾賄賂的大腦

如何善用意志力

84 篇引述資料中的 23 篇（其餘的請參見我的網站）

- Adams, Scott. 2013. *How to Fail at Almost Everything and Still Win Big: Kind of the Story of My Life.* Penguin Books.
- Ariely, Dan. 2015. "Dan Ariely, Reddit AMA." *Reddit*.
- Ayduk, Ozlem, and Ethan Kross. 2015. "Pronouns Matter When Psyching Yourself Up." Harvard Business Review.
- Chaddock, Laura, Kirk I. Erickson, Ruchika Shaurya Prakash, and Michelle W. Voss. 2012. "A Functional MRI Investigation of the Association between Childhood Aerobic Fitness and Neurocognitive Control." *Biological Psychology*.
- Correa, Ángel, Tania Lara, and Juan Antonio Madrid. 2013. "Influence of Circadian Typology and Time of Day on Temporal Preparation." *Timing &Time*.

of America.

- Eades, Michael R., and Mary Dan Eades. 2000. *The Protein Power Lifeplan*. Warner Books.
- Hockey, G. Robert J. 1997. "Compensatory Control in the Regulation of Human Performance under Stress and High Workload: A Cognitive-Energetical Framework." *Biological Psychology*.
- Inzlicht, Michael, and Brandon J. Schmeichel. 2012. "What Is Ego Depletion? Toward a Mechanistic Revision of the Resource Model of Self-Control." *Perspectives on Psychological Science*.
- Kahneman, Daniel. 2011. *Thinking, Fast and Slow*. Farrar, Straus and Giroux.
- Kool, Wouter, and Matthew M. Botvinick. 2013. "The Intrinsic Cost of Cognitive Control." *Behavioral and Brain Sciences*.
- Kurzban, Robert , Angela Duckworth, and Joseph W. Kable. 2013. "An Opportunity Cost Model of Subjective Effort and Task Performance."*Behavioral and Brain Functions*.
- Kurzban, Robert, Angela Duckworth, and Joseph W. Kable. 2013. "Cost-Benefit Models as the Next, Best Option for Understanding Subjective Effort."*Behavioral and Brain Functions*.
- Kurzban, Robert. 2010. *Why Everyone (Else) Is a Hypocrite: Evolution and the Modular Mind*. Princeton University Press.
- Markman, Arthur B. 2014. Smart Change: *Five Tools to Create New and Sustainable Habits in Yourself and Others.* Perigee.
- Metcalfe, Janet, and Walter Mischel. 1999. "A Hot/Cool-System Analysis of Delay of Gratification: Dynamics of Willpower." *Psychological Review.*
- Mischel, Walter. 2014. *The Marshmallow Test: Mastering Self-Control.*

Why We Justify Foolish Beliefs, Bad Decisions, and Hurtful Acts. Harcourt.

- "The Crazy Nastyass Honey Badger" (original narration by Randall). YouTube video. https://www.youtube .com / watch?v=4r7wHMg5Yjg

第十三章　應該叫它「沒有力」

意志力的可悲現實

54 篇引述資料中的 22 篇（其餘的請參見我的網站）

- Ainslie, George. 2013. "Monotonous Tasks Require Self-Control Because They Interfere with Endogenous Reward." *Behavioral and Brain Sciences*.
- Baumeister, Roy F. 2003. "Ego Depletion and Self-regulation Failure: A Resource Model of Self-control." *Alcoholism: Clinical and Experimental.*
- Baumeister, Roy F., and John Tierney. 2011. *Willpower: Rediscovering the Greatest Human Strength.* Penguin Press.
- Carter, Evan C., Lilly M. Kofler, and Daniel E. Forster. 2015. "A Series of Meta-Analytic Tests of the Depletion Effect: Self-Control Does Not Seem to Rely on a Limited Resource." *Journal of Experimental Psychology.*
- Carter,Evan C., and Michael E. McCullough. 2013. "Is Ego Depletion Too Incredible? Evidence for the Overestimation of the Depletion Effect." *Behavioral and Brain Sciences.*
- Carter,Evan C., Eric J. Pedersen, and Michael E. McCullough. 2015. "Reassessing Intertemporal Choice: Human Decision-Making Is More Optimal in a Foraging Task than in a Self-Control Task." *Frontiers in Psychology*.
- Danziger, Shai, and Jonathan Levav. 2011. "Extraneous Factors in Judicial Decisions." *Proceedings of the National Academy of Sciences of the United States*

- Goldman, Brian M. 2006. "Making Diamonds out of Coal: The Role of Authenticity in Healthy (Optimal) Self-Esteem and Psychological Functioning." In *Self-Esteem Issues and Answers: A Sourcebook of Current Perspectives*, edited by Michael H. Kernis. Psychology Press.
- Griskevicius, Vladas, and Noah J. Goldstein. 2009. "Fear and Loving in Las Vegas: Evolution, Emotion, and Persuasion." *Journal of Marketing*.
- Jongman-Sereno,Katrina P., and Mark R. Leary. 2016. "Self-Perceived Authenticity Is Contaminated by the Valence of One's Behavior." *Self and Identity*.
- Kenrick, Douglas T., and Vladas Griskevicius. 2013. *The Rational Animal: How Evolution Made Us Smarter than We Think*. Basic Books.
- Kernis, Michael H., and Brian M. Goldman. 2007. "Authenticity." In *Encyclopedia of Social Psychology*,edited by Roy F. Baumeister and Kathleen D. Vohs, 79–81.
- Kövecses, Zoltan. 2006. *Metaphor in Culture*. Cambridge University Press.
- Kurzban, Robert, and C. Athena Aktipis. 2007. "Modularity and the Social Mind Are Psychologists Too Self-Ish?" *Personality and Social Psychology*.
- Leary, Mark R. 2007. *The Curse of the Self : Self-Awareness,Egotism, and the Quality of Human Life*. Oxford University Press.
- Martin, Barry, and Philip Lerman. 2013. *Under One Roof: Lessons I Learned from*
- *a Tough Old Woman in a Little Old House*. St. Martin's Press.
- Paterson, Randy J. 2000. *The Assertiveness Workbook : How to Express Your Ideas and Stand up for Yourself at Work and in Relationships*. New Harbinger Publications.
- Skeen, Michelle. 2014. *Love Me, Don't Leave Me : Overcoming Fear of Abandonment & Building Lasting, Loving Relationships*.
- Tavris, Carol., and Elliot Aronson. 2007. *Mistakes Were Made (but Not by Me):*

第十二章　不要做自己！

丟掉真正的你；做理想的你

47 篇引述資料中的 22 篇（其餘的請參見我的網站）

- Aronson, Elliot. 1997. "The Theory of Cognitive Dissonance: The Evolution and Vicissitudes of an Idea."
- Canli, Turhan, Zuo Zhao, John E. Desmond, and Eunjoo Kang. 2001. "An fMRI Study of Personality Influences on Brain Reactivity to Emotional Stimuli." *Behavioral Neuroscience*.
- Deci, Edward L., and Richard. Flaste. 1996. *Why We Do What We Do: Understanding Self-Motivation.* Penguins Books.
- Depue, Richard A., and Paul F. Collins. 1999. "Neurobiology of the Structure of Personality: Dopamine, Facilitation of Incentive Motivation, and Extraversion." *Behavioral and Brain Sciences*.
- Ellis, Albert. 2001. *Overcoming Destructive Beliefs, Feelings, and Behaviors:New Directions for Rational Emotive Behavior Therapy*. Prometheus Books.
- Engel, Beverly. 2008. *The Nice Girl Syndrome: Stop Being Manipulated and Abused–and Start Standing up for Yourself.* John Wiley & Sons.
- Festinger, Leon. 1962. *A Theory of Cognitive Dissonance.* Stanford University Press.
- Gazzaniga, Michael S., Richard B. Ivry, and George R. Mangun. 2013. *Cognitive Neuroscience: The Biology of the Mind*. 4th ed. W. W. Norton & Company.
- Gino, Francesca, Maryam Kouchaki, and Adam D. Galinsky. 2015. "The Moral Virtue of Authenticity How Inauthenticity Produces Feelings of Immorality and Impurity." *Psychological Science*.

Network." *Annals of the New York Academy of Sciences.*

- Gortner, EM, SS Rude, and JW Pennebaker. 2006. "Benefits of Expressive Writing in Lowering Rumination and Depressive Symptoms." *Behavior Therapy*.
- Goyal, Madhav, Sonal Singh, and Erica M.S. Sibinga. 2014. "Meditation Programs for Psychological Stress and Well-Being:A Systematic Review and Meta-Analysis." *JAMA Internal Medicine*.
- Griskevicius, Vladas, and Noah J. Goldstein. 2006. "Going Along versus Going Alone: When Fundamental Motives Facilitate Strategic (Non) Conformity." *Journal of Personality and Social Psychology*.
- Gross, James J., and Robert W. Levenson. 1997. "Hiding Feelings: The Acute Effects of Inhibiting Negative and Positive Emotion." *Journal of Abnormal Psychology*.
- Lyubomirsky, Sonja, Lorie Sousa, and Rene Dickerhoof. 2006. "The Costs and Benefits of Writing, Talking, and Thinking about Life's Triumphs and Defeats." *Journal of Personality and Social Psychology*.
- Sanborn, Mark. 2004. *The Fred Factor:How Passion in Your Work and Life Can Turn the Ordinary into the Extraordinary*. Currency/Doubleday.
- Szalavitz, Maia. 2012. "Mind Reading: Jon Kabat-Zinn Talks About Bringing
- Mindfulness Meditation to Medicine." *Time*.
- Wegner, Daniel M., David J. Schneider, and Samuel R. Carter.1987. "Paradoxical Effects of Thought Suppression." *Journal of Personality*.
- Weick, Karl E. 1984. "Small Wins: Redefining the Scale of Social Problems." *American Psychologist*.
- "Welcome to MBSR For Penn Students." 2017. *CAPS: University of Pennsylvania*.

-Compassion.org.

- Patoine, Brenda; Bridge-Denckla,Martha; 2010. "What's the Real Deficit in Attention Deficit/Hyperactivity Disorder?" *Dana.org*.
- Shapiro, Susan. 2007. *Only as Good as Your Word: Writing Lessons from My Favorite Literary Gurus.* Seal Press.
- Slepian, M. L., Ferber, S. N., Gold, J. M., & Rutchick, A. M. (2015). The Cognitive Consequences of Formal Clothing. *Social Psychological and Personality Science.*
- Van Stockum, C. A., & M. S. DeCaro, (2014). Enclothed Cognition and Controlled Attention During Insight Problem-Solving. *Journal Of Problem Solving*, 7(1), 73–83.
- Womack, Rebecca. 2016. "Enclothed Cognition: The Effect of Attire on Attention Task Performance." *Samford Undergraduate Research Journal.*

第十一章　你不該受感覺指使

感覺放一邊，行動最重要

63 篇引述資料中的 14 篇（其餘的請參見我的網站）

- Bandura, A, and D Cervone. 1983. "Self-Evaluative and Self-Efficacy Mechanisms Governing the Motivational Effects of Goal Systems." *Journal of Personality and Social Psychology*.
- Beilock, SL. 2008. "Math Performance in Stressful Situations." *Current Directions in Psychological Science*.
- Brooks, AW. 2014. "Get Excited: Reappraising Pre-Performance Anxiety as Excitement." *Journal of Experimental Psychology:General.*
- Buckner, R. L., J. R. Andrews-Hanna,and D Schacter. 2008. "The Brain's Default

- Zahavi, A, and A Zahavi. 1999. *The Handicap Principle:A Missing Piece of Darwin's Puzzle*.

第十章　你爛透了。真的嗎？
自信、主見，以及「自我」三姐妹——自我疼惜、自我接納、自我尊重

18 篇引述資料中的 12 篇（其餘的請參見我的網站）

- Alkon, Amy. 2014. *Good Manners for Nice People Who Sometimes Say F*ck.* St. Martin's Griffin.
- DeWall, C. Nathan. 2013. *The Oxford Handbook of Social Exclusion.* Oxford University Press.
- Kirkpatrick, Lee A., and Bruce J. Ellis. 2002. "An Evolutionary-Psychological Approach to Self-Esteem:Multiple Domains and Multiple Functions." In *Blackwell Handbook of Social Psychology: Interpersonal Processes*, edited by G. J. O. Fletcher and MS Clark. John Wiley & Sons.
- Kraus, Michael W.; Mendes, Wendy Berry. (2014). Sartorial symbols of social class elicit class-consistent behavioral and physiological responses: A dyadic approach. *Journal of Experimental Psychology: General*, Vol 143(6), Dec 2014,2330–2340.
- López-Pérez,B, T Ambrona, and EL Wilson. 2016. "The Effect of Enclothed Cognition on Empathic Responses and Helping Behavior." *Social.*
- Neff, K. D. 2016. "Does Self-Compassion Entail Reduced Self-Judgment, Isolation, and Over-Identification?A Response to Muris, Otgaar, and Petrocchi (2016)." *Mindfulness*.
- Neff, Kristin. 2017."Definition and Three Elements of Self Compassion." *Self*

第九章　來自嘲笑的壓力

羞恥究竟是什麼，如何打敗羞恥

30 篇引述資料中的 10 篇（其餘的請參見我的網站）

- Beilock, Sian. 2011. *Choke : What the Secrets of the Brain Reveal about Getting It Right When You Have To.* Free Press.
- Benenson, Joyce F. 2014. *Warriors and Worriers: The Survival of the Sexes.* Oxford University Press.
- Krasnow, M.M., L. Cosmides, E.J. Pedersen, and J .Tooby. 2012. "What Are Punishment and Reputation For?" *PloS One*.
- Miron,A.M., and J.W. Brehm. 2006. "Reactance Theory-40 Years Later." *Zeitschrift Fur Sozialpsychologie.*
- Ryan, R.M., and E.L. Deci. 2000. "Self-Determination Theory and the Facilitation of Intrinsic Motivation, Social Development, and Well-Being." *American Psychologist.*
- Smith, R.H., J.M. Webster, and W.G. Parrott. 2002. "The Role of Public Exposure in Moral and Nonmoral Shame and Guilt." *Journal of Personality.*
- Sznycer, D, J Tooby, and L Cosmides. 2016. "Shame Closely Tracks the Threat of Devaluation by Others,Even across Cultures." *Proceedings of the National Academy of Sciences.*
- Tybur, J. M., and D Lieberman. 2009. "Microbes, Mating, and Morality: Individual Differences in Three Functional Domains of Disgust." *Journal of Personality and Social Psychology.*
- Vugt, M. van M., and J.M. Tybur. 2015. "The Evolutionary Foundations of Status Hierarchy." *In The Handbook of Evolutionary*, edited by DM Buss.Wiley.

- Hill, SE, and DM Buss. 2006. "The Evolution of Self-Esteem." In *Self-Esteem Issues and Answers*, edited by M.H. Kernis.
- Kirkpatrick, Lee A., and Bruce J. Ellis. 2002. "An Evolutionary-Psychological Approach to Self-Esteem:Multiple Domains and Multiple Functions." In *Blackwell Handbook of Social Psychology:Interpersonal Processes*,edited by GJO Fletcher and MS Clark. John Wiley & Sons.
- Leary, M. R. 2005. "Sociometer Theory and the Pursuit of Relational Value: Getting to the Root of Self-Esteem." *European Review of Social Psychology.*
- Leary, M.R., and R.F. Baumeister. 2000. "The Nature and Function of Self-Esteem:Sociometer Theory." *Advances in Experimental Social Psychology.*
- Leary, M.R., E.S. Tambor, S.K .Terdal, and D.L .Downs. 1995. "Self-Esteem as an Interpersonal Monitor: The Sociometer Hypothesis." *Journal of Personality and Social Psychology.*
- MacDonald, Geoff (Ed); Jensen-Campbell,Lauri A. (Ed). (2011). Social pain: Neuropsychological and health implications of loss and exclusion, (pp. 53–78). Washington, DC, US: American Psychological Association.
- Webster, Gregory D, and Lee A. Kirkpatrick. 2006. "Behavioral and Self-Reported Aggression as a Function of Domain-Specific Self-Esteem" 32 (October 2005): 17–27.
- Zahavi, Amotz, and Avishag. Zahavi. 1997. The Handicap Principle: A Missing Piece of Darwin's Puzzle. Oxford University Press.

第八章　自尊不是你本來想的那樣

你是否喜歡自己，和自尊沒有關聯

166 篇引述資料中的 17 篇（其餘的請參見我的網站）

- Barkow, Jerome H. Today, and Leda Cosmides(eds). 1992. "The Adapted Mind: Evolutionary Psychology and the Generation of Culture." Edited by John Barkow, Jerome H.; Cosmides, Leda; Tooby, 627–37. Oxford University Press.
- Bateson, M, D Nettle, and G Roberts. 2006. "Cues of Being Watched Enhance Cooperation in a Real-World Setting." *Biology Letters*.
- Baumeister, RF, and MR Leary. 1995. "The Need to Belong: Desire for Interpersonal Attachments as a Fundamental Human Motivation." *Psychological Bulletin*.
- Branden, Nathaniel. 1995. *The Six Pillars of Self-Esteem:The Definitive Work on Self-Esteem by the Leading Pioneer in the Field*. Reprint. Bantam.
- Branden, Nathaniel. 1998. *A Woman's Self-Esteem : Stories of Struggle, Stories of Triumph*. Jossey-Bass Publishers.
- Durso, GRO, A Luttrell, and BM Way. 2015. "Over-the-Counter Relief From Pains and Pleasures Alike Acetaminophen Blunts Evaluation Sensitivity to Both Negative and Positive Stimuli." *Psychological Science*.
- Eisenberger, Naomi. 2014. "Social Pain | Edge.org ."*Edge .org*.
- Eisenberger, NI. 2010. "The Neural Basis of Social Pain: Findings and Implications."*Psychosomatic Medicine.*
- Henrich, J, and FJ Gil-White.2001. "The Evolution of Prestige: Freely Conferred Deference as a Mechanism for Enhancing the Benefits of Cultural Transmission." *Evolution and Human Behavior*.

第七章　給靈魂一頓吃到飽

創造你自己的每日儀式

25 篇引述資料中的 9 篇（其餘的請參見我的網站）

- Benson, Herbert. 2013. "Why You Should Meditate -Meditate Every Day." *Esquire*.
- Bormann, Jill E. 2005. "Frequent, Silent Mantram Repetition: A Jacuzzi for the Mind." *Advanced Emergency Nursing Journal*.
- Goyal, M, S Singh, and EMS Sibinga. 2014. "Meditation Programs for Psychological Stress and Well-Being:A Systematic Review and Meta-Analysis." *JAMA Internal*.
- Grossman, P, L Niemann, and S Schmidt. 2004. "Mindfulness-Based Stress Reduction and Health Benefits: A Meta-Analysis." *Journal of Psychosomatic*.
- Krisanaprakornkit, T, W Sriraj, and N Piyavhatkul. 2006. "Meditation Therapy for Anxiety Disorders." *The Cochrane Collaboration*.
- Lowenstein, Daniel. 2008. "Foreword." In *The Mantram Handbook*, 3–10.Nilgiri Press.
- Metcalf, O, T Varker, D Forbes, and A Phelps. 2016. "Efficacy of Fifteen Emerging Interventions for the Treatment of Posttraumatic Stress Disorder: A Systematic Review." *Journal of Traumatic*.
- Radvansky, GA, and DE Copeland. 2006. "Walking through Doorways Causes Forgetting: Situation Models and Experienced Space." *Memory & Cognition*.
- Raichle, ME, and AZ Snyder. 2007. "A Default Mode of Brain Function: A Brief History of an Evolving Idea." *Neuroimage*.

Randomness Increases the Evaluation of Ritual Efficacy." *Cognitive Science*.

- Malinowski, Bronislaw, and Robert Redfield. 2007. *Magic, Science and Religion, and Other Essays*. Kessinger.
- Norenzayan, Ara. 2015. *Big Gods: How Religion Transformed Cooperation and Conflict*. Princeton University Press.
- Norton, Michael I., and Francesca Gino. 2014. "Rituals Alleviate Grieving for Loved Ones, Lovers, and Lotteries." *Journal of Experimental Psychology:General*.
- Plassmann, Hilke, and Tor D. Wager. 2014. "12 How Expectancies Shape Consumption Experiences." *The Interdisciplinary Science of Consumption*.
- Rosenberg, Jennifer. 2017. "The Story of the Jonestown Massacre." *ThoughtCo.com*.
- Schatz, Carla J. 1992. "The Developing Brain." *Scientific American*.
- Wager, Tor D., and Lauren Y. Atlas. 2015. "The Neuroscience of Placebo Effects: Connecting Context, Learning and Health." *Nature Reviews euroscience*.
- Wegner, Daniel M., and Daniel B. Gold. 1995. "Fanning Old Flames: motional and Cognitive Effects of Suppressing Thoughts of a Past Relationship."*Journal of Personality and Social Psychology*.
- Wegner, Daniel M., and Sophia Zanakos. 1994. "Chronic Thought uppression." *Journal of Personality*.
- Zell-Ravenheart,Oberon, and Morning Glory Zell-Ravenheart.2006. *Creating Circles & Ceremonies: Rituals for All Seasons & Reasons*. New Page Books.
- Zhang, Yan, Jane L. Risen, and Christine Hosey. 2014. "Reversing One's Fortune by Pushing Away Bad Luck." *Journal of Experimental Psychology.*

Fishy Smells." *Journal of Personality and Social Psychology*.
- Pinker, Steven. 2009. *How the Mind Works*. Norton.
- Schwarz, Norbert. 2012. "Embodiment in Social Psychology."
- Wilson, Vietta E., and Erik Peper. 2004. "The Effects of Upright and Slumped Postures on the Recall of Positive and Negative Thoughts." *Applied Psychophysiology and Biofeedback*.

第六章　吃屎與去死

儀式的威力

42 篇引述資料中的 19 篇（其餘的請參見我的網站）

- Alcorta, Candace S., and Richard Sosis. 2006. "Why Ritual Works: A Rejection of the By-product Hypothesis." *Behavioral and Brain Sciences*.
- Atlas, Lauren Y., and Tor D. Wager. 2013. "Expectancies and Beliefs: Insights from Cognitive Neuroscience." *Oxford Handbook of Cognitive Psychology*.
- Doidge, Norman. 2007. *The Brain That Changes Itself: Stories of Personal Triumph from the Frontiers of Brain Science*. 62–63. Penguin Books.
- Gennep, Arnold van. 1960. *The Rites of Passage*. University of Chicago Press.
- Giblin, Chris. 2017. "10 Most Interesting,Superstitious Rituals of Professional Athletes." *Men's Fitness*.
- Gino, Francesca; Norton, Michael I. 2013. "Why Rituals Work." *Scientific American*.
- Legare, Cristine H., and Andre L. Souza. 2012. "Evaluating Ritual Efficacy: Evidence from the Supernatural."*Cognition*.
- Legare, Cristine H., and Andre L. Souza. 2014. "Searching for Control: riming

What You Think It Is." *Frontiers in Psychology*.

第五章 手肘也有心智

為何譬喻很重要

96 篇參考文獻中的 11 篇（其餘的參見我的網站）

- Baumeister, Roy F., Kathleen D. Vohs, and David C. Funder. 2007. "Psychology as the Science of Self-Reports and Finger Movements: Whatever Happened to Actual Behavior?"*Perspectives on Psychological Science*.
- Chandler, Jesse J., David Reinhard, and Norbert Schwarz. 2012. "To Judge a Book by Its Weight You Need to Know Its Content: Knowledge Moderates the Use of Embodied Cues." *Journal of Experimental Social Psychology*.
- Cosmides, Leda, and John Tooby. 2000. "Evolutionary Psychology and the Emotions." *Handbook of Emotions*.
- Gazzaniga, Michael S. 2008. *Human:The Science behind What Makes Us Unique*. Ecco.
- Gottman, John M., and Nan Silver. 1999. *The Seven Principles for Making Marriage Work*. Harmony.
- IJzerman, Hans, Marcello Gallucci, Wim T.J.L. Pouw, and Sophia C. Wei β gerber. 2012. "Cold-Blooded Loneliness: Social Exclusion Leads to Lower Skin Temperatures." *Acta Psychologica*.
- Lakoff, George, and Rafael E. Nunez. 2000. *Where Mathematics Comes From: How The Embodied Mind Brings Mathematics into Being*. Basic Books.
- Lee, Spike W.S., and Norbert Schwarz. 2012. "Bidirectionality, Mediation, and Moderation of Metaphorical Effects: The Embodiment of Social Suspicion and

Chicago Press.

- Lakoff, George, and Mark Johnson. 1999. *Philosophy in the Flesh: The Embodied Mind and Its Challenge to Western Thought*. Basic Books.
- LeDoux, Joseph E. 2003. *Synaptic Self: How Our Brains Become Who We Are*.
- Penguin Books.
- Nesse, Randolph M. 1991. "What Good Is Feeling Bad?" *The Sciences*.
- Nesse, Randolph M. 1990. "Evolutionary Explanations of Emotions." *Human Nature*.
- Schachter, Stanley, and Jerome E. Singer. 1962. "Cognitive, Social, and Physiological Determinants of Emotional State." *Psychological Review*.
- Shaver, Phillip, Judith Schwartz, and Donald Kirson. 1987. "Emotion Knowledge:Further Exploration of a Prototype Approach." *Journal of Personality and Social Psychology*.
- Tomkins Institute, The. 2017. "Nine Affects, Present at Birth, Combine with Life Experience to Form Emotion and Personality." *Tomkins.org*.
- Tooby, John, and Leda Cosmides. 1990. "The Past Explains the Present: Emotional Adaptations and the Structure of Ancestral Environments." *Ethology and Sociobiology*.
- Tracy, Jessica L., and David Matsumoto. 2008. "The Spontaneous Expression of Pride and Shame: Evidence for Biologically Innate Nonverbal Displays."*Proceedings of the National Academy of Sciences of the United States of America*.
- Williams, Lawrence E., Julie Y. Huang, and John A. Bargh. 2009. "The Scaffolded Mind:H igher Mental Processes Are Grounded in Early Experience of the Physical World." *European Journal of Social Psychology*.
- Wilson, Andrew D., and Sabrina Golonka. 2013. "Embodied Cognition Is Not

- Wilson, Andrew D. 2012. "The Embodied Cognition of the Baseball Outfielder." *Psychology Today*.
- Wilson, Andrew D., and Sabrina Golonka. 2013. "Embodied Cognition Is Not What You Think It Is." *Frontiers in Psychology* 4. Frontiers: 58.

第四章　認識你的情緒（那些小彆扭）

這比你以為的更有用

144 篇參考文獻中的 18 篇（請上我的網站獲得更多訊息）

- Anderson, Michael L. 2014. *AfterPhrenology: Neural Reuse and the Interactive Brain*. MIT Press.
- Brase, Gary L., and W. Trey Hill. 2015. "Good Fences Make for Good Neighbors but Bad Science: A Review of What Improves Bayesian Reasoning and Why." *Frontiers in Psychology*.
- Chandler, Jesse, and Norbert Schwarz. 2009. "How Extending Your Middle Finger Affects Your Perception of Others:Learned Movements Influence Concept Accessibility." *Journal of Experimental Social Psychology*.
- Damasio, Antonio. 2000. *The Feeling of What Happens: Body and Emotion in the Making of onsciousness*. Mariner Books.
- Dolan, Raymond J., and Vuilleumier, Patrik. 2006. "Amygdala Automaticity in Emotional Processing." *Annals of the New York Academy of Sciences* 985(1): 348–55.
- Ekman, Paul. 2007. *Emotions Revealed: Recognizing Faces and Feelings to Improve Communication and Emotional Life*. Owl Books.
- Lakoff, George, and Mark Johnson. 2008. *Metaphors We Live By.* University of

Murray.

- Descartes, Rene. 1951. *Meditations on First Philosophy*, trans. Laurence Julien Lafleur. Macmillan.
- Haselton, Martie G., and David M. Buss. 2009. "Error Management Theory and the Evolution of Misbeliefs." *Behavioral and Brain Sciences*.
- Hoffman, Donald D. 2009. "The User-Interface Theory of Perception: Natural Selection Drives True Perception to Swift Extinction." In: Dickinson S. J. (ed.) Object categorization: Computer and human vision perspectives, Cambridge, England:Cambridge University Press.
- James, William. 1994. "The Physical Bases of Emotion."
- James, William. 2011. "Mind Association: What Is an Emotion?"
- James, William. 1911. "The Gospel of Relaxation."
- James, William. 1950. *The Principles of Psychology:Volume One*. Dover Publications.
- James, William. 1950. *The Principles of Psychology:Volume Two*. Dover Publications.
- Johnson, Mark. 2007. *The Meaning of the Body: Aesthetics of Human Understanding*.University of Chicago Press.
- LeDoux, Joseph E. 2003. *Synaptic Self: How Our Brains Become Who We Are*. Penguin Books.
- LeDoux, Joseph E. 1996. *The Emotional Brain: The Mysterious Underpinnings of Emotional Life*. Simon & Schuster.
- Simon, Linda. 1998. *Genuine Reality:A Life of William James*. Harcourt Brace.
- Watson, Cecelia A. 2004. "The Sartorial Self: William James's Philosophy of Dress." *History of Psychology*.

第一部　你本來就有能力，只是沒有發揮而已

第一章　魯蛇，不是命中注定

- David DiSalvo, "What is Science-Help?" *Forbes,* February 7, 2012.
- DiSalvo, David. 2011. *What Makes Your Brain Happy and Why You Should Do the Opposite*. Amherst, New York: Prometheus Books.

第二章　討厭自己，我爛透了

怒氣噴發的故事

- Alkon, Amy. 2014. *Good Manners for Nice People Who Sometimes Say F*ck.* New York: St. Martin's Griffin.
- Alkon, Amy, Marlowe Minnick, and Caroline Johnson. 1996. *Free Advice.* Dell Pub.
- Branden, Nathaniel. 1985. *Honoring the Self: Self-Esteem and Personal Transformation.* Random House Publishing Group.

第二部　這些積木堆砌出嶄新的你

第三章　心靈比頭腦更廣大

你最棒的新朋友：「體現認知」

- Barsalou, Lawrence W. 2008. "Grounded Cognition." *Annual Review of Psychology.*
- Damasio, Antonio R. 1994. *Descartes' Error: Emotion, Reason, and the Human Brain*. New York: Putnam.
- Darwin, Charles. 1872. *The Expression of the Emotions in Man and Animals*. John

Life
002

科學脫魯法：
不再作賤自己，活得有種、打造理想人生
UNF*CKOLOGY: A Field Guide To Living With Guts And Confidence

作　者　艾美．奧康 (Amy Alkon)
譯　者　林麗雪
文字編輯　吳佩芬
責任編輯　魏珮丞
美術設計　許紘維
排　版　藍天圖物宣字社

社　長　郭重興
發行人兼出版總監　曾大福
總 編 輯　魏珮丞
出　版　新樂園出版
發　行　遠足文化事業股份有限公司
地　址　231 新北市新店區民權路 108-2 號 9 樓
電　話　(02) 2218-1417
傳　真　(02) 2218-8057
郵撥帳號　19504465
客服信箱　service@bookrep.com.tw
官方網站　http://www.bookrep.com.tw
法律顧問　華洋國際專利商標事務所　蘇文生律師
印　製　呈靖印刷

初　版　2019 年 01 月
定　價　400 元
ISBN　978-986-96030-6-5

歡迎團體訂購，另有優惠，請洽業務部（02）2218-1417 分機 1124、1135

新楽園
Nutopia